LIDERAR A PARTIR DO FUTURO QUE EMERGE

LIDERAR A PARTIR DO FUTURO QUE EMERGE

A EVOLUÇÃO DO SISTEMA ECONÔMICO EGO-CÊNTRICO PARA O ECO-CÊNTRICO

Tradução e Revisão Técnica

Janine Saponara

Elias Alumini

Membro do Presencing Institute

ALTA BOOKS
EDITORA
Rio de Janeiro, 2019

Liderar a partir do futuro que emerge
Copyright © 2019 da Starlin Alta Editora e Consultoria Eireli. ISBN: 978-85-508-0601-3

Translated from original Leading from the Emerging Future. Copyright 2013 by Otto Scharmer and Katrin Kaufer. ISBN 978-1-60509-926-2. This translation is published and sold by permission of Berrett-Koehler Publishers, Inc. the owner of all rights to publish and sell the same. PORTUGUESE language edition published by Starlin Alta Editora e Consultoria Eireli, Copyright © 2019 by Starlin Alta Editora e Consultoria Eireli.

Impresso no Brasil.

Obra disponível para venda corporativa e/ou personalizada. Para mais informações, fale com projetos@altabooks.com.br

Editoração Eletrônica
Estúdio Castellani

Revisão
Roberta Borges

Copidesque
Edna Cavalcanti

Produção Editorial
Elsevier Editora - CNPJ: 42.546.531./0001-24

CIP-Brasil. Catalogação na fonte
Sindicato Nacional dos Editores de Livros, RJ

S326L Scharmer, Otto
Liderar a partir do futuro que emerge: a evolução do sistema econômico ego-cêntrico para o eco-cêntrico / Otto Scharmer; [tradução Cristina Yamagami; revisor técnico: Janine Saponara]. – 1. ed. – Rio de Janeiro: Alta Books, 2019.
il.

Tradução de: Leading from the emerging future
ISBN 978-85-508-0601-3

13-06890.
CDD: 658.4092
CDU: 65:316.46

ALTA BOOKS EDITORA
Rua Viúva Cláudio, 291 — Bairro Industrial do Jacaré
CEP: 20970-031 — Rio de Janeiro - RJ
Tels.: (21) 3278-8069 / 3278-8419
www.altabooks.com.br — altabooks@altabooks.com.br
www.facebook.com/altabooks

ASSOCIADO CBL Câmara Brasileira do Livro

Para

HMS e JCS

AGRADECIMENTOS

Este livro surgiu de toda uma rede de relacionamentos colaborativos e iniciativas com nossos parceiros em comunidades, organizações não governamentais, empresas e governos. Gostaríamos de agradecer a todos os envolvidos nessas iniciativas. Também somos gratos aos nossos colegas e alunos do Presencing Institute (PI) e do Massachusetts Institute of Technology (MIT) pelas inúmeras instigantes discussões.

Nossos agradecimentos a Steve Piersanti, da Berrett-Koehler, que nos apoiou e também nos questionou de maneiras extremamente proveitosas. Obrigado por suas sugestões e opiniões.

Também devemos agradecimentos a todos os entrevistados e colegas do nosso diálogo sobre o projeto de liderança, especialmente Brian Arthur, Elenor Rosch, o finado Mestre Huai-Chin Nan e o finado Francisco Varela. Agradecemos a Joseph Jaworski por cocriar o diálogo sobre o projeto de liderança e por aprofundar nosso entendimento da sensibilização e da concretização do futuro emergente.

Somos gratos ao nosso bom amigo Gregor Barnum, que se foi cedo demais e que contribuiu enormemente para a jornada que, entre outras, resultou neste livro.

À nossa grande amiga e colega Dayna Cunningham: você é uma enorme fonte de inspiração e motivação. Seu trabalho incansável por uma sociedade igualitária, resiliente e justa lidera pelo exemplo.

Também somos gratos a Phil Thompson. Seu trabalho e o seminário de PhD sobre a transformação do capitalismo que você lançou e lecionou conosco em 2012 no Departamento de Estudos Urbanos do MIT são uma fonte contínua de inspiração.

Também somos gratos aos nossos colegas da Faculdade de Administração Sloan do MIT: Deborah Ancona, Rick Locke, Simon Johnson, Wanda Orlikowski, Tom Malone, John Sterman, John Van Maanen e Ed Schein; a Sandy Pentland, do MIT Media Lab; aos nossos bons colegas Rebecca Henderson, da Harvard Business School; Marshall Ganz, da Kennedy School; e Robert Kegan, da Harvard Graduate School of Education; e a Colette Boudreau, do MIT Leadership Center.

Nossos agradecimentos a todos os participantes da Presencing-in-Action Masterclass, que contribuíram para este livro com suas histórias, seus processos de aprendizado e suas sugestões para melhorar as ideias iniciais. Somos especialmente gratos a Yishai Yuval, Gail Jacob e Antoinette Klatzky.

Também somos gratos ao grupo central do Presencing Institute, agentes de mudança empenhados em criar um mundo de relacionamentos profundos que permitem que todos atuem a partir de uma conscientização ecossistêmica: Marian Goodman, Arawana Hayashi, Beth Jandernoa, Dayna Cunningham, Ben Chan, Frans Ade Nugraha Sugiarta, Ilma Pose, Jim Marsden, Julia Kim, Kelvy Bird, Martin Kalungu-Banda, Reola Phelps, Tho Ha Vinh e Ursula Versteegen.

Devemos agradecimentos especiais a Marian Goodman e Beth Jandernoa, que, com seu espírito leve e domínio dos métodos de facilitação dos processos da mudança, inspiraram e instruíram muitos de nós no cultivo e no avanço da nossa utilização das tecnologias sociais baseadas no presencing. E nossos agradecimentos especiais a Arawana Hayashi por liderar a cocriação do Teatro de Presencing Social no PI. Um grande obrigado a Kelvy Bird pela liderança, vinda do coração, no desenvolvimento de uma comunidade do PI globalmente distribuída.

Somos gratos aos nossos bons amigos Peter Senge, Arthur Zajonc e Jon Kabat-Zinn, que foram mentores, colegas e companheiros de viagem na nossa jornada para vincular ciência, transformações da consciência e mudanças sociais em muitos círculos.

Somos gratos às fundações que proporcionaram apoio financeiro ao Presencing Institute nos últimos vários anos: Nathan Cummings Foundation, 1440 Foundation e Kalliopeia Foundation.

Nossos agradecimentos a Erica Dhawan e Elizabeth Hoffecker Moreno por suas contribuições para as pesquisas iniciais deste livro. Também somos gratos a Karen Speerstra, que nos ajudou com a parte final do livro. Nossa gratidão a Peter Teague, que cocriou diálogos de mesa-redonda que inspiraram a pesquisa para este livro.

A Janice Spadafore: sem você, nenhum dos projetos deste livro teria sido realizado e o livro não teria sido escrito. Muito obrigado, do fundo do nosso coração!

E um grande obrigado a Adam Yukelson, o primeiro aluno de PhD de pesquisa-ação do PI: foi muito divertido cocriar a fase final do livro juntos. Obrigado por sua enorme energia, foco e mente.

E, por fim, nossos agradecimentos especiais a Janet Mowery, que editou cada página deste livro desde a primeira até a última versão, sempre paciente com nossos atrasos e com a inevitável correria na linha de chegada.

Cambridge, Massachusetts
março de 2013

SOBRE OS AUTORES

O **dr. C. Otto Scharmer** é autor de *Teoria U* e coautor de *Presença*, conferencista sênior do Massachusetts Institute of Technology (MIT) e diretor e fundador do Presencing Institute. Também é docente e presidente do programa IDEAS do MIT e professor-visitante da Universidade de Tsinghua, Pequim.

Em 2012 cofundou o Global Well-Being and Gross National Happiness (GNH) Lab, que conecta inovadores do Butão, da Índia, da China, do Brasil, da Europa e dos Estados Unidos para criar protótipos de profundas inovações no governo, em empresas, na educação e na sociedade civil. Scharmer trabalhou com governos, organizações das Nações Unidas, empresas e ONGs na África, na Ásia, nas Américas e na Europa e conduziu premiados programas de liderança e inovação para seus clientes, que incluem Alibaba, Daimler, Eileen Fisher, Fujitsu, Google, Natura e PriceWaterhouse.

Atualmente é vice-presidente do Conselho da Agenda Global para Novos Modelos de Liderança do Fórum Econômico Mundial. É PhD em Economia e Administração pela Universidade Witten-Herdecke, na Alemanha. Ele mora com a família na região de Boston. Para mais informações sobre Scharmer e seu trabalho, visite www.presencing.com e www.ottoscharmer.com.

A **dra. Katrin Kaufer** é cofundadora e diretora de pesquisas do Presencing Institute e sócia plena de pesquisas do Community Innovators Lab (CoLab) do Departamento de Estudos Urbanos do MIT. Suas pesquisas se concentram em liderança, transformação social e setor bancário socialmente responsável.

Kaufer prestou consultoria para empresas de médio porte e globais, organizações sem fins lucrativos, o Banco Mundial e o Programa das Nações Unidas para o Desenvolvimento. Atualmente trabalha com a Global Alliance for Banking on Values, uma rede composta de 20 instituições financeiras voltadas a reconectar as finanças a uma intenção compartilhada de promover mudanças sociais positivas. Ela também codesenvolveu o conceito da Global Classroom no Presencing Institute, uma plataforma de aprendizado online que vincula a interação virtual em sala de aula transmitida ao vivo a ações locais e diálogos em pequenos grupos.

Possui MBA e PhD pela Universidade Witten-Herdecke, na Alemanha. Sua dissertação se concentrou no setor bancário socialmente responsável. Ela mora com a família na região de Boston. Para mais informações, visite www.presencing.com.

APRESENTAÇÃO À EDIÇÃO BRASILEIRA

Este livro de Otto Scharmer e Katrin Kaufer chega em perfeita hora no Brasil. Que nosso país clama por inovação na educação, por novos caminhos na política e por mudanças profundas não é novidade. Mas o como começar a promovê-las ainda pode parecer distante até aqui: esta página do livro. Porque a partir dela, este acelerador de conhecimento que você tem em mãos, de provocações e motivações para as transformações mais profundas, não o deixará imóvel. Nem por fora e muito menos internamente.

Após 18 anos de pesquisas – quando analisaram e compreenderam profundamente a forma de operar de mais de 150 líderes de empresas, governos e ONGs – e de terem trabalhado com grupos e organizações cujos sistemas, estruturas e estratégias complexas tiveram que ser construídos com multi-stakeholders para a solução de problemas críticos, os autores nos descrevem brilhantemente os problemas que levaram os sistemas político, social, ambiental e econômico a atingirem os atuais níveis insustentáveis e alarmantes.

Porém, o que mais atrai a leitura, principalmente para nós, brasileiros ávidos por soluções de curto prazo, é a proposição do *modus operandi* para a possível mudança, mesmo considerando os indivíduos, as corporações, os setores e as sociedades mais resistentes a ela: o uso da Teoria U – um processo que auxilia indivíduos sozinhos ou em suas organizações a atuarem a partir de níveis mais conscientes e profundos do ser humano, o que culmina no bem-estar comum e em resultados coletivos e não individualistas.

A proposta de trabalhar a partir do futuro que emerge – cerne do livro – torna-se mais inovadora se o Brasil atentar para o fato de que já vivemos hoje empurrados pelas enormes novas gerações "X", "Y", "Z", cujas demandas têm que ser atendidas pelas gerações que coexistem e que pesquisas indicam que serão mais longevas. Se continuarmos todos – pais, famílias, escolas, empresas e governos, atuando com base no passado para um país do futuro, a que velocidade iremos? Como guiar rápido, numa estrada que só se amplia, olhando pelo retrovisor?

O que *Liderar a partir do futuro que emerge* traz é exatamente isto: como mover-se imediatamente, rápido, olhando a linha de chegada e não mais a de largada. Ao longo dos oito capítulos, Scharmer e Katrin deixam muito claro todas as fases do processo do "U", que parte dos velhos hábitos e paradigmas para a incorporação do novo, passando por um processo profundo que tem sete passos (suspender velhos hábitos de julgamento / ver com um novo olhar / sentir o que está a sua volta / se conectar consigo mesmo / receber o que está por vir / confiar em sua intuição / conectar sua mente, coração e capacidade de agir e realizar apenas após ter passado por tudo isso) e três movimentos principais (observar, refletir e agir).

Como aluna de Otto Scharmer desde 2006, hoje especialista em Teoria U, ao fazer a revisão técnica de cada página a seguir, pessoalmente, tive a esperança de que tenhamos livros suficientes para que os jovens brasileiros, de todas as idades, o pratiquem, pois eles têm a coragem de realizar as transformações propostas aqui, tão necessárias às pessoas, empresas e sociedade.

Comece já a leitura e verá que "do EGO ao ECO" não é slogan de sustentabilidade, é licença para sobreviver.

Boa prática!

Janine Saponara
ELIAS Alumini
Membro do Presencing Institute

SOBRE O PRESENCING INSTITUTE

O Presencing Institute (PI) é uma comunidade de pesquisa-ação baseada na conscientização que visa criar tecnologias sociais, desenvolver competências e gerar espaços acolhedores para uma profunda renovação social. A comunidade busca contribuir para a transformação da economia egossistêmica em ecossistêmica e promover o bem-estar de todos.

Um projeto de pesquisa de 10 anos iniciado em 1996, conduzido por Otto e seus colegas, inclusive Joseph Jaworski e Peter Senge, no Massachusetts Institute of Technology (MIT) resultou em um modelo de liderança e mudança baseado na consciência. Segundo esse modelo, conhecido como Presencing ou Teoria U, a qualidade dos resultados criados por um sistema é uma função da conscientização a partir da qual as pessoas do sistema operam. As conclusões foram publicadas nos livros *Teoria U* (de Otto) e *Presença* (escrito em coautoria por Otto, Peter Senge, Joseph Jaworski e Betty Sue Flowers).

A segunda fase se concentrou em muitas aplicações que resultaram em uma ecologia global de laboratórios, projetos, programas e iniciativas que conectam parceiros do setor privado, do setor público e da sociedade civil. Esses projetos e programas foram conduzidos diretamente por meio do PI ou de suas instituições parceiras, instituições do MIT, o Synergos Institute, o Sustainable Food Lab, a United in Diversity (UID), a GIZ Global Leadership Academy, a Universidade Tsinghua, a Fundação Getulio Vargas (FGV) e a Fundação Dom Cabral (FDC), ambas do Brasil, a Society for Organizational Learning (SoL) entre outros. Ao longo desse período, a comunidade online do PI cresceu para incluir mais de 10 mil membros.

A terceira fase começa agora, com este livro, que apresenta os conceitos 4.0 e o da U.school como uma plataforma global para ajudar uma nova geração de empreendedores do ecossistema 4.0 a agir com mais criatividade e deliberação para se conectar melhor.

Para mais informações, visite o site www.presencing.com.

SUMÁRIO

Introdução

Um sopro de vida num sistema agonizante

Finanças. Alimentos. Combustíveis. Escassez de água. Escassez de recursos. Caos climático. Bilhões de pessoas vivendo na pobreza. Migração em massa. Fundamentalismo. Terrorismo. Oligarquias financeiras. Entramos na Era da Desestabilização. Por outro lado, a possibilidade de uma profunda renovação pessoal, social e global nunca foi mais concreta. A hora é *agora*.

Este nosso momento de desestabilização implica morte e renascimento. O que está morrendo é uma antiga civilização e uma mentalidade do "eu" maximizado – o máximo consumo material, a noção de que quanto maior, melhor e um processo decisório orientado por grupos de interesse que nos levou a um estado de irresponsabilidade organizada, *criando coletivamente resultados que ninguém quer*.

O que está nascendo é menos claro, mas de maneira alguma menos importante. É algo que podemos *sentir* em muitos lugares por todo o planeta Terra. Estamos falando de um futuro que não se restringirá a apagar incêndios e promover meros ajustes superficiais na mudança estrutural. Não estamos falando de substituir uma mentalidade que deixou de nos beneficiar por outra, mas sim de um futuro que requer um nível mais profundo da nossa humanidade, de quem realmente somos e do que queremos ser como sociedade. É um futuro que podemos perceber, sentir e concretizar promovendo uma transformação do *lugar interior* a partir do qual nós operamos. É um futuro que, na presente Era de Desestabilização, começa a *se fazer presente* por meio de nós.

Hoje, essa transformação interior – de combater o antigo a sentir e presenciar uma futura possibilidade emergente – ocupa um lugar no centro de qualquer profundo trabalho de liderança. Trata-se de uma mudança que requer a expansão do nosso foco: da cabeça para o coração. É uma transição de uma conscientização *egossistêmica* que só se importa com o próprio bem-estar para uma conscientização *ecossistêmica*, que leva em consideração o bem-estar de todos, inclusive o próprio bem-estar. Quando orientados pela conscientização egossistêmica, somos motivados pelos interesses e intenções do nosso *pequeno ego*. Quando somos orientados pela conscientização ecossistêmica, por outro lado, somos motivados pelos interesses e intenções do nosso eu *essencial* ou emergente – em outras palavras, por interesses que levam em consideração o bem-estar do todo. O prefixo *eco* tem origens na palavra grega *oikos*, que quer dizer "a casa toda". A palavra *economia* remonta dessa mesma raiz. Transformar a nossa atual economia egossistêmica em uma economia ecossistêmica implica reconectar o pensamento econômico à sua verdadeira raiz, que é o bem-estar da casa toda e não o bem-estar ou o lucro de apenas alguns de seus habitantes. No entanto, embora a "casa toda", para os gregos antigos, tenha sido uma noção bastante local, hoje o termo também diz respeito ao bem-estar das nossas comunidades globais e ecossistemas planetários.

Estamos nos aproximando dessa transformação da conscientização, do egossistema ao ecossistema, e vivenciando essa mudança não apenas como grupos e organizações mas também como uma comunidade global. Criar e implementar os princípios e práticas pessoais que nos ajudarão nessa transição pode muito bem constituir uma das realizações mais importantes da nossa era.

Barreiras em queda

Incontáveis livros têm sido escritos sobre as crises globais da atualidade. Para que acrescentar mais um volume a essa montanha? Esperamos contribuir com alguns quadros de referência, métodos e ferramentas para ajudar os líderes e agentes de mudança a compreender os acontecimentos e orientar as comunidades no sentido de realizar com mais eficácia a transição das economias egossistêmicas às economias ecossistêmicas.

O mundo mudou. Barreiras estão caindo. Tiranos estão sendo derrubados. Geleiras e calotas polares estão derretendo. Há anos observamos esses acontecimentos. Mas os dois fatores que parecem profundamente congelados e inalterados são os nossos *hábitos de pensamento coletivo* e as *ações* que eles produzem e reproduzem no mundo todo.

O que explica isso? Por que criamos coletivamente resultados que ninguém quer? O que nos mantém presos a velhas formas de pensar e agir? E o que podemos fazer para transformar esses padrões que nos mantêm, contra nossa vontade, no passado?

O ponto cego: como liderar a partir do futuro que emerge

Escrevemos este livro para agentes de mudança que atuam em todos os setores, culturas e sistemas: privado, público, sociedade civil, mídia, na academia e em comunidades locais. O livro lança luz no que acreditamos ser um *ponto cego* das discussões globais dos dias de hoje – como reagir às atuais ondas de mudanças desestabilizadoras a partir de um lugar mais profundo, que nos conecta ao futuro que emerge em vez de apenas reagirmos aos padrões do passado, o que em geral só leva à perpetuação desses padrões.

Neste livro, argumentamos que reagir a partir do futuro que emerge requer que mudemos o lugar interior a partir de onde operamos. Precisamos *suspender* nossos julgamentos, *redirecionar* nossa atenção, *deixar* ir o passado, *aceitar o futuro* que emerge por meio de nós e *deixá-lo vir*.

A capacidade de abandonar a reação ao passado e aceitar e presenciar um futuro que emerge provavelmente é a competência de liderança mais importante nos dias de hoje. Estamos falando de uma competência crucial em situações de mudança desestabilizadora, não apenas para instituições e sistemas como também para equipes e indivíduos. Antigamente, aprendíamos uma profissão e passávamos toda a nossa vida ativa exercendo-a. Hoje enfrentamos ambientes de rápida mudança que cada vez mais exigem que nos reinventemos. Quanto mais dramáticas são as mudanças no nosso ambiente, menos podemos contar com padrões do passado e mais precisamos aprender a identificar e nos *sintonizar* com as oportunidades do futuro que emerge.

Buscamos, com este livro, responder três perguntas inter-relacionadas:

1. Diante da disrupção, como podemos liderar a partir do futuro que emerge?
2. Qual conceito econômico evolucionário pode nos orientar na jornada adiante?
3. Quais estratégias podem nos ajudar a atuar como veículos de transformação do todo?

Vamos começar com um breve passeio pelo que chamamos de "modelo do iceberg" para o sistema atual. Por que um iceberg? Porque, por baixo da superfície visível de acontecimentos e crises, há estruturas, modelos mentais e fontes subjacentes responsáveis por sua criação e que, se ignorados, nos manterão reencenando antigos padrões de atuação.

Percorrer os níveis do iceberg, desde a superfície até os níveis mais profundos, lançará luz sobre vários pontos cegos que, se decidirmos agir sobre eles, podem nos ajudar a reconstruir a economia e a sociedade para serem mais intencionais, inclusivas e inspiradas.

Os sintomas: um cenário de patologias

Da mesma forma como a ponta do iceberg – os 10% visíveis acima da linha d'água –, os sintomas da nossa situação atual são partes visíveis e explícitas da nossa realidade atual. Esse nível dos sintomas constitui todo um cenário de problemas e patologias composto de três "divisores", que chamamos de *divisor ecológico, divisor social* e *divisor espiritual-cultural.*

O DIVISOR ECOLÓGICO

Estamos exaurindo e destruindo nossos recursos naturais em uma escala sem precedentes, usando um volume cada vez maior de preciosos recursos não renováveis a cada ano que passa. Apesar de termos apenas um único planeta Terra, causamos um impacto ecológico correspondente a um planeta e meio; em outras palavras, atualmente utilizamos 50% mais recursos que o nosso planeta é capaz de regenerar para satisfazer nossas necessidades atuais de consumo. Em consequência, um terço de toda a terra fértil do planeta desapareceu nos últimos 40 anos. Lençóis freáticos cada vez mais exauridos nos levarão à escassez de alimentos. Espera-se que os preços dos alimentos dobrem até 2030.

O DIVISOR SOCIAL

Dois bilhões e meio de pessoas no planeta sobrevivem com menos de US$2 ao dia. Apesar de muitas tentativas bem-sucedidas de resgatar as pessoas da pobreza, esse número não mudou muito nas últimas décadas. Além disso, temos visto uma crescente polarização social (no caso dos Estados Unidos, o 1% superior tem um valor coletivo mais elevado que todos os 90% inferiores).[1]

O DIVISOR ESPIRITUAL-CULTURAL

Enquanto o divisor ecológico se baseia em uma desconexão entre o eu e a natureza, e o divisor social tem raízes em uma desconexão entre o eu e os outros, o divisor espiritual-cultural reflete uma desconexão entre o eu e o Eu – isto é, entre o "eu" atual e o "Eu" do futuro que emerge, que representa o mais elevado potencial de cada pessoa. Esse divisor se manifesta em dados estatísticos cada vez mais alarmantes de estafa e depressão, que representam a lacuna crescente entre as nossas ações e quem verdadeiramente somos. De acordo com a Organização Mundial de Saúde (OMS), no ano 2000 mais que o dobro de pessoas morreram vítimas do suicídio do que em guerras.[2]

O que nós, como uma sociedade, aprendemos – se é que aprendemos alguma coisa – combatendo esses problemas nos últimos 100 anos?

No século XX, criamos ministérios e órgãos das Nações Unidas para lutar contra cada um desses divisores. Além disso, criamos organizações não governamentais (ONGs) dedicadas a atacar problemas isolados e, no mundo acadêmico, criamos departamentos universitários, jornais e revistas acadêmicos e carreiras profissionais para combater cada um dos sintomas. Hoje percebemos que essa abordagem de silos – lidar com *um grupo de sintomas por vez* – não está funcionando. Pelo contrário, essa abordagem parece fazer parte do problema.

Parecemos ter um ponto cego que nos impede de enxergar o resto do iceberg, as profundas estruturas sistêmicas abaixo da superfície.

As estruturas: desconexões sistêmicas que causam os sintomas

O sistema atual faz exatamente o que foi projetado para fazer, mas é um sistema que apresenta uma série de desconexões estruturais significativas. Vejamos algumas delas:

1. *Uma desconexão entre a economia* financeira *e a economia* real. O valor total das transações cambiais ao redor do mundo correspondeu a US$1,5 quadrilhão (1 quadrilhão equivale a 1.000 trilhões) em 2010, ao passo que o valor total do comércio internacional foi de apenas US$20 trilhões, ou menos de 1,4% de todas as transações cambiais. Lawrence Lau, professor emérito de desenvolvimento econômico da Stanford University e presidente do Conselho da CIC International (Hong Kong), explica: "A grande maioria das transações cambiais são, dessa forma, puramente especulativas, não passando de meras apostas, sem servir qualquer finalidade social."[3] Essa desconexão entre a economia financeira e a economia real produz as bolhas financeiras que assolam continuamente a economia global: a crise da dívida latino-americana (anos 80); a crise financeira asiática (1997); a bolha das pontocoms (2000); e a crise imobiliária dos Estados Unidos (2006–07), seguida da crise financeira global (2007–09) e da crise do euro (2010–). Bolhas financeiras como essas desestabilizam a economia real em vez de sustentá-la.
2. *Uma desconexão entre o imperativo do* crescimento infinito *e os* recursos finitos *do planeta Terra.* A desconexão entre o crescimento infinito exigido pela lógica econômica atual e os recursos finitos do planeta Terra criou uma bolha incomensurável: a utilização excessiva de recursos escassos como a água e o solo levou à perda de um terço da terra fértil do planeta no período equivalente a cerca de uma geração.
3. *Uma desconexão entre "os que têm" e* "os que não têm". Essa desconexão levou a uma bolha de desigualdade extrema na qual o 1% mais rico da população mundial (adultos com renda superior a US$500

mil anuais) detém 40% da riqueza do mundo enquanto metade da população mundial (50%) detém apenas 1% de toda a riqueza pessoal do mundo.[4] A polarização cada vez mais intensa da riqueza e da renda impede o acesso igualitário às oportunidades, impondo severas restrições aos direitos humanos básicos da nossa sociedade.

4. *Uma desconexão entre a* liderança institucional *e as* pessoas. Essa desconexão resulta em um vácuo de liderança que se revela na noção cada vez mais popular de que estamos coletivamente criando resultados que ninguém quer. Essa condição coletiva de desamparo e impotência constitui um marco do vácuo (ou bolha) de liderança que se manifesta por todo o sistema atual.
5. *Uma desconexão entre o* produto interno bruto (PIB) *e o* bem-estar. Essa desconexão se manifesta como uma bolha de consumo material que não promove o bem-estar real das pessoas. Pesquisas conduzidas em países desenvolvidos demonstram que, diferentemente da crença popular, um PIB maior e um maior consumo material não levam a um maior bem-estar, como veremos em mais detalhes adiante.
6. *Uma desconexão entre a* governança *e os* "sem-voz" *dos nossos sistemas atuais*. A desconexão entre os mecanismos atuais de governança e as vozes dos marginalizados constitui um fracasso da própria governança. Ela faz com que pessoas sejam afetadas por regimes que elas são completamente incapazes de influenciar ou mudar. Um exemplo ocorreu na Índia, onde muitos agricultores perderam o direito de posse das suas sementes para a Monsanto.
7. *Uma desconexão entre as* formas de posse reais *e a* melhor utilização social da propriedade. A desconexão entre os direitos de posse real e o melhor benefício social resulta em uma bolha na qual o Estado e a propriedade privada, apesar de seus méritos, permitem a utilização excessiva e a má administração dos recursos comuns ecológicos e sociais em proporções épicas.
8. *Uma desconexão entre a* tecnologia *e as* necessidades sociais reais. Essa desconexão leva a bolhas tecnológicas que promovem o bem-estar de apenas alguns mercados já atendidos em excesso. Por exemplo, a maior parte dos gastos com Pesquisa e Desenvolvimento na indústria farmacêutica é voltada para mercados do topo da pirâmide socioeconômica, enquanto grande parte ignora as necessidades da base da pirâmide.

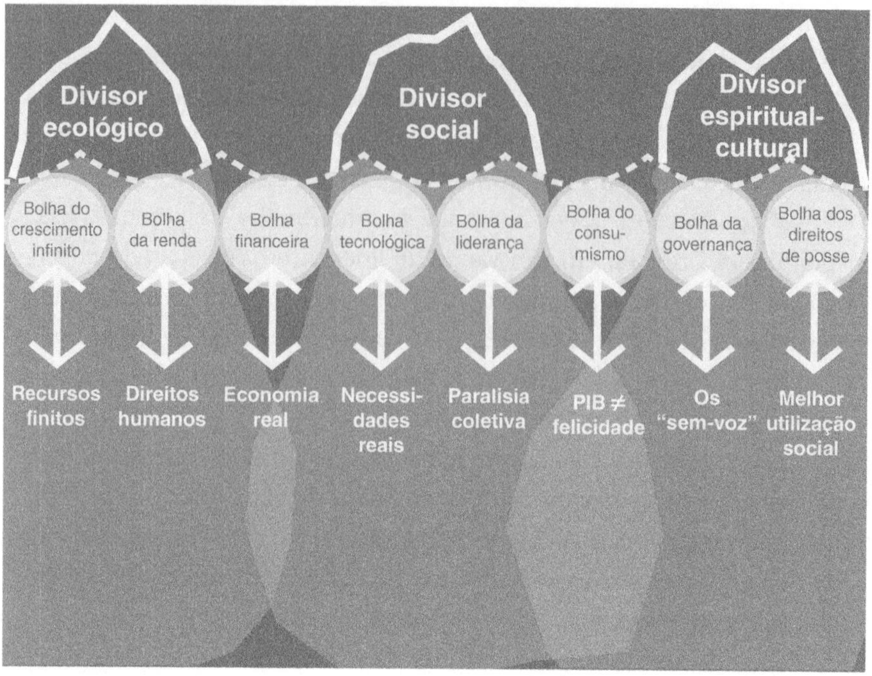

FIGURA 1 **O modelo do iceberg: sintomas visíveis na superfície e desconexões estruturais (bolhas).**

Essas bolhas e desconexões estruturais produzem sistemas projetados para *não* aprender. Esses sistemas operam por meio de *ciclos de feedback com atraso* ou *incompletos* que impedem os tomadores de decisão de vivenciar e sentir diretamente o impacto de suas decisões. Nos nossos complexos sistemas globais atuais, os tomadores de decisão muitas vezes afetam grandes grupos de pessoas com suas ações mas nunca veem, sentem ou se conscientizam das consequências dessas ações. Sem um feedback, ou com um feedback atrasado, eles não aprendem e, em consequência, as instituições tendem a mudar muito pouco ou tarde demais.[5]

EXTERNALIDADES POSITIVAS PARA OS RICOS E EXTERNALIDADES NEGATIVAS PARA OS POBRES

Uma segunda característica que as bolhas têm em comum diz respeito às externalidades. *Externalidade* é um termo utilizado na economia para se referir aos efeitos colaterais inesperados infligidos a terceiros ou custos não incluídos nos preços. As externalidades podem ser positivas (benefícios) ou negativas (custos). Por exemplo, posso gostar de dirigir meu carro mas, diferentemente do ciclista atrás de mim, raramente noto a externalidade negativa – poluição do ar – que provoco.

Na sociedade atual, externalidades positivas tendem a fluir para o topo enquanto as externalidades negativas tendem a fluir para a base da pirâmide socioeconômica. Podemos notar essa tendência tanto em organizações quanto em sociedades. Durante séculos, as matérias-primas têm fluído do hemisfério sul ao hemisfério norte, de países em desenvolvimento aos países desenvolvidos, enquanto o lixo e produtos tóxicos fluem no sentido inverso. Todos esses fluxos são racionalizados por teorias econômicas como a teoria das vantagens comparativas. Essas teorias, contudo, não incluem o impacto das externalidades.

Sempre que problemas ecológicos e desastres ambientais ocorrem, são os pobres que pagam a maior parte do preço (por exemplo, depois do Furacão Katrina nos Estados Unidos e na esteira dos tsunamis de 2004 e 2011 na Indonésia e no Japão). Quando os preços dos alimentos começam a ir às alturas devido a problemas ambientais criados pelo homem, os 2,5 bilhões de pessoas que vivem abaixo da linha da pobreza são as que mais sofrem.

Nos Estados Unidos, a crise econômica de 2008 infligiu a maior parte do sofrimento a famílias de baixa e média renda. Hoje sabemos que a indústria financeira direcionou as hipotecas imobiliárias "tóxicas" especificamente aos pobres. Apesar de o mercado financeiro ter se recuperado, os menos privilegiados continuaram perdendo: primeiro eles perderam o emprego, depois perderam em verbas alocadas a professores, atividades escolares, refeições e bibliotecas; e depois ainda perderam em termos de assistência médica e subsídios para pagar o aquecimento em casa.

Enquanto isso, os banqueiros de Wall Street, cujo comportamento coletivo criou a crise, em grande parte voltaram a usufruir de seus pacotes de benefícios e bonificações. Na verdade, sua capacidade de obter ainda mais subsídios públicos chegou a aumentar depois de 2008. Em 1995, os seis maiores holdings bancários dos Estados Unidos detinham ativos combinados estimados em menos de 17,1% do PIB americano.[6] Treze anos mais tarde, no auge da crise financeira de 2008, os ativos dessas organizações chegaram a 55% do PIB. Em 2010, a situação só piorou, com os ativos combinados atingindo 64% do PIB. Em outras palavras, a capacidade dos seis maiores bancos de Wall Street de assumir riscos excessivos para privatizar os lucros e socializar as perdas forçando um resgate financeiro bancado pelos contribuintes aumentou em vez de diminuir.[7]

O DINHEIRO FLUI NA DIREÇÃO ERRADA

Uma terceira característica diz respeito ao fluxo de dinheiro. Para atingir *economias de escala* e minimizar os riscos da concessão de empréstimos, bancos e instituições financeiras financiam grandes projetos para clientes renomados e seguros, que usam modelos de negócio existentes e tecnologias conhecidas em mercados estabelecidos.

Já projetos menores que envolvem novos empreendedores sem nenhum histórico de sucesso ou nenhuma segurança requerem que os bancos tomem decisões de concessão de empréstimos individualizadas, mais arriscadas e mais dispendiosas. As decisões de financiar ou não inovações na área da energia renovável, por exemplo, requerem uma expertise que analistas de crédito tradicionais normalmente não possuem. Em consequência, empreendedores e empresas pequenas ou novas ou que tentam fazer incursões em setores novos ou com retornos tradicionalmente baixos terão um acesso restrito ao capital, além de serem forçados a pagar mais por isso.

Dessa forma, em um sistema financeiro cego às externalidades como o que temos hoje, o dinheiro flui na direção errada: os inovadores que se empenham em implementar novas ideias ou trabalham deliberadamente com retornos mais baixos visando a gerar benefícios sociais pagam os preços mais altos, ao passo que aqueles que já têm mais do que precisam pagam os preços mais baixos.

Esses são todos exemplos do mesmo problema fundamental: a economia favorece os grandes players que privatizam os lucros no topo da pirâmide e socializam as perdas para o restante da pirâmide. E isso levanta a questão: Por que a nossa economia é configurada de maneira tão tendenciosa? A resposta a essa pergunta nos leva à quarta característica: o papel dos grupos de interesse.

A GOVERNANÇA É ORIENTADA POR GRUPOS DE INTERESSE

Muitos grupos de interesse organizados, inclusive no setor bancário, agrícola, de energia nuclear, petrolífero e farmacêutico, detêm uma influência desproporcional sobre os mesmos órgãos regulamentares originalmente criados para supervisioná-los. Não colocamos em questão apenas as montanhas de dinheiro e o poder de lobby desses grupos, mas também a prática conhecida como "porta giratória" que se tornou tão difundida em Washington, DC, e outras capitais do mundo – em outras palavras, o movimento de legisladores e regulamentadores se tornando lobistas para as indústrias e lobistas se tornando legisladores e regulamentadores.

Para dar apenas um exemplo, em 5 de novembro de 2008, um dia depois de Barack Obama ser eleito presidente, Michael Froman, do Citigroup, influente arrecadador de fundos para a campanha eleitoral do novo presidente, foi nomeado para participar da equipe econômica da administração de Obama. Enquanto atuava nesse cargo, Froman passou mais dois meses trabalhando concomitantemente no Citigroup, enquanto ajudava a nomear as mesmas pessoas que viriam a influenciar ativamente o futuro da empresa nas semanas e meses subsequentes.[8] E todo mundo sabe no que deu essa história.

De maneira similar, muitas das mesmas pessoas responsáveis pela desregulamentação do setor financeiro durante a administração de Clinton retornaram a influentes posições no governo durante a administração de Obama, criando enormes programas de resgate financeiro para seus ex-colegas dos bancos "grandes demais para falir".

Esse padrão também é comum na indústria alimentícia. Uma "porta giratória" entre a Monsanto, a gigante do agronegócio, e seus dois órgãos regulamentares públicos, a Administração Federal de Alimentos e Medicamentos (FDA, na sigla em inglês) e a Agência de Proteção Ambiental (EPA, na sigla em inglês), impede qualquer supervisão eficaz. Os danos potenciais dessa aliança não são menos catastróficos que as alianças firmadas no setor financeiro.

Em todos esses casos, o problema surge quando o processo político é tendencioso devido a condições desiguais e falta de transparência. De acordo com a obra do economista e cientista social Mancur Olson sobre a ação coletiva, grupos com apenas alguns poucos membros são capazes de se organizar facilmente e se expressar com uma única voz.[9] Alguns exemplos claros são os grandes players dos setores financeiro, alimentício, de saúde e energia. Já os grupos maiores e mais diversificados normalmente não são capazes de se organizar com tanta facilidade e, em consequência, têm mais dificuldade de se fazer ouvir. Os contribuintes comuns, que são os que acabam com o ônus de pagar pelo resgate financeiro, e as futuras gerações são dois bons exemplos disso.

Esse tipo de questão estrutural faz uma grande diferença e precisa ser consertado. Mas esses problemas podem não constituir a causa fundamental de cenário de patologias que discutimos anteriormente. Assim, considerando todas essas bolhas e desconexões, qual é a força motriz que nos mantém reencenando essas estruturas tão disfuncionais?

Modelos mentais que desenvolvem desconexões e bolhas sistêmicas

A força motriz à qual nos referimos é chamada *mentalidade*. Como Albert Einstein disse de maneira tão eloquente: "Não podemos solucionar os problemas com o mesmo tipo de mentalidade que os criou."[10] Mentalidades criam o mundo. As estruturas do pensamento econômico de ontem se manifestam nas estruturas das instituições e nas ações de hoje. Se quisermos fazer o upgrade do nosso sistema operacional econômico global, precisamos começar atualizando a mentalidade que o fundamenta; precisamos atualizar a essência do *pensamento e da lógica econômica.*

Utilizando o modelo do iceberg que orienta a jornada deste livro, nos referimos a essa camada mais profunda como "mentalidade", "modelos mentais" ou paradigmas do pensamento econômico.[11] Modelos mentais obsoletos levaram a uma verdadeira *falência intelectual*: a falência do pensamento econômico convencional.

A conscientização egossistêmica *versus* a realidade ecossistêmica

A mentalidade de hoje influencia o modo como colocamos em prática a realidade de amanhã. Esse vínculo entre pensamento e criação da realidade social se evidencia com mais clareza na nossa economia.

As oito desconexões que relacionamos anteriormente representam uma desassociação entre dois mundos: a estrutura da *realidade social* e a estrutura do *pensamento econômico*. Também é possível dizer que elas constituem uma desassociação entre as estruturas da realidade ecossistêmica e as estruturas da conscientização egossistêmica. A realidade econômica atual está profundamente imbuída em um ecossistema global de contextos ambientais, sociais, políticos e culturais que se entrelaçam e evoluem de maneiras incertas, complexas e voláteis. Essas condições requerem, por parte dos tomadores de decisão, uma atitude mental mais aberta, atenciosa, adaptativa e voltada para as mudanças que surgem.

No entanto, o que em geral observamos na realidade atual é uma desconexão entre a realidade e a conscientização; isto é, entre uma economia global centrada no ecossistema e uma conscientização centrada no egossistema dos tomadores de decisão institucionais. O resultado é uma guerra das partes contra o todo. Vemos o impacto dessa desconexão, por exemplo, na utilização absurdamente excessiva de recursos escassos, muitas vezes chamada "tragédia dos comuns".[12]

Fechar a lacuna entre a realidade ecossistêmica e a conscientização egossistêmica é o maior desafio dos líderes da atualidade. Os tomadores de decisão de todas as instituições de um sistema devem dar início a uma *jornada em conjunto*, partindo de uma visão estreita, que inclui apenas o próprio ponto de vista (a conscientização centrada no ego), até chegar à vivência do sistema na perspectiva dos outros players, especialmente os mais marginalizados. A meta deve ser cossentir, coinspirar e cocriar um futuro que emerge para o sistema que promova o bem-estar de todos e não apenas de alguns poucos.

Esse é um imperativo não apenas ético como também *econômico*. Vejamos o exemplo da crise do euro, que se seguiu à crise financeira global de 2008. A crise do euro resultou, em grande parte, da Alemanha e de outros países revertendo a uma visão de realidade centrada no Estado-nação. E o que fez da União Europeia uma história de sucesso tão improvável depois da Segunda Guerra Mundial? Um acordo franco-alemão com outros importantes países da UE no qual todos compartilhavam a intenção de criar um futuro diferente do passado. Com as memórias da guerra ainda frescas, a Alemanha Ocidental estava disposta a pagar um pouco mais do que um interesse de visão estreita centrada no Estado teria justificado. O processo resultante da UE tem sido, em grande parte, um sucesso. Hoje a UE tem, ao contrário do que a maioria dos americanos acredita, a maior economia do mundo, com um PIB de US$17,6 bilhões em 2011 (seguida dos Estados Unidos, com US$15,1 bilhões, e da China, com US$7,3 bilhões) que tem beneficiado a maioria dos 500 milhões de cidadãos de seus 27 Estados membros.

O sucesso da UE sugere que uma boa economia e boas políticas requerem uma ampla definição do interesse próprio (ecocentrada) e não uma definição estreita (egocentrada), de forma que o interesse se alinhe ao bem-estar dos outros e do todo. Infelizmente, os recentes fracassos da UE provam o mesmo argumento. Políticas e fatores econômicos deletérios resultam de uma definição estreita demais do interesse próprio. No caso da crise do euro, é possível ver claramente como um interesse próprio de definição estreita se traduz em uma péssima tomada de decisões econômicas e políticas. Em setembro de 2008, após a queda da Lehman Brothers, o ministro da Fazenda da Alemanha declarou, no Parlamento, que se tratava de um problema americano e não de um problema europeu ou alemão.[13] O segundo e mais grave erro ocorreu em 12 de outubro de 2008, quando o chanceler e o ministro da Fazenda da Alemanha se reuniram com os colegas da UE em Paris no primeiro encontro voltado para a discussão da crise e decidiram que cada país deveria criar o próprio mecanismo de resgate em vez de um mecanismo europeu compartilhado para se ocupar de todos os membros.[14]

O que faltou nessa história foi um momento de *ruptura reflexiva*, na qual todos os players teriam se reunido, dado uma boa olhada no espelho e percebido o que estavam fazendo para si mesmos. Com isso, eles teriam abandonado sua visão egossistêmica centrada na nação e a teriam substituído por uma mentalidade capaz de lidar com as complexas realidades ecossistêmicas globais que eles estão enfrentando agora. Essa segunda visão é o que chamamos de conscientização ecossistêmica, por valorizar e se responsabilizar pelo bem-estar dos outros e do todo.

Uma jornada da conscientização egossistêmica à conscientização ecossistêmica

O cenário de sintomas que se vê na superfície e as oito desconexões estruturais subjacentes resultam da mesma origem profunda: um pensamento econômico preso ao passado. O recorte conceitual que utilizamos hoje pode ter sido apropriado no passado, mas não se adequa mais aos complexos desafios e demandas da atualidade.

Como chegamos aqui? Como o pensamento econômico evoluiu com o tempo? Quais são as diferentes estruturas do pensamento econômico disponíveis para nós agora e como será no futuro?

A Figura 2 mostra quatro estágios, lógicas e paradigmas do pensamento econômico, cada um propondo uma solução diferente para o maior problema enfrentado por cada economia moderna: Como coordenar os processos colaborativos caracterizados pela divisão do trabalho? Os quatro estágios são os seguintes:

1.0: O modelo centrado no Estado, caracterizado pela coordenação por meio da hierarquia e do controle em uma sociedade unissetorial.

2.0: O modelo do livre mercado, caracterizado pela ascensão de um segundo setor (privado) e coordenado por meio dos mecanismos de mercado e concorrência.

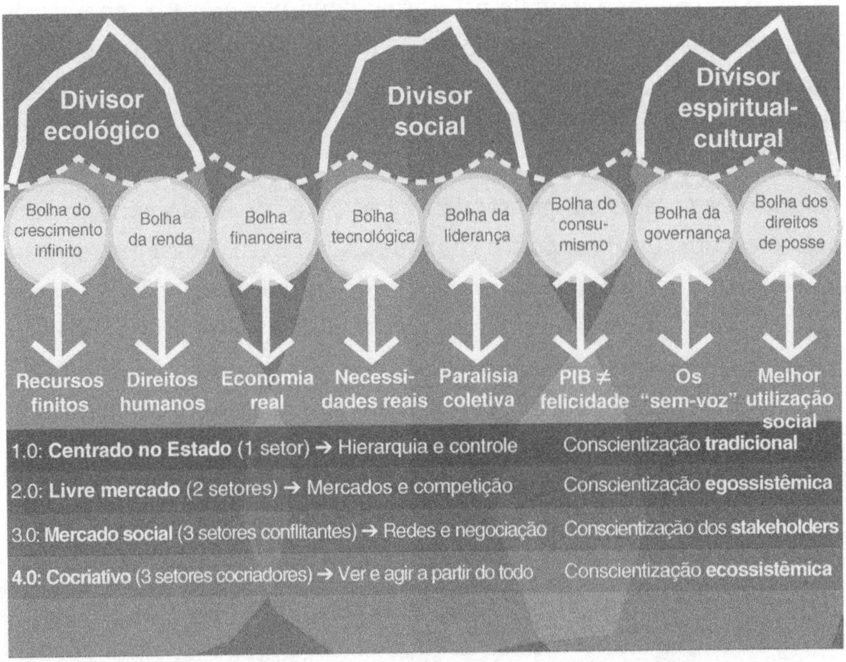

FIGURA 2 O modelo do iceberg: sintomas, estruturas, mentalidade e fontes.

3.0: O modelo social de mercado, caracterizado pela ascensão de um terceiro setor (ONG) e pela coordenação negociada por grupos de interesse organizados.

4.0: O modelo ecossistêmico cocriativo, caracterizado pela ascensão de um quarto setor que cria plataformas e "acolhe o espaço" para a inovação intersetorial envolvendo stakeholders de todos os setores.

Como ocorre nos estágios evolucionários, os estágios anteriores continuam existindo nos posteriores: em outras palavras, os quatro mecanismos de coordenação são complementares e não substituem um ao outro.

Atualmente, contudo, o nosso foco está apontado na direção errada. O discurso econômico e político em geral é estruturado como uma escolha entre (1) mais privatização, desregulamentação e cortes no Estado previdenciário e (2) mais regulamentação, estatização e déficit orçamentário baseado em estímulos. Um debate nessas linhas reflete o mundo do século XX e não o mundo do século XXI.

Parafraseando a frase anteriormente citada, atribuída a Einstein, não é possível resolver os problemas ecossistêmicos 4.0 atuais usando a mentalidade egossistêmica 2.0 e 3.0 que os causou. O que precisamos fazer é cocriar um novo modelo econômico que nos ajude a repensar e atualizar todos os conceitos essenciais da economia de uma perspectiva baseada na conscientização. Também precisamos vincular esse modelo a ferramentas e métodos práticos para lidar com os desafios da nossa realidade atual.

Imagino que você esteja pensando que esta discussão do pensamento econômico está ficando um pouco chata demais... Bem, é exatamente *essa* mentalidade que nos impede de nos livrar do nosso ponto cego. *O ponto cego da nossa era é que não paramos para refletir sobre o pensamento econômico predominante, como se ele fosse alguma lei natural.* Entretanto, na verdade, todas as chamadas "leis" econômicas começam a se fundir e se transformar em outra coisa assim que começamos a mudar a variável mais importante: a *qualidade* da *conscientização* dos participantes de um sistema. E quem são esses participantes? Eles incluem líderes e agentes de mudança em empresas, no governo e na sociedade civil, bem como consumidores, investidores e comunidades. E eles com certeza incluem você.

No Capítulo 3, analisaremos as mudanças na lógica e no pensamento econômico da perspectiva da estrutura mais profunda que fundamenta a evolução da economia. E demonstraremos que a essência dessa trajetória de desenvolvimento tem raízes na evolução da *consciência* humana.

Os recortes conceituais do pensamento econômico articulam quatro lógicas ou paradigmas econômicos que levam a quatro diferentes sistemas operacionais. O Sistema Operacional Econômico 1.0 se baseia na conscientização tradicional e na mentalidade hierárquica. O Sistema Operacional Econômico 2.0 se baseia na conscientização egossistêmica e na mentalidade centrada no eu (na economia neoclássica, esse "eu" é chamado de *homo oeconomicus*, um ser humano que só age visando a maximizar o interesse próprio). O Sistema Operacional Econômico 3.0 se baseia na conscientização dos stakeholders institucionais e algumas coalizões negociadas que internalizam o interesse no bem-estar dos stakeholders mais importantes (como, por exemplo, empresas negociando com os sindicatos trabalhistas e firmando parceiras com eles). Já o Sistema Operacional Econômico 4.0 emergente (apresentado em detalhes adiante) se baseia na conscientização ecossistêmica – isto é, uma conscientização que valoriza o bem-estar de todos os outros e promove o bem-estar do todo.

Como as *leis* da economia se transformam de acordo com o nível de *conscientização* a partir do qual os agentes de um sistema operam, é preciso criar uma nova ciência econômica que se volte para a matriz como um todo (de 1.0 a 4.0) em vez de se restringir a apenas um sistema operacional ou paradigma (uma discussão detalhada poderá ser encontrada no Capítulo 3). O que precisamos hoje, parafraseando a psicóloga Eleanor Rosch, é de uma ciência econômica praticada com um espírito de sabedoria.[15] Precisamos de uma ciência econômica que descreva e acompanhe a jornada de 1.0 a 4.0 em todos os níveis, para indivíduos e equipes bem como para instituições e sistemas.

As fontes dos modelos mentais, estruturas e sintomas

A jornada da conscientização egossistêmica à ecossistêmica, ou do "eu" ao "nós", possui três dimensões: (1) relacionar-se melhor com os *outros*; (2) relacionar-se melhor com o sistema como um *todo*; e (3) relacionar-se melhor *consigo mesmo*. Essas três dimensões requerem que os participantes explorem as margens do sistema e do eu.

Explorar as margens do sistema significa ir ao lugar de maior potencial: por exemplo, se colocar na pele de algumas das pessoas mais marginalizadas do mundo, como os moradores de vilarejos remotos da África ou imigrantes morando em um país desenvolvido (veja o Capítulo 7). Pela nossa experiência, o "novo" em qualquer sistema surge primeiro na periferia. É nas margens do sistema que enxergamos os problemas e as oportunidades como quem vê através de uma lente de aumento. Diversos grupos de stakeholders podem usar suas experiências compartilhadas para se conscientizar e compreender o que realmente está acontecendo.

Explorar as margens do eu implica um deslocamento do lugar interior a partir do qual operamos. Significa abrir a mente, o coração e a vontade, suspender hábitos antigos de julgamento, sentir empatia e abandonar o que deseja morrer em si mesmo e abrir espaço para o que está esperando para nascer.

No decorrer dos últimos 18 anos, nos dedicamos a trabalhar na criação de ambientes para esses tipos de jornadas externas e internas em organizações, sistemas, setores e culturas. A surpresa foi constatar que essa jornada à periferia de um sistema costuma dar resultados bastante confiáveis. Não é fácil. Requer muito trabalho e não é possível conduzi-la do jeito antigo, pelo controle. Mas é possível criar condições que capacitem uma profunda alquimia no trabalho, condições que ajudem os líderes de um sistema a estender e aprofundar sua visão do sistema de ego a eco, de "eu" a "nós".

Essa linha de experimentação e trabalho já está levando a um novo tipo de ação coletiva baseada na conscientização. Ela não aplica o antigo modelo de coletivização no qual o DNA compartilhado é imposto de cima para baixo, na antiga pirâmide top-down que já conhecemos tão bem. Trata-se de um modelo mais horizontal, no qual cada nó individual se interessa pelo bem-estar dos outros. É essa conscientização compartilhada que permite uma coordenação e um processo decisório rápidos, flexíveis e fluidos muito mais adaptativos e cocriativos que qualquer outro modelo organizacional atualmente aplicado nas mais importantes instituições sociais.

A jornada ao U

Chegamos aos Estados Unidos em 1995 para trabalhar no Centro de Aprendizado Organizacional do MIT, fundado por Peter Senge e seus colegas em colaboração com um grupo de empresas globais no início dos anos 90. Assim que chegamos, fomos informados de que Senge e sua organização faziam parte do mesmo grupo de Dinâmica de Sistemas do MIT que produzira o influente estudo *Limites ao crescimento*, no qual fundamentamos parte do nosso trabalho inicial e que ajudou a criar o movimento ambiental global nos anos 70.[16]

Em seu trabalho, Senge notou que os estudantes de PhD da área de dinâmica de sistemas eram altamente capacitados para conduzir uma análise dos sistemas comprometidos da nossa sociedade atual. No entanto, o impacto prático deles na alteração de qualquer um desses sistemas era praticamente nulo. Com base nessa surpreendente constatação, Senge passou a se interessar pela dimensão comportamental da mudança.

O livro *A quinta disciplina*, de Senge, se baseia em combinar (1) a dinâmica de sistemas, (2) a mudança organizacional e (3) os processos criativos. Essa síntese resultou no conceito do Centro de Aprendizado Organizacional do MIT e em um conjunto inicial de métodos e ferramentas desenvolvidos por esse pequeno grupo de "pesquisadores da ação" (*action researchers*) do MIT.

Alguns anos depois, Senge e seus colegas observaram que as ferramentas eram bastante eficazes nas mãos de alguns líderes mas, em outros casos, a aplicação das mesmas ferramentas não resultava em mudanças significativas. Como as mesmas ferramentas podem ser eficazes nas mãos de alguns e ineficazes nas mãos de outros? Investigamos a questão em nossas pesquisas, que incluíram 150 entrevistas com líderes, empreendedores e inovadores (muitas das quais foram conduzidas por Otto e nosso colega Joseph Jaworski), além de contar com uma participação ativa em processos de mudança realizados em empresas, governos e comunidades.[17] O resultado desses 18 anos de trabalho foi um Modelo 2.0 para aprender, liderar, inovar e promover uma profunda renovação sistêmica. Chamamos esse modelo de Teoria U, em função do formato do desenho utilizado para representá-lo. Ele foi descrito em detalhes no meu livro *Teoria U* (Otto) e no livro *Presença*, que escrevi em coautoria com Senge, Jaworski e Betty Sue Flowers.[18]

A ideia desse modelo é simples: *a qualidade dos resultados produzidos por qualquer sistema depende da qualidade da conscientização dos participantes que operam este sistema.* A fórmula do sucesso de um processo de mudança não é "a forma segue a função", mas sim "a forma segue a consciência". A estrutura da conscientização e da atenção decide a trajetória futura de uma situação.

Deslocando o lugar interior a partir do qual operamos

Deparamos com esse profundo território de pesquisa da liderança quando entrevistamos Bill O'Brien, então CEO da Hanover Insurance, falecido em 2002. Resumindo seus insights mais importantes com base em sua experiência na liderança de um processo de mudança transformacional na própria empresa, O'Brien disse: "O sucesso de uma intervenção depende da *condição interior* do interventor."[19] Em outras palavras, o sucesso das nossas ações como agentes de mudança não depende do que fazemos ou de como fazemos, mas do *lugar interior* a partir do qual operamos (veja a Figura 3).

Na primeira vez que eu (Otto) ouvi O'Brien dizer isso, pensei: "Nossa, o que será que realmente sei sobre esse lugar interior? Eu não sei nada! Será que temos *um*, *vários* ou um *número infinito* desses lugares?" Eu não fazia ideia, porque esse lugar constitui o ponto cego da nossa experiência cotidiana. Somos capazes de observar *o que* fazemos e *como* fazemos, mas a qualidade da fonte (ou do lugar interior) a partir da qual operamos no "Agora" tende a se manter fora do alcance da nossa observação, atenção e conscientização normais.

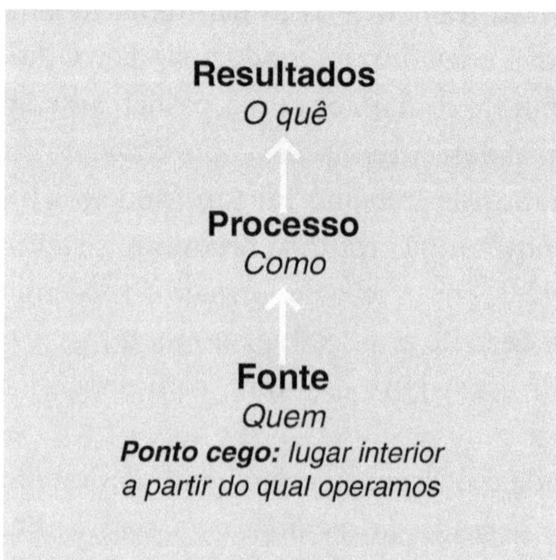

FIGURA 3 O ponto cego da liderança.

Esse insight surpreendente no nível mais profundo da *fonte* de criação da realidade social nos levou a um intrigante percurso de investigação e integração das mais recentes descobertas das pesquisas sobre liderança, administração, economia, neurociência, complexidade e práticas contemplativas. A essência do nosso conceito envolve o poder da atenção: não podemos transformar o comportamento de sistemas enquanto não mudarmos a qualidade da atenção que as pessoas dedicam às ações que realizam nesses sistemas, tanto individual quanto coletivamente.

Liderando a partir do futuro que emerge

Em uma exploração mais profunda desse território, percebemos que a maior parte das metodologias de aprendizado existentes se baseava no aprendizado do passado, enquanto a maioria dos desafios reais enfrentados pela liderança das organizações pareciam exigir algo bastante diferente: deixar ir (abrir mão) o passado para se conectar com as possibilidades do futuro que emerge e aprender com elas.

Percebemos que esse segundo tipo de aprendizado – aprender com o futuro que emerge – ainda não contava com qualquer metodologia e nem sequer tinha sido nomeado. Mesmo assim, inovadores, empreendedores e pessoas altamente criativas afirmam ter um relacionamento íntimo com essa profunda fonte de conhecimento. Comecei a me referir a ela como Teoria U e Presencing. *Presencing* é um neologismo que combina as palavras *sensing*, ou sensibilizar-se (sentir ou perceber as possibilidades futuras), e *presence*, ou presença (estar no momento presente). O termo significa perceber e concretizar a mais elevada possibilidade futura de uma pessoa – atuando com base na presença daquilo que deseja emergir.

O conceito da Teoria U, de que a qualidade dos resultados em qualquer tipo de sistema socioeconômico é uma função da conscientização das pessoas que operam o sistema, leva a quatro níveis diferenciados de conscientização. Esses quatro níveis afetam o ponto no qual as ações se originam em relação às fronteiras do sistema.

Vejamos o exemplo do ato de ouvir (a escuta). Chamamos o primeiro nível de escuta de *recuperação* (downloading), um termo que denota os comportamentos e pensamentos habituais que resultam nos mesmos velhos comportamentos e resultados. Esse tipo de escuta se origina no centro dos nossos hábitos, naquilo que já sabemos com base nas experiências passadas. Vejamos um exemplo: quando os então Presidente George W. Bush e o Vice-presidente Dick Cheney receberam relatórios da CIA referentes a um ataque iminente aos Estados Unidos antes de 11 de Setembro, eles estavam tão focados em dar continuidade à guerra contra Saddam Hussein que foram incapazes de escutar e reconhecer os inúmeros alertas dos serviços de inteligência. Eles se mostraram impossibilitados de escutar qualquer coisa que não se encaixasse naquilo que eles achavam que já sabiam. Essa incapacidade aprisiona os tomadores de decisão no mundo de suas noções e visões preconcebidas.[20]

Por sua vez, a escuta de nível 4, que chamamos de Presencing, representa um estado do campo social no qual o foco da atenção se expande e uma nova realidade entra no campo de visão e se concretiza. Nesse estado, a escuta tem origens fora do universo das nossas noções preconcebidas. Em consequência, sentimo-nos conectados a uma esfera cada vez mais ampla que nos cerca e a partir da qual operamos. À medida que a presença desse estado mais elevado de atenção se aprofunda, o tempo parece desacelerar, o espaço parece se abrir e a experiência do eu se transforma de um único ponto (ego) a uma presença mais elevada e a uma conexão mais intensa com a esfera que o cerca (eco). É possível ver exemplos dessa transição quando um time esportivo *entra "na zona"* ou quando um grupo de jazz *entra "no groove"*.

Os dois níveis intermediários são o nível 2 (escuta factual) e o nível 3 (escuta empática). Discutiremos os quatro níveis em mais detalhes no Capítulo 4, quando apresentaremos a Matriz da Evolução Social.

Então, do que as pessoas, equipes, instituições e sistemas mais amplos precisam para transferir seu foco de atenção e modo de operação da recuperação (downloading) ao presencing?

Os princípios do presencing

Responderemos a essa pergunta muito mais detalhadamente ao longo deste livro. Por enquanto, nos contentaremos em apresentar alguns princípios-chave que refletem o que aprendemos nos últimos anos e que podem repercutir com algumas das suas próprias experiências:

1 *A energia segue a atenção.* O ponto no qual você foca a sua atenção é o ponto ao qual a energia do sistema fluirá. "A energia segue a atenção" significa que precisamos transferir a nossa atenção daquilo que estamos tentando evitar àquilo que desejamos concretizar.

2. *Siga os três movimentos do U.* Referimo-nos a esse princípio como o "processo U" devido ao "formato" da jornada. Para chegar ao ponto mais profundo da transformação (na parte inferior do U), é necessário primeiro descer pelo U (pelo lado esquerdo) abrindo nossa mente, coração e vontade e então, depois de passar pelo "buraco da agulha" na parte inferior, subir pelo U (pelo lado direito) para incluir o novo na realidade (veja a Figura 4). Nas palavras do nosso colega, o economista Brian Arthur, os três principais movimentos do processo U são:
   a. Descer pelo U: *Observe, observe, observe.* Interrompa o antigo processo de recuperação (downloading) e mergulhe completamente nos pontos de maior potencial, nos lugares mais relevantes para a sua situação específica.
   b. Na parte inferior do U: *Retire-se e reflita; permita que o saber interior venha à tona.* Vá a lugares de quietude, onde o saber sobe à superfície. Nesse ponto, você compartilha e reflete sobre tudo o que aprendeu a partir de um profundo local de escuta, perguntando: "O que deseja emergir aqui?", "Como isso se relaciona com a jornada adiante?" e "Como podemos participar da história do futuro em vez de nos apegar à história do passado?"
   c. Subir pelo U: *Aja em um instante.* Explore o futuro *fazendo.* Desenvolva um protótipo. Um protótipo explora o futuro por meio de algo pequeno, rápido e espontâneo, gerando rapidamente o feedback de todos os stakeholders mais importantes e permitindo que você evolua e ajuste a sua ideia.

3. *Vá às margens do eu.* Para aplicar esse processo no contexto das instituições, precisamos capacitar o processo com uma nova tecnologia de liderança. A essência dessa tecnologia se concentra no ajuste de três instrumentos: a mente aberta, o coração aberto e a vontade aberta. Com a mente aberta, podemos suspender velhos hábitos de pensamento. Com o coração aberto, podemos *sentir empatia,* ou ver uma situação pelos olhos de outra pessoa. Com a vontade aberta, podemos deixar o passado ir e deixar o novo vir.

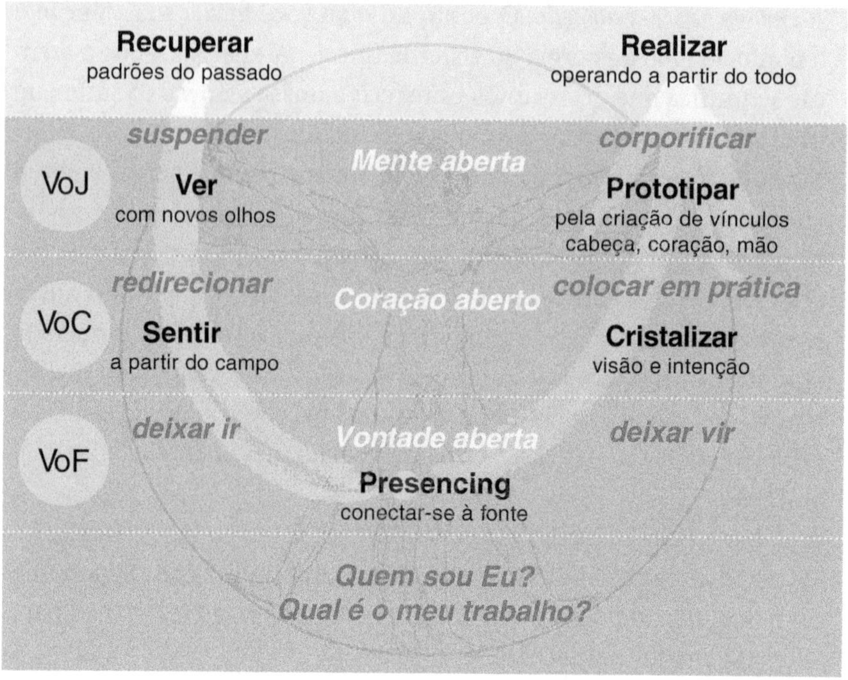

FIGURA 4 O processo U de cossentir e cocriar: o presencing.

4. *Passe pelo buraco da agulha.* No ponto mais baixo de cada jornada U encontramos um limiar. Cruzar esse limiar, passando pelo buraco da agulha, pode remeter à morte e ao renascimento. De acordo com a Bíblia, "É mais fácil para um camelo passar pelo buraco de uma agulha que um rico entrar no Reino de Deus".[21] A expressão "buraco da agulha" se refere a um portal da antiga Jerusalém: para um homem passar com seu camelo pelo portal de Jerusalém, ele precisava remover toda a carga das costas do camelo. De maneira similar, se quisermos passar pelo buraco da agulha na parte inferior do U, precisamos nos livrar de toda bagagem não essencial. Passar por esse portal implica encarar as duas questões fundamentais da nossa jornada: "Quem sou Eu?" e "Qual é o meu Trabalho?" O *Eu* com E maiúsculo representa nossa possibilidade futura mais elevada. O *Trabalho* com T maiúsculo representa nosso senso de propósito ou missão. É o que viemos fazer neste planeta.
5. *Transforme os três inimigos.* Por que a jornada U é o caminho menos percorrido? Por que muitas pessoas estão cientes desse processo

profundo de saber e mesmo assim ele raramente se faz presente no contexto dos nossos sistemas mais amplos? Porque, assim que nos comprometemos a partir nessa jornada, começamos a encontrar nossos três principais inimigos: a *voz do julgamento* (VoJ: fechando a mente aberta), a *voz do cinismo* (VoC: fechando o coração aberto) e a *voz do medo* (VoF: fechando a vontade aberta).

6. *Sempre comece "observando a fenda".* Onde encontramos o futuro primeiro? "Procure com as mãos. Não pense, sinta" é a instrução essencial que Bagger Vance dá a Junoh no filme de Robert Redford *Lendas da vida.* O futuro se revela primeiro nos nossos sentimentos e pelas nossas mãos, não nas nossas análises abstratas. "Atentar à fenda" significa observar as aberturas, os desafios e os rompimentos nos quais sentimos o passado chegando ao fim e o futuro querendo começar.
7. *"Acolha o espaço" para transformar os debates em diálogos e criatividade coletiva.* Cada campo social precisa de um contêiner. Uma conversa de nível mais elevado, como o diálogo e a criatividade coletiva, requer contêineres e espaços acolhedores de qualidade superior. "Transformar a qualidade da conversa" em um sistema implica transformar a qualidade do relacionamento e da forma de pensar – isto é, a qualidade dos resultados de amanhã.
8. *Fortaleça as fontes de presencing para evitar a dinâmica destrutiva do ausenciamento.* A sociedade moderna surge da inter-relação de dois poderosos campos sociais: o presencing e o ausenciamento. O campo do presencing atua por meio da abertura da mente, do coração e da vontade. Conhecemos inúmeros exemplos inspiradores desse processo ao redor do planeta. Entretanto, todas as pessoas que trabalham em instituições e sistemas também já vivenciaram os efeitos do outro campo. Esse segundo campo é caracterizado pelo aprisionamento na noção de que há apenas Uma Verdade em vez de atuar com uma mente aberta; pelo aprisionamento da noção de Nós contra Eles em vez de atuar com um coração aberto; e pelo aprisionamento em uma identidade rígida em vez de atuar com uma vontade aberta. Referimo-nos a sistemas sociais que possuem essas três características como "fundamentalistas". O fundamentalismo resulta de fechar e congelar nossa mente, nosso coração e nossa vontade – em oposição a abri-los, aquecê-los e iluminá-los.

Vivemos com a tensão provocada por esses dois campos. Não somos um, mas em geral somos divididos em dois. Por vezes atuamos tendo em vista a nossa mais elevada possibilidade futura (presencing), mas volta e meia perdemos a noção e ficamos presos em antigos padrões de recuperação (ausenciamento). Sentimos essa natureza frágil da realidade atual não apenas nos relacionamentos pessoais como também no âmbito da mudança e do desenvolvimento global. Ficamos divididos entre esses dois campos e precisamos aprender a nos enraizar mais profundamente no campo do presencing.

A realidade social surge continuamente da inter-relação dessas duas forças: o campo do presencing, que possibilita a cocriação a partir de um nível mais profundo de humanidade e intenção, e o campo do ausenciamento, que, por meio do nosso ponto cego de não conscientização, nos aprisiona em padrões de destruição e autodestruição (veja a Figura 5).

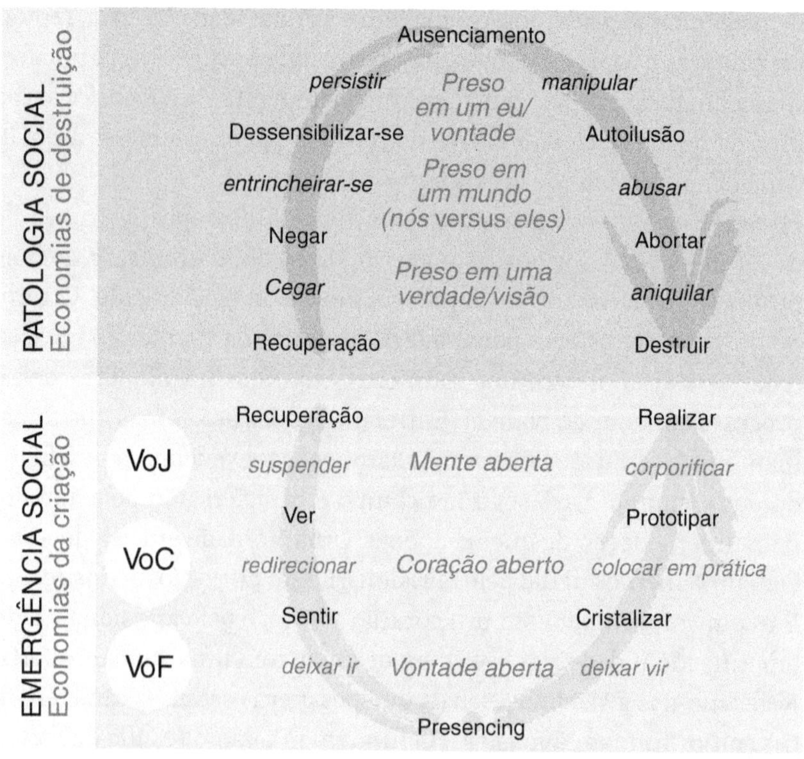

FIGURA 5 Os espaços sociais da criação coletiva (presencing) e da destruição (ausenciamento).

A jornada deste livro

Neste livro, exploraremos um novo modelo para transformar instituições, sociedades, relacionamentos e o "eu". Os quatro primeiros capítulos o convidam a descer pelo lado esquerdo do U, percorrendo quatro níveis do iceberg, da ponta visível até os níveis mais profundos e menos visíveis:

1. sintomas: disrupção, morte e renascimento (Capítulo 1);
2. estrutura: desconexões sistêmicas (Capítulo 2);
3. mentalidade: a Matriz da Evolução Econômica (Capítulo 3); e
4. fonte: passar pelo buraco da agulha (Capítulo 4).

Nos quatro próximos capítulos subiremos pelo lado direito do U para antever, colocar em prática e corporificar o novo:

5. liderar a transformação individual (Capítulo 5);
6. liderar a transformação relacional (Capítulo 6);
7. liderar a transformação institucional (Capítulo 7); e
8. liderar a partir do futuro que emerge (Capítulo 8).

Os Capítulos 5 e 6 apresentam a revolução pessoal e relacional que este livro tenta elucidar. O Capítulo 7 se concentra no que chamamos de Matriz da Transformação Institucional, um roteiro para o caminho evolucionário das instituições-chave e sistemas sociais do nível 1.0 até 4.0. Esse roteiro sugere que as experiências transformacionais necessárias na educação, saúde, finanças, empresas, governos e sociedade civil na verdade não são assim tão diferentes. Todas apresentam jornadas similares de inverter e revirar sistemas ao estilo de pirâmides para cultivar o solo de um campo cocriativo de intenção, conscientização e ação compartilhadas cruzando fronteiras institucionais. O Capítulo 8 conclui com uma visão específica de que nós, a atual geração de agentes de mudança deste planeta, estamos sendo convocados a realizar em 10 ou 20 anos.

Cada capítulo é fechado com observações de encerramento e questões práticas para a reflexão individual e o trabalho em grupo. Elas foram formuladas visando a lhe proporcionar uma ferramenta prática para se unir ao movimento global que está emergindo e ver as crises ecológica, social e espiritual da atualidade como três aspectos de um problema mais profundo que nos impele a promover a transição do egocentrismo ao ecocentrismo e, dessa forma, transformar a empresa, a sociedade e o "eu". As questões apresentadas ao final de cada capítulo o ajudarão a formar seu grupo. O site www.presencing.com e suas sessões de aprendizado global proporcionam maneiras de se conectar com os outros para cossentir e cocriar o nosso caminho adiante.

1

O que se vê na superfície: sintomas de morte e renascimento

Neste capítulo, exploraremos os sintomas da ponta do iceberg da presente realidade. Passaremos da queda de tiranos a uma exploração das falhas geológicas mais profundas que se mantêm gerando as mudanças disruptivas* da nossa era. Além disso, analisaremos esses eventos disruptivos da perspectiva dos agentes de mudança: diante da disrupção, o que decide se acabaremos em loucura ou consciência?

A derrubada dos tiranos

No outono de 1989, duas semanas antes da queda do Muro de Berlim, levamos um grupo de estudantes de vários países a Berlim Oriental, onde nos reunimos com ativistas dos direitos civis no porão de uma igreja. Em certo ponto, o professor que nos acompanhava, o pesquisador de estudos da paz Johan Galtung, apresentou uma previsão: "O Muro de Berlim cairá antes do fim do ano." Ninguém acreditou, inclusive os próprios organizadores da resistência contra o regime alemão oriental. E todos nós estávamos errados. O Muro caiu e a Guerra Fria chegou ao fim poucos meses depois daquele encontro.

Cerca de duas décadas depois, no outono de 2008, a falência da Lehman Brothers, empresa global de serviços financeiros, enviou ondas de choque por todo o planeta e, em questão de horas, levou os sistemas financeiros dos Estados Unidos e da Europa à beira do colapso. Os megabancos americanos e europeus sobreviventes só conseguiram subsistir com a ajuda de enormes resgates financeiros financiados pelos contribuintes e concedidos pelos governos. Em 11 de outubro daquele ano, o diretor do Fundo

---

* *Nota da Revisão Técnica*: Mudanças que geram rompimentos definitivos e possibilitam o surgimento do novo, fruto da junção inédita de valores em contextos já existentes.

Monetário Internacional (FMI) advertiu que o sistema financeiro global cambaleava "à beira de um desastre sistêmico".[1]

Em dezembro de 2010, Mohamed Bouazizi, um jovem vendedor ambulante de frutas e legumes da Tunísia, ateou fogo em si mesmo em protesto contra o modo como fora tratado pela polícia, que tentou extorqui-lo e, quando ele se recusou, apreendeu suas mercadorias e o espancou. Em janeiro, uma ativista egípcia de 26 anos, Asmaa Mahfouz, postou um vídeo na internet exortando as pessoas a protestarem contra o "governo corrupto" do presidente do Egito, Hosni Mubarak, em uma manifestação na Praça Tahrir, no Cairo.[2] Com o vídeo, ela desencadeou e inspirou um verdadeiro levante entre a população egípcia. Uma semana mais tarde, em 25 de janeiro, milhares de pessoas se uniram a ela na Praça Tahrir. Em poucos dias, o movimento já contava com milhões de manifestantes. No início, a polícia reagiu com brutalidade. Porém, menos de quatro semanas depois que Mahfouz postou seu vídeo inicial, o Presidente Mubarak abdicou do poder.

Um mês depois, um terremoto de 9,0 graus atingiu a costa do Japão, levando a um gigantesco tsunami que matou mais de 20 mil pessoas. A usina nuclear Fukushima Daiichi era protegida por um quebra-mar projetado para suportar um tsunami de 5,7 metros. Minutos depois do terremoto, um tsunami de 14 metros chegou à costa, cruzando com facilidade o quebra-mar e atingindo os geradores de energia de emergência da usina. Em consequência, o material radioativo se superaqueceu e colocou a usina no caminho de uma catastrófica fissão nuclear.

No decorrer do ano, a Primavera Árabe se alastrou pelo planeta. Muammar Gaddafi foi derrubado na Líbia. O movimento Occupy Wall Street, em parte inspirado na Primavera Árabe, organizou ações em mais de mil cidades ao redor do mundo.[3]

A queda do Muro de Berlim, a derrubada do regime de Mubarak e Gaddafi, o acidente nuclear da usina Fukushima Daiichi e o quase colapso do sistema financeiro ocidental apresentam as mesmas características em comum:

1. o fim de uma estrutura de controle inflexível e centralizada que antes era considerada indestrutível;
2. o início de um movimento popular espontâneo e descentralizado de pessoas que se libertam do medo e atingem um nível mais elevado de conscientização e interconectividade;

3. a abertura de pequenas fissuras no antigo sistema, seguida do desgaste e da eventual ruína do sistema;
4. o ressurgimento das antigas forças assim que a memória do colapso começa a se dissipar; as antigas forças tentam ocultar as verdadeiras causas fundamentais do colapso para ampliar seu acesso privilegiado ao poder e à influência (um exemplo disso é a oligarquia financeira de Wall Street).

Acreditamos que esses tipos de eventos continuarão a ocorrer. Essas mudanças disruptivas marcam o início de uma nova era para a nossa comunidade global, era de crescente desestabilização. Movimentos como esses levarão a profundas mudanças ou poderão fracassar. Em muitos casos, como veremos mais adiante neste livro, essas disrupções já estão a caminho e é tarde demais para impedir todas elas. Dessa forma, o nosso ponto de controle é a maneira como reagimos ao impacto causado por essas disrupções no nosso modo de trabalhar e viver.

Uma mudança disruptiva afeta não apenas o nosso mundo exterior, como também o nosso eu interior. Momentos como esses desestabilizam subitamente o nosso mundo. Eles podem ser aterrorizantes, mas também constituem um grande espaço vazio que pode ser preenchido de duas maneiras: *congelando* e retornando aos padrões do passado ou nos abrindo para *as mais elevadas possibilidades futuras*. Este livro se concentra na segunda reação: aceitar, perceber e concretizar o futuro que emerge.

Presencing

No momento em que atingimos o ponto de colapso, temos uma escolha a fazer: congelar e retornar aos hábitos profundamente enraizados do passado ou parar e aceitar o que deseja emergir.

Chamamos essa segunda possibilidade – aceitar e nos conectar com o nosso futuro potencial mais elevado – de presencing. Como observamos na introdução, a palavra presencing é uma combinação dos termos *presença* (*presence*) e *sentir* (*sensing*) e significa sentir e agir com base na presença de um campo futuro de possibilidades emergentes. À medida que nos conectamos com esse campo de conscientização mais elevada, nossa atenção passa de *desacelerar, nos abrir, redirecionar* e *deixar ir* para *deixar vir, cristalizar* e *corporificar* o novo. A Figura 4 (veja a Introdução) resume esse processo.

O processo de nos conectar ao nosso Eu, nossa possibilidade futura mais elevada, e nos dirigir à ação pode ser uma sequência percorrida em um instante ou num período de muitos anos. Trata-se de um arquétipo da jornada humana, um processo de abertura, de permitir que algo novo surja e se concretize por meio de nós.

Um exemplo real desse processo foi desencadeado pelo vídeo postado por Asmaa Mahfouz em 18 de janeiro de 2011, inspirando pessoas do mundo todo. No vídeo, ela fala a partir de um lugar que transcende os três principais obstáculos – dúvida, cinismo e medo – que nos impedem de nos conectar com a nossa fonte profunda de presença e autenticidade.

Em vez de expressar dúvida – algo que a propaganda política do governo tentava perpetuar –, ela fala com enorme clareza. Em vez de expressar cinismo, ela fala com os pés firmes em um estado de profunda conexão e empatia. E em vez de expressar medo, o que a isolaria, ela fala a partir de um lugar de vulnerabilidade, comprometimento e coragem:

> Quatro egípcios atearam fogo em si mesmos para protestar contra a humilhação, a fome, a pobreza e a degradação com as quais eles passaram 30 anos obrigados a viver. Quatro egípcios atearam fogo em si mesmos pensando que talvez pudessem fazer uma revolução como a da Tunísia. Talvez pudessem ter liberdade, justiça, honra e dignidade humana. Hoje um deles morreu e ouvi algumas pessoas comentando: "Que Deus o perdoe. Pecou e suicidou-se por nada."
>
> Pessoal, tenham vergonha na cara.
>
> Postei que eu, uma garota, irei à Praça Tahrir e protestarei sozinha. E levarei um cartaz. Talvez as pessoas mostrassem que ainda têm alguma dignidade. Cheguei a postar meu telefone, assim talvez mais pessoas pudessem se unir a mim. Ninguém veio, com exceção de três caras – três caras e três veículos blindados do batalhão antichoque e dezenas de capangas e policiais que vieram para nos aterrorizar. Eles nos afastaram das pessoas aos empurrões. Mas quando ficamos sozinhos com eles, começaram a falar com a gente e disseram: "Chega! Os meninos que se atearam fogo eram psicopatas." Como sempre, em todos os meios de comunicação nacionais, aquele que morre em

> protesto é um psicopata. Se eram psicopatas, por que se atearam fogo no edifício do Parlamento?
>
> Fiz este vídeo para enviar uma simples mensagem. Queremos ir à Praça Tahrir no dia 25 de janeiro. Se ainda temos alguma honra e queremos viver com dignidade nesta terra, temos de dar as caras lá no dia 25 de janeiro. Vamos exigir nossos direitos, nossos direitos humanos fundamentais.[4]

Na primeira vez que Mahfouz foi à Praça Tahrir, ela conta que só três jovens se uniram a ela. Na próxima vez, uma semana depois de postar o vídeo, mais de 50 mil manifestantes se uniram a ela e, uma semana depois, em 1º de fevereiro, mais de 1 milhão de pessoas se manifestaram pacificamente. No dia 11 de fevereiro, o regime supostamente intocável caiu e Mubarak abdicou do poder.

Esse processo de cocriar a partir da mudança disruptiva não é um caso único e isolado. Ele faz parte de um cenário muito mais amplo que está começando a ganhar visibilidade. Temos visto ações similares em vários outros setores, sistemas e culturas. Os agentes de mudança que embarcam nessas jornadas dão as costas a caminhos batidos e se colocam nas fronteiras do desconhecido. Eles se conectam com fontes profundas do saber e do sentir o futuro que emerge. Entretanto, os líderes da mudança normalmente não falam sobre essa profunda zona pessoal de transformação por ainda não existir uma terminologia amplamente compreendida ou aceita.

Mahfouz é uma figura de alta visibilidade na ponta de um iceberg que pode representar, nas palavras do autor e ativista Paul Hawken, "o maior movimento de toda a história social".[5] Ele inclui, nessa categoria, os movimentos populares da sociedade civil que derrubaram regimes tirânicos no Egito e na Tunísia, os regimes comunistas do Leste Europeu e o apartheid na África do Sul. O movimento também inclui uma nova estirpe de empreendedores que criam empresas "híbridas" voltadas para o *triple bottom line*,* combinando a lucratividade com uma missão social e metas ambientais.

---

* *Nota da Revisão Técnica*: Triple Bottom Line (Três pilares da sustentabilidade – pessoas, planeta e prosperidade). Terminologia criada pelo inglês John Elkington para nominar os resultados de uma organização medidos em termos sociais, ambientais e econômicos. A organização em busca da sustentabilidade procura o equilíbrio entre os três pilares.

Esse novo movimento global não tem nome, não tem líder, não tem ideologia, não tem um programa unificado nem um único centro. Em vez disso, as pessoas compartilham um novo campo interior, um campo emergente de conexão e consciência, um interesse coletivo no bem-estar de todos os seres vivos, inclusive o nosso planeta.

Ausenciamento*

Naturalmente, não será possível atingir o presencing se continuarmos operando no piloto automático. Diante de um momento de colapso, em vez de aceitar o futuro, também podemos optar por retornar aos padrões habituais do passado. Foi o que Mubarak fez em 10 de fevereiro de 2011, quando inicialmente se recusou a afastar-se do cargo. Foi o que fizeram Erich Honecker e o Politburo da Alemanha Oriental no início do outono de 1989, na tentativa de se agarrar ao sistema em ruínas. Foi o que fizeram os bancos de Wall Street à beira do colapso, quando não conseguiram resistir à tentação de expandir ainda mais seu poder por meio de, nas palavras de Simon Johnson, antigo economista-chefe do FMI, "um golpe silencioso".[6] É o que faz a Igreja Católica quando, mesmo diante dos casos mais lancinantes de abuso infantil, opta por se ater aos velhos costumes institucionais. Mas não são só *eles*. Todos nós fazemos isso quando nos recusamos a abrir mão do que deu certo no passado, mas que não está mais funcionando.

Sempre que reagimos ao espaço interior de vacuidade recuperando o antigo em vez de aceitar o novo, embarcamos em uma jornada de patologia social – e colocamos em prática, coletivamente, essa jornada – que em geral segue os estágios a seguir: recuperação (downloading), negação, dessensibilização, ausenciamento, autoilusão, destruição e (mais cedo ou mais tarde) autodestruição.

Como vimos na Figura 5 (apresentada na Introdução), a jornada do ausenciamento constitui a inversão da jornada do presencing. Em vez de abrir a mente, o coração e a vontade, o ciclo de ausenciamento se apega desesperadamente ao passado e não ousamos aceitar o desconhecido, o

---

* *Nota da Revisão Técnica*: O termo ausenciamento é usado pelos autores como o oposto ao presencing, significando estar ausente + preso ao passado = impedindo que o novo aconteça.

futuro que emerge. Em consequência, o espaço de ausenciamento nos lança em uma trajetória de negação (não enxergar o que se passa), dessensibilização (falta de empatia), ausenciamento (perda da conexão com nosso Eu superior), autoilusão (nos deixarmos orientar por ilusões) e destruição (destruir os outros e a nós mesmos).

Um bom exemplo de um ciclo de ausenciamento foi o que Hitler e os nazistas fizeram na Europa Central e no resto do mundo. Também podemos analisar o que estamos fazendo coletivamente com o nosso próprio planeta neste exato momento. O padrão fundamental é o mesmo.

Dessa forma, sermos lançados no espaço do ausenciamento implica ficarmos aprisionados nas tiranias de:

1. Uma Verdade (ideologia).
2. Um "Nós" contra "Eles" (coletivismo inflexível).
3. Uma Vontade (fanatismo).

A tripla tirania do "Uma Verdade, Um Nós, Uma Vontade" também é chamada de fundamentalismo. Foi contra essa estrutura que as pessoas se rebelaram na Segunda Guerra Mundial. Podemos estar falando da luta pela descolonização e independência do hemisfério sul, das batalhas contra o apartheid na África do Sul ou da resistência contra os regimes tirânicos do Leste Europeu, da América Latina e do Norte da África, mas a batalha mais profunda em todos esses casos sempre foi a mesma: as pessoas continuam protestando e lutando contra a mesma tirania que emerge do fundamentalismo da Uma Verdade (uma mente fechada), do Um Nós (um coração fechado) e de Uma Vontade (uma vontade fechada). Essa visão de mundo inflexível tem levado a estruturas sociais caracterizadas por três principais fatores:

1. comunicação unilateral, linear;
2. pouca transparência, com base na exclusão;
3. a intenção de promover o bem-estar da minoria.

A alternativa ainda não foi bem definida, mas poderia ser delineada como se segue:

1. comunicação multilateral e cíclica;
2. grande transparência, baseada na inclusão;
3. a intenção de promover o bem-estar de todos.

Um tema central deste livro é como concretizar este segundo modelo. E o mais surpreendente é que hoje a maioria das pessoas do planeta provavelmente rejeitaria o primeiro modelo, que meramente reproduz uma ampla violência estrutural e cultural.[7]

A batalha contra o fundamentalismo à qual nos referimos aqui não será vencida derrotando a Al Qaeda. Estamos falando de uma luta pelo futuro do nosso planeta, uma luta que não será vencida lançando bombas nos outros. *O principal campo de batalha deste século será os nossos Eus.* Trata-se de uma batalha entre o eu e o Eu: entre o nosso eu existente, acomodado, e o nosso Eu do futuro que emerge, tanto individual quanto coletivamente. É uma batalha entre o ausenciamento e o presencing travada em todos os setores e sistemas da presente sociedade.

Momentos de loucura e consciência

O que decide se nós, como indivíduos, equipes, instituições e sistemas, agimos a partir do estado de ausenciamento ou do presencing? Qual é o botão que nos permite passar de um estado ao outro? O que podemos fazer para ir da loucura à consciência?

Vamos analisar um exemplo concreto. Em 26 de abril de 1986, houve um acidente no reator número 4 da usina nuclear de Chernobyl, na Ucrânia. Enquanto o pior dos cenários possíveis começava a se desenrolar, crianças e cidadãos da cidade ao lado, Pripyat, não foram advertidos. Os cidadãos da região, russos e europeus, foram expostos a uma nuvem de radiação nuclear que começou sendo levada ao norte, para a Escandinávia, e depois cobriu quase toda a Europa e seus 500 milhões de habitantes.

Os cidadãos da Europa não foram alertados da ameaça potencial e nem a alta liderança soviética no Kremlin estava a par dos acontecimentos. Mikhail Gorbachev, que na época era o secretário-geral do Partido Comunista, lembra: "Recebi uma ligação lá pelas 5 da manhã informando de um acidente na usina nuclear de Chernobyl. Os primeiros relatos foram de um 'acidente' e 'incêndio', mas, pelos relatórios, tudo parecia sob controle, inclusive o reator... No início, fomos informados de que não houve qualquer explosão. As consequências dessas informações desencontradas foram particularmente dramáticas... O que realmente aconteceu? Uma explosão nuclear, uma nuvem radioativa, uma grave contaminação? Foi a Suécia que nos alertou!"[8]

Gorbachev foi informado de que o acidente não representava qualquer ameaça às proximidades e estava sob controle. De acordo com Gorbachev, ninguém lhe contou nos primeiros dias que uma série de explosões havia ocorrido no núcleo do reator e expelido violentamente o teto do reator, de 12.000 toneladas, pelo ar, liberando vapores altamente radioativos no ambiente. Posteriormente, altos níveis de radiação acionaram alarmes na Usina Nuclear de Forsmakr, na Suécia, a mais de mil quilômetros de distância. O governo sueco alertou sua população sobre a poeira radioativa.

Apesar de a radiação continuar emanando livremente da usina de Chernobyl, a evacuação dos moradores das proximidades da usina só foi iniciada mais de 24 horas depois do acidente. Só depois que Gorbachev montou um comitê de especialistas em tecnologia nuclear e lhes deu acesso a recursos, pessoal e tecnologia ilimitados foi que medidas de administração de desastres começaram a ser tomadas.

Ao mesmo tempo em que essas ações de administração de desastres eram tomadas, muitos dos antigos padrões de recuperação continuavam a se fazer presentes, com consequências desastrosas. Os especialistas em tecnologia nuclear se reuniram em um hotel nas proximidades da usina nuclear em uma cidade que fora completamente evacuada, expondo-se, dessa forma, aos altos níveis de radiação dos quais pelo menos alguns deles deveriam estar cientes. As festividades tradicionais do Primeiro de Maio foram realizadas como se nada tivesse acontecido em Kiev, a capital da Ucrânia, a menos de cem quilômetros da área do desastre, e contou com a participação de autoridades locais.

Posteriormente, em uma entrevista, Gorbachev refletiu sobre a reação dos especialistas nucleares: "Eles eram especialistas, pessoas extraordinárias. Não dava para acreditar que eles pudessem fazer algo [tão] irresponsável, suicida até. Os especialistas subestimaram a situação. Os antigos critérios não se aplicavam mais. Aquele não fora o primeiro acidente nuclear... [mas] nunca houve um acidente de tamanha escala. Eles [os experts] chegaram a achar que a usina retomaria as operações... em maio ou junho."[9]

Quando, finalmente, ficou claro que o acidente nuclear tinha dimensões catastróficas, a União Soviética mobilizou 500 mil pessoas que trabalharam para evitar uma catástrofe ainda maior. As ações de descontaminação e limpeza continuam até hoje, consumindo entre 5% e 7% dos gastos anuais do governo da Ucrânia (dados de 2003–2005).[10]

Outro exemplo de reagir a um problema recuperando velhos padrões de comportamento foi o caso do ministro francês de Saúde Pública e Previdência Social, Pierre Pellerin, que alegou que a nuvem de precipitação radioativa, que atingira o norte da Europa, o Leste Europeu e a Europa Central, nunca chegara a cruzar a fronteira da França. (A França ainda obtém mais de 75% de sua eletricidade da energia nuclear, a maior porcentagem do mundo.)

A catástrofe de Chernobyl é um exemplo claro de que a recuperação de antigos comportamentos em um contexto no qual eles não mais se adéquam pode resultar em padrões de negação, distorção de informações, autoilusão, destruição e autodestruição. Mas a história não acaba aqui. Gorbachev percebeu que, se o núcleo derretido atingisse as águas subterrâneas abaixo do reator, a Europa poderia se transformar em um deserto inabitável. Ele conta: "Chernobyl nos mostrou a verdadeira natureza da energia nuclear em mãos humanas. Calculamos que os nossos mísseis mais poderosos, os SS-18s, tinham a potência de cem Chernobyls... E tínhamos 2.700 deles, basicamente apontados para os americanos. Imagine a destruição... Chernobyl convenceu a todos, tanto soviéticos quanto americanos... [da] magnitude do vulcão nuclear no qual nossos países estão sentados. Não só os nossos dois países, mas o mundo inteiro!"[11] Um ano e meio depois do acidente de Chernobyl, Gorbachev desativou todas as ogivas nucleares com alcance de quinhentos a cinco mil quilômetros.

Observando o desenrolar dos eventos catastróficos de Chernobyl, Gorbachev permitiu que seus pensamentos se desacelerassem e sua mente se conscientizasse, libertando-se da antiga lógica militar da doutrina de destruição mútua assegurada (MAD, na sigla em inglês) e deixando que as sementes do desarmamento germinassem e crescessem. Essas sementes acabaram levando a história da humanidade a entrar em um caminho melhor.[12]

Essa história levanta uma pergunta óbvia: Como os eventos disruptivos que estão começando a abalar o nosso planeta neste exato momento devem afetar os pensamentos e a conscientização da comunidade global da qual fazemos parte? Do que *nós* precisamos abrir mão e deixar ir? E quais sementes do futuro precisamos deixar germinar e crescer?

Falhas geológicas

Catástrofes naturais como erupções vulcânicas, terremotos e tsunamis tendem a ocorrer em pontos de falhas geológicas em placas tectônicas – isto é, regiões nas quais as placas tectônicas se encontram e exercem uma enorme pressão uma contra a outra. Não temos como prever exatamente onde ou quando grandes rupturas e erupções ocorrerão. No entanto, conhecer a geografia das falhas geológicas implica conhecer as zonas de impacto potencial.

Crises e erupções sociais e econômicas são bastante similares nesse sentido. Tendemos a nos manifestar nas falhas geológicas que dividem o organismo social coletivo das nossas comunidades e sociedades. Também nesses casos não temos como prever com exatidão quando ou onde um desastre ocorrerá, mas conhecer o espaço de possibilidades nos permite nos manter muito mais atentos a sinais sutis que prenunciam eventos maiores, como a queda do Muro de Berlim, a crise do sistema financeiro e a derrubada de regimes autoritários.

Quais são as características geográficas das grandes falhas geológicas que dividem o organismo socioeconômico coletivo – a soma total de relacionamentos humanos – hoje? Acreditamos haver três principais falhas geológicas, que dizem respeito aos principais relacionamentos nos quais todos os seres humanos se envolvem: (1) o nosso relacionamento com a natureza e o nosso planeta; (2) os nossos relacionamentos uns com os outros; e (3) o nosso relacionamento conosco mesmos. Quando esses relacionamentos se fraturam, eles criam três divisores: ecológico, social e espiritual-cultural.

O DIVISOR ECOLÓGICO

O divisor ecológico é a falha geológica do relacionamento entre seres humanos e a natureza. Apesar de a humanidade ter promovido melhorias significativas nos métodos de produção ecoeficientes, todos os avanços na direção de uma maior eficiência na utilização de recursos foram ofuscados pelo chamado *efeito rebote*: isto é, por níveis mais elevados de output total (PIB) que levam a maiores números absolutos de utilização de recursos. Atualmente, utilizamos 50% a mais do que o nosso planeta é capaz de regenerar. Se essas tendências se mantiverem, nossa utilização excessiva atingirá um nível inimaginável de três planetas até 2050.[13] Naturalmente, isso nunca vai acontecer, já que graves disrupções ecológicas nos forçarão a seguir por um caminho diferente. Mesmo assim, isso mostra até que ponto a nossa trajetória de desenvolvimento atual é irresponsável. Vejamos alguns dos sintomas atuais e de curto prazo:

Água. No século XX, a demanda global de água doce aumentou seis vezes, de acordo com o Programa das Nações Unidas para o Meio Ambiente (PNUMA). Ao mesmo tempo, o suprimento de água doce foi reduzido. Em consequência, a água se tornou escassa em países que abrigam um terço da população mundial. Além disso, cerca de uma em cada cinco pessoas do planeta não tem acesso a água potável segura.[14]

Solo. A perda da camada arável do solo é em grande parte irreversível no decorrer de uma vida humana. O solo se forma a uma velocidade de aproximadamente um centímetro a cada 100 a 400 anos.[15] No entanto, nos últimos 40 anos, a erosão do solo fez quase um terço do solo arável do mundo se tornar improdutivo.[16] Isso equivale a dois bilhões de hectares de solo arável e pastos no mundo todo, uma área maior que os Estados Unidos e o México juntos.[17]

Clima. De 1995 a 2006, todos os anos, com exceção de um, entraram na lista dos 12 anos mais quentes jamais registrados.[18] O dióxido de carbono atingiu níveis recordes na atmosfera do planeta. Em novembro de 2012, o Banco Mundial emitiu um relatório advertindo que o mundo está "se aproximando rapidamente de um aquecimento de 4 graus [Celsius] até o fim do século". O resultado incluiria ondas de calor extremo, uma provável elevação do nível do mar de 0,5 a 1 metro até o ano 2100, com a possibilidade de níveis ainda mais altos, incapacitando nações insulares menores de manter sua população.[19]

Ecossistemas. A Avaliação Ecossistêmica do Milênio concluiu que "nos últimos 50 anos, os seres humanos alteraram os ecossistemas com mais rapidez e extensão do que em qualquer período comparável da história humana, em grande parte para satisfazer rapidamente as demandas crescentes de alimento, água potável, madeira, tecido e combustível. Isso resultou em uma perda substancial e em grande parte irreversível da biodiversidade do planeta".[20] Constatou-se que cerca de 60% dos ecossistemas analisados nesse abrangente estudo de quatro anos foram degradados ou estavam sendo utilizados de maneira insustentável.

De acordo com a PNUMA, que tomou extensas medidas para precificar os "serviços" que os seres humanos recebem dos ecossistemas naturais, a infraestrutura ecológica do planeta presta serviços à humanidade cujo valor combinado excede a marca dos US$70 trilhões anuais, sendo que o montante real pode ser muito maior. "A má administração dos ativos naturais e baseados na natureza", diz o diretor executivo da PNUMA Achim Steiner, "está solapando o desenvolvimento em uma escala que faz a recente crise econômica parecer brincadeira de criança".[21]

O DIVISOR SOCIOECONÔMICO

Com a crise financeira do início do século XXI, as sociedades ao redor do mundo estão cada vez mais conscientes do divisor socioeconômico. As falhas geológicas estão cada vez mais visíveis. Globalmente, o 1% mais rico detém 40% da riqueza do mundo, enquanto metade da população do mundo detém apenas 1% da riqueza.[22] Essa disparidade é uma de muitas que revelam o divisor socioeconômico, que se aprofunda rapidamente. No lado da renda, os números são similares: os 10% superiores recebem metade de toda a renda do mundo.[23]

Apesar de um grande progresso ter sido realizado no sentido de resgatar centenas de milhões de pessoas da pobreza – particularmente na Ásia –, o divisor social na verdade se aprofundou nos últimos 30 anos, como demonstram os dados a seguir:

Fome. Uma em cada oito pessoas vai para cama com fome à noite. Das pessoas que passam fome, 98% vivem em países em desenvolvimento.[24]

Pobreza. Mais de 2,47 bilhões de pessoas vivem com menos de US$2,50 por dia; 1,3 bilhão de pessoas vivem na miséria, o que significa que sobrevivem com menos de US$1,25 por dia (em dólares de 2008).[25] As necessidades mais básicas dessas pessoas não são satisfeitas.

Desigualdade. Pesquisas recentes apontam para problemas relacionados à distribuição desigual de renda, inclusive agitação civil, imigração e migração de refugiados, recessão e lento crescimento econômico.[26] Em 2008, a Organização Internacional do Trabalho (OIT) conduziu um estudo global para investigar a distribuição desigual de renda em mais de 70 países em desenvolvimento e desenvolvidos.[27] As principais constatações incluem o fato de que, em 70% dos países analisados, a desigualdade de renda entre os 10% superiores e inferiores da população aumentou nos 20 anos que precederam a pesquisa.[28]

O DIVISOR ESPIRITUAL-CULTURAL

Embora os divisores ecológico e social se refiram à desconexão entre o eu e a natureza e entre o eu e o outro, o divisor espiritual-cultural diz respeito à desconexão entre o eu e o Eu. Um sintoma dessa desconexão é o nosso nível de felicidade e bem-estar e questões relacionadas de estafa, depressão e suicídio. A estafa e a depressão aumentaram nos últimos 50 anos, mesmo em países nos quais o padrão de vida material tem melhorado rapidamente.[29]

Nos últimos 45 anos, as taxas de suicídio aumentaram 60% ao redor do mundo.[30] O suicídio é a segunda maior causa de morte (perdendo apenas para os acidentes) entre estudantes americanos do ensino médio e superior.[31] Em escala global, o suicídio está entre as três maiores causas de morte de pessoas entre 15 e 45 anos de idade.[32] Esses números chocantes não passam da ponta do iceberg da violência dos seres humanos contra si mesmos.

Em uma palestra em Viena em 2011, eu (Otto) pedi aos participantes para formar duplas e conversar sobre áreas de sua vida pessoal e profissional nas quais eles sentiam que alguma coisa estava morrendo e nas quais sentiam que algo estava começando ou desejando nascer. Um executivo de uma grande multinacional descreveu sua experiência nos seguintes termos: "Eu tenho notado uma lacuna se formando entre o que a minha organização me obriga a fazer, como implementar programas de corte de custos e downsizing, e o que eu *realmente* quero fazer da minha vida pessoal e profissional no futuro." Ele explicou que sua organização exigia que ele agisse de determinada maneira, mesmo quando seus sentimentos e pensamentos pessoais o levariam a agir na direção oposta. No entanto, como esses sentimentos e pensamentos não eram intensos o suficiente a ponto de convencê-lo a mudar de direção, ele continuava seguindo em frente.

Essa fenda ou lacuna que se forma constitui um importante sintoma da nossa situação coletiva atual. Será que esse executivo de Viena é um caso isolado ou ele representa um grupo muito maior? Com base na nossa experiência, acreditamos se tratar da última opção. Por exemplo, no meu curso do MIT, mais ou menos metade da turma é constituída de executivos do mundo todo no meio de sua trajetória profissional, em termos de carreira. No começo do curso, peço que cada participante explique o que o motivou a fazer o curso. O comentário que ouço com mais frequência é algo como: "Não fico nem um pouco inspirado com o que a minha empresa me força a fazer. Quanto mais eu subo na hierarquia corporativa, menos fico inspirado. Resolvi fazer este curso para aprender como me reconectar com minhas fontes de energia."

Essas fendas entre as demandas externas e as aspirações e necessidades internas são importantes porque, se ignoradas, podem se agravar rapidamente, levando, inclusive, à estafa, à depressão ou a algo pior. Pense nas elites funcionais dos regimes socialistas do Leste Europeu no início dos anos 80. Eles sabiam que o sistema tinha profundas deficiências. E mesmo assim quase ninguém ousou examinar as fendas da superfície e investigar suas causas sistêmicas mais profundas. O que os executivos participantes do curso descreveram foi uma fissura sutil e incipiente que, se ignorada, só crescerá com o tempo. Essa é uma situação tão grave quanto as fendas apresentadas pelos regimes socialistas problemáticos antes do colapso. Se prestar atenção a essas fendas iniciais – as falhas geológicas –, começará a reconhecê-las como vozes lhe dizendo que *você precisa mudar a sua vida*... e que *todos nós* precisamos mudar a *nossa* vida!

Três divisores, um fluxo

Esses três divisores que constituem a superfície dos sintomas são extremamente inter-relacionados. Por exemplo, a perda de sentido da vida e do trabalho (o vazio interior) muitas vezes é preenchida por uma intensificação do consumo material (consumismo), que aprofunda o divisor ecológico exaurindo ainda mais os recursos. Por sua vez, a intensificação do fluxo de recursos naturais fluindo dos países em desenvolvimento para os países desenvolvidos e dos fluxos de dejetos que fluem no sentido contrário leva a um aprofundamento do divisor social.[33] Em resumo: vazio interior → consumismo → divisor ecológico → divisor social.

Apesar de termos passado a maior parte do século XX lidando com cada um desses problemas de cada vez, vemos que as pessoas estão se afastando dessa abordagem. Os jovens, mais especificamente, consideram uma questão de bom senso ver esses problemas como interligados, como três aspectos diferentes de um problema mais profundo. E eles sabem que para resolver o problema de base será necessária uma profunda revolução sistêmica.

O processo de se conscientizar dessa necessária mudança do sistema teve início no último terço do século XX. No final dos anos 60 e nas décadas de 1970 e 1980, um novo gênero de movimentos civis começou a surgir. Protestos contra a Guerra do Vietnã. Manifestações em defesa dos direitos civis. Dos direitos das mulheres. Da justiça social. Do comércio justo. Ações ambientais. Protestos contra armas nucleares. Contra as guerras. Contra o apartheid. Contra regimes autoritários. Essas manifestações foram seguidas de movimentos mais recentes: ações contra as mudanças climáticas. A Primavera Árabe. O Occupy Wall Street. Economias locais. Slow food. Slow money. Todos esses movimentos são arautos e catalisadores de uma conscientização global cada vez mais ampla e profunda.

Entretanto, o problema da *primeira onda* de movimentos da sociedade civil foi que eles tendiam a se concentrar em apenas um ou dois dos três divisores. Os ativistas ambientais ignoraram em grande parte as dimensões social e conscientizadora da mudança. O movimento de justiça social praticamente desconsiderou as questões relativas ao ambiente ou à consciência. E os movimentos de consciência da Nova Era se perderam em questões de liberação pessoal em vez de usar a conscientização como um portal para a transformação social.

Nosso colega do MIT, o Professor Phil Thompson, nos proporciona um bom exemplo disso com base em sua experiência como diretor-geral substituto da New York City Housing Authority (NYCHA)* no início dos anos 90. Anos antes de ele entrar na NYCHA, a Clean Air Act** exigiu que o órgão parasse de incinerar os dejetos e ensacasse o lixo dos conjuntos habitacionais de baixa renda para serem recolhidos semanalmente. Essa imposição foi celebrada por muitos membros do movimento ambiental. Entretanto, para liberar os recursos necessários para ensacar o lixo de mais de 500 mil pessoas, a NYCHA precisou cortar uma série de programas, inclusive programas de assistência aos jovens, manutenção e outros serviços

---

* *Nota da Tradução*: Órgão público que proporciona moradia para a população de média e baixa renda na cidade de Nova York.

** *Nota da Tradução*: Lei federal americana criada para controlar a poluição do ar em âmbito nacional.

importantes. Ao mesmo tempo, o pessoal da NYCHA recebeu pouco apoio dos ambientalistas para resolver problemas enfrentados pelos moradores dos conjuntos habitacionais, de forma que não se empenhou muito na promoção da reciclagem ou de outras iniciativas ambientais. O resultado inesperado foi uma multidão de cidadãos furiosos e desprovidos de direitos, sem qualquer motivação para participar do programa ambiental.

Não é possível ver qualquer progresso significativo a menos que *todos os três* divisores profundos sejam abordados de maneira integrada. É essa abordagem combinada que acreditamos ver na *segunda onda* de iniciativas civis e socioempreendedoras que têm emergido ao redor do mundo. A ascensão desse movimento, no qual as pessoas agem espontaneamente tendo em vista contribuir para o bem-estar do todo, constitui uma enorme fonte de esperança para o futuro deste planeta.

Conclusão e práticas

Este capítulo descreveu os sintomas da nossa conjuntura atual. Acreditamos termos entrado em uma Era de Disrupção na qual indivíduos, instituições e sociedades enfrentam novos tipos de desafios que requerem abdicar dos modos habituais de agir. Esses momentos de oportunidade nos convidam a perceber e concretizar as possibilidades do futuro que emerge. No entanto, se não conseguirmos aceitar esse processo mais profundo do presencing, ficaremos aprisionados nos padrões do passado, congelados em reações habituais que nos lançarão no ciclo de ausenciamento (negação, dessensibilização, autoilusão e destruição).

QUESTÕES PARA O JOURNALING*

Pegue um diário (ou uma folha de papel em branco) e anote as suas respostas às perguntas a seguir. Não passe mais de um ou dois minutos respondendo cada questão. Enumere suas respostas.

---

* *Nota da Revisão Técnica*: O processo do U propõe o journaling – prática de manter a redação de um diário que explore os pensamentos e sentimentos que cercam os acontecimentos de sua vida pessoal e profissional como um estimulador da autorreflexão.

1. Em que áreas você vivencia um mundo que está morrendo (na sociedade, na sua organização, em si mesmo)?
2. Em que áreas você vivencia um mundo que está esperando para nascer (na sociedade, na sua organização, em si mesmo)?
3. Em que áreas você vivenciou momentos de disrupção? E o que você notou no seu próprio processo de presencing ou ausenciamento?
4. Como os divisores ecológico, socioeconômico e espiritual-cultural se manifestam na sua experiência pessoal do trabalho e da vida?

CONVERSA EM CÍRCULO

Disponha cinco a sete pessoas em um círculo e conduza um primeiro encontro para compartilhar o contexto que cada pessoa traz ao círculo. Siga este roteiro:

1. Apresente sua história pessoal com uma ou duas experiências formativas que fizeram de você a pessoa que é hoje.
2. Em que áreas você vivencia um mundo que está terminando/morrendo e em que áreas você vivencia um mundo que está começando/querendo nascer?
3. Quais você considera as causas fundamentais e as principais questões da crise atual da humanidade e dos três divisores?
4. O que você acha que vai acontecer nos 10 ou 20 próximos anos?
5. Quais ações você gostaria de promover neste exato momento para fazer uma diferença no futuro?

2

Estrutura: desconexões sistêmicas

Este capítulo investiga o primeiro nível abaixo da linha d'água do "iceberg da realidade atual". Quais são as questões estruturais que nos levam a reencenar padrões do passado e nos impedem de nos conectar com padrões emergentes? Qual é o ponto cego subjacente que, se iluminado, poderia nos ajudar a ver as estruturas ocultas abaixo da superfície?

O ponto cego I

O sistema atual produz resultados que ninguém quer. Abaixo da superfície do que chamamos de cenário da patologia social existe uma estrutura que dá suporte aos padrões existentes. Por exemplo, em uma organização, uma estrutura departamental define a divisão do trabalho e as identidades profissionais das pessoas. Em uma sociedade moderna, os setores público, privado e o terceiro setor desenvolvem o próprio estilo de coordenação e auto-organização em um mundo de rápidas mudanças e altamente inter-relacionado. Uma estrutura é um padrão de relacionamentos. Se quisermos transformar o modo como a nossa sociedade reage aos desafios, precisamos compreender as estruturas mais profundas que continuamos a reencenar coletivamente.

Oito desconexões estruturais

Esquematizaremos oito áreas problemáticas ou sintomas visíveis de problemas na estrutura subjacente. A Tabela 1 apresenta cada problema da seguinte maneira: a coluna 1 mostra uma ampla descrição do sintoma; a coluna 2 explica a desconexão estrutural que causa o problema da linha 1; e a coluna 3 explicita os limites enfrentados pelo sistema como um todo.

TABELA 1 Desconexões estruturais e limites do sistema

	Questão ecológica	Questão da renda	Questão financeira	Questão tecnológica	Questão da liderança	Questão do consumismo	Questão da governança	Questão dos direitos de posse
Sintoma na superfície	Impacto ambiental: 1,5 planeta	O 1% superior detém mais renda que os 90% inferiores	Bolha especulativa de US$1,5 quadrilhão	Síndrome dos paliativos tecnológicos	Criação coletiva de resultados que ninguém quer	Estafa, depressão, consumismo sem bem-estar	Incapacidade de enfrentar desafios no âmbito do sistema como um todo	Utilização excessiva de recursos escassos; tragédia dos comuns
Desconexão estrutural	Desassociação entre o crescimento ilimitado e os recursos finitos	Desassociação entre os ricos e os destituídos, entre a riqueza e as necessidades básicas	Desassociação entre a economia financeira e a economia real	Desassociação entre as soluções tecnológicas e as necessidades sociais	Desassociação entre antigas ferramentas de liderança e novos desafios	Desassociação entre o PIB e o bem-estar	Desassociação entre as partes e o todo	Desassociação entre as formas atuais de posse e a melhor utilização social
Limite sistêmico	Limites do crescimento → cultivo de recursos finitos	Limites da desigualdade → corporificação dos direitos humanos	Limites da especulação → organização centrada na economia real	Limites dos paliativos para os sintomas → foco em soluções sustentáveis	Limites da liderança → autogovernança direta, distribuída e dialógica	Limites do consumismo → promoção de fontes internas e relacionais de felicidade e bem-estar	Limites da competição → reconfiguração das fronteiras de competição e cooperação	Limites da propriedade pública e privada → direitos de posse para os recursos comuns

Voltar-se para as causas fundamentais dessas desconexões estruturais é como ativar oito pontos de acupuntura da transformação econômica e social. Se ativados em conjunto, esses pontos de acupuntura podem abrir a possibilidade de avançarmos nossas instituições de modo a fechar as lacunas entre os três divisores. Esses oito pontos são:

1. *A desconexão ecológica*. Consumimos recursos equivalentes a 1,5 planeta Terra em termos de capacidade de regeneração devido a um descompasso entre o imperativo do crescimento ilimitado e os recursos finitos do planeta. Em consequência, estamos atingindo os limites do crescimento – não por coincidência, o título do famoso estudo do Clube de Roma ("Os limites do crescimento") que preconiza encontrarmos uma maneira melhor de preservar os recursos, cada vez mais escassos.
2. *A desconexão entre renda e riqueza*. O 1% superior da população mundial detém mais renda que os 90% inferiores, resultando na concentração de riqueza em uma parte da sociedade e necessidades básicas não atendidas em outra. Em consequência, estamos atingindo níveis perigosos de desigualdade, como veremos em mais detalhes adiante. Isso requer uma melhor concretização dos direitos humanos básicos por meio de um reequilíbrio do campo de atuação da economia.
3. *A desconexão financeira*. Transações de US$1,5 quadrilhão (US$1.500 trilhões) no mercado de câmbio internacional superam enormemente o comércio internacional de US$20 trilhões (menos de 1,4% de todas as transações realizadas no mercado de câmbio internacional).[1] Essa desconexão se manifesta na desassociação entre a economia financeira e a economia real. Em consequência, estamos cada vez mais atingindo os limites da especulação.
4. *A desconexão tecnológica*. Reagimos a questões sociais com paliativos técnicos que se limitam a mitigar os sintomas, em vez de utilizarmos soluções sistêmicas. Em consequência, estamos atingindo os limites dos paliativos focados nos sintomas – isto é, os limites das tentativas de resolver os problemas com mais parafernálias tecnológicas em vez de nos voltarmos para as causas fundamentais dos problemas.[2]
5. *A desconexão da liderança*. Criamos coletivamente resultados que ninguém quer porque os tomadores de decisão estão cada vez mais isolados das pessoas afetadas por suas decisões. Em consequência,

estamos atingindo os limites da liderança – isto é, os limites da liderança top-down tradicional que opera por meio dos mecanismos dos silos institucionais.

6. *A desconexão do consumismo.* Um maior consumo material não leva à melhoria da saúde e do bem-estar. Em consequência, estamos cada vez mais atingindo os limites do consumismo, um problema que requer a reconexão do processo econômico com as fontes profundas de felicidade e bem-estar.
7. *A desconexão da governança.* A comunidade global é incapaz de lidar com os problemas mais prementes da atualidade porque os nossos mecanismos de coordenação estão desassociados da crise dos recursos comuns. Os mercados são eficazes para bens privados, mas incapazes de solucionar a atual tragédia dos comuns. Em consequência, estamos cada vez mais atingindo os limites da competição. Precisamos reconfigurar a fronteira entre cooperação e competição criando, por exemplo, áreas de colaboração "pré-mercado" que possibilitem a inovação no âmbito do sistema como um todo.
8. *A desconexão dos direitos de posse.* Estamos diante de um desmesurado excesso de utilização de recursos escassos, que se manifesta na desassociação entre as formas atuais de posse e a melhor utilização social dos ativos escassos, como os nossos recursos comuns ecológicos. Em consequência, estamos cada vez mais atingindo os limites dos direitos de posse tradicionais. Essa situação requer uma possível terceira categoria de direitos de posse baseados em recursos comuns, capaz de proteger melhor os interesses das futuras gerações e do planeta como um todo.

Como vimos na Introdução, essas áreas problemáticas têm algumas características em comum. Algumas delas incluem o fato de que essas áreas (1) corporificam estruturas sistêmicas projetadas para não aprender; (2) não estão cientes das externalidades; (3) facilitam o fluxo de dinheiro na direção errada; e (4) permitem que grupos de interesse influenciem o sistema, colocando o todo em desvantagem.

Essas oito questões são sintomas de uma doença que aflige o organismo social coletivo. Mas o que motiva esse padrão de irresponsabilidade organizada? Esses sintomas são impulsionados por desconexões estruturais que levam o sistema a atingir uma série de limites no mundo real. Cada desconexão poderia ser o tema de um livro à parte – e, com efeito, muitos livros já foram escritos sobre cada um deles, como *Limites do crescimento* (Qualitymark, 2007), que desencadeou uma onda de conscientização global nos anos 70. Mas esse livro, apesar de seu impacto significativo, não se voltou para outras dimensões, como as bolhas financeiras, que constituem um dos impulsionadores-chave do imperativo do crescimento ilimitado.

Este livro é um convite para analisar todo o conjunto de desconexões *como um todo*. E o que vemos quando contemplamos essas desconexões como um sistema? Vemos a nós mesmos. O problema somos *nós*. Somos nós que consumimos recursos além da capacidade de regeneração do nosso planeta. Somos nós que participamos de esquemas econômicos que replicam o divisor da renda, o consumismo e a bolha da estafa que o acompanham. E somos nós que utilizamos bancos em sua maioria tradicionais para realizar as nossas transações financeiras apesar de sabermos que esses bancos constituem uma grande parte do problema.

Cada área é uma parte do sistema que perdeu a conexão com o todo. Antes de prosseguirmos na nossa jornada abaixo da ponta do iceberg, vamos analisar três pontos de dados interessantes e que nos revelam muito sobre a saúde atual da nossa sociedade.

A situação econômica da sociedade atual

Vamos começar analisando o vínculo entre o Produto Interno Bruto (PIB) e a saúde ou o bem-estar. A relação entre o PIB e a expectativa de vida média costuma ser utilizada como um indicador da qualidade da saúde dos cidadãos de um país. Com efeito, verifica-se uma relação estreita entre o PIB e a saúde até o patamar de renda *per capita* anual de US$5 mil a US$8 mil (veja a Figura 6). No entanto, essa relação enfraquece significativamente à medida que o PIB excede esse patamar. Em outras palavras, o aumento do output material, mensurado pelo PIB, em países desenvolvidos não se traduz em uma saúde melhor ou em uma maior expectativa de vida.

Se um aumento no PIB em países desenvolvidos não ajuda muito a aumentar o bem-estar de seus cidadãos, o que pode ser feito? Surpreendentemente, a alavancagem para aumentar o bem-estar parece estar vinculada à redução de uma das bolhas problemáticas mencionadas anteriormente: *a desigualdade.*[3]

A Figura 7 mostra que a saúde e os problemas sociais são mais comuns em países que apresentam uma distribuição mais desigual de renda, como os Estados Unidos. No outro extremo do espectro vemos países com menos problemas sociais e de saúde, como o Japão, a Suécia e a Noruega. Esses países possuem a distribuição menos desigual de renda entre os países desenvolvidos.

Esses dois pontos de dados levantam uma questão: será que, para melhorar a saúde dos cidadãos dos países desenvolvidos, seria mais interessante nos concentrarmos na redução da bolha da renda e da desigualdade em vez de nos focar em melhorar os serviços de assistência médica?

Joseph Stiglitz, vencedor do Prêmio Nobel, argumenta em *O preço da desigualdade* (Bertrand [Portugal], 2013) que, mesmo depois da crise financeira de 2007–08, “o 1% dos domicílios mais ricos detinha 220 vezes mais riqueza que um americano médio, quase o dobro da razão em 1962 ou 1983”.[4] Stiglitz enfatiza que a desigualdade resulta da incapacidade política

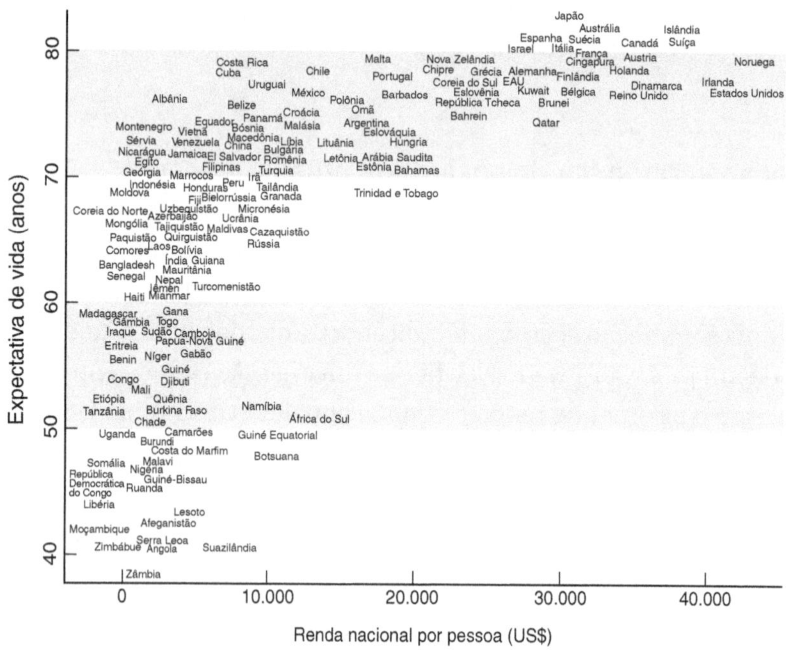

FIGURA 6 O crescimento econômico aumenta a expectativa de vida somente nos primeiros estágios.

Fonte: Programa das Nações Unidas para o Desenvolvimento, *Relatório do Desenvolvimento Humano* (Nova York: Oxford University Press, 2006).

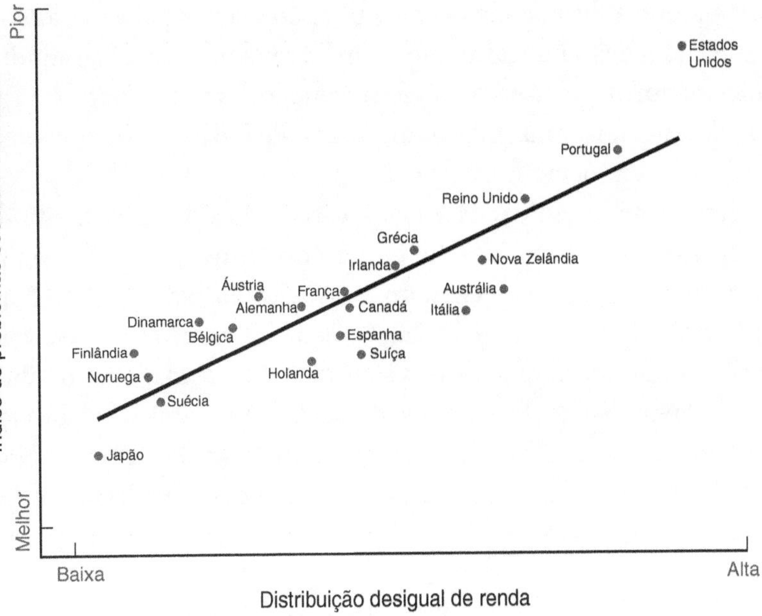

FIGURA 7 Problemas sociais e de saúde apresentam uma estreita correlação com a desigualdade nos países ricos.

Fonte: Richard Wilkinson e Kate Pickett, *The Spirit Level: Why Equality Is Better for Everyone* (Nova York: Penguin, 2009), 20.

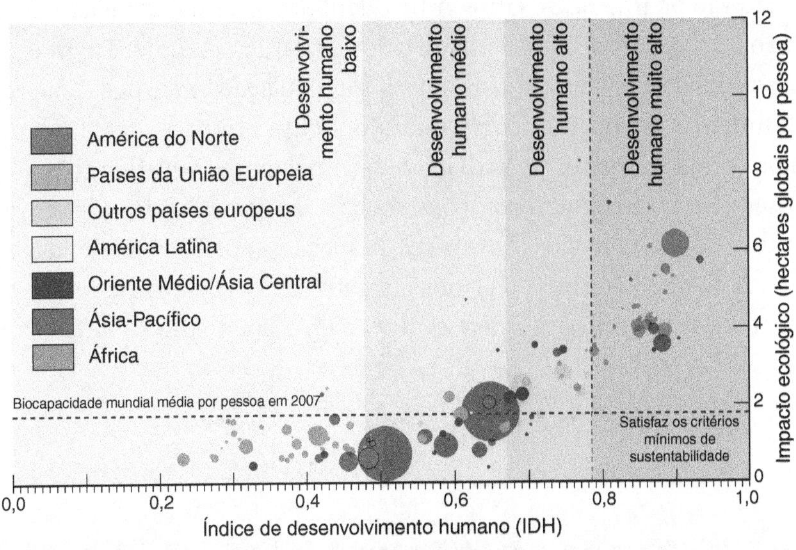

FIGURA 8 Impacto ecológico *versus* índice de desenvolvimento humano, 2008.

Fonte: Global Footprint Network e WWF, *Living Planet Report 2012* (Gland, Suíça: WWF, 2012), 60.

e argumenta que a desigualdade contribui não apenas para as patologias sociais mencionadas anteriormente, como também para o desequilíbrio econômico na forma de uma "espiral descendente abominável". Os resultados são desencorajadores: quase um quarto de todas as crianças dos Estados Unidos vivem na pobreza.[5]

Um terceiro ponto de dados vincula esse contexto à desconexão ecológica. A Figura 8 mostra o desafio do desenvolvimento sustentável para a nossa economia atual. Esse desafio é visualizado por meio de dois limiares. O primeiro é a biocapacidade* média disponível por pessoa. O segundo é o limiar do elevado desenvolvimento humano. Para possibilitar o desenvolvimento sustentável, todos os países precisariam se posicionar no quadrante de desenvolvimento sustentável no canto inferior direito da figura. A distância entre a maioria dos países e esse quadrante indica a magnitude do nosso desafio.

A evolução do capitalismo em termos de evolução da consciência

As desconexões discutidas anteriormente e a distância da maioria dos países em relação ao quadrante do desenvolvimento sustentável da Figura 8 não são os únicos desafios intimidantes enfrentados pelas nossas sociedades. De acordo com o historiador britânico Arnold Toynbee, o progresso social se desenrola como uma inter-relação entre desafio e reação: a mudança estrutural ocorre quando a elite de uma sociedade não tem mais como reagir com criatividade a importantes desafios sociais e, em consequência, antigas formações sociais são substituídas por novas. Aplicando o conceito de desafio e reação esboçado por Toynbee ao desenvolvimento socioeconômico das nossas estruturas sociais atuais, podemos recapitular resumidamente a evolução do capitalismo (veja também a Tabela 2).[6]

---

* *Nota da Revisão Técnica*: Biocapacidade é a capacidade dos ecossistemas de produzir material biológico útil e ainda absorver resíduos materiais gerados pela atividade humana. Fonte: http://www.univicosa.com.br

TABELA 2 O modelo de reação aos desafios da evolução econômica

	Desafio social primário	Reação: mecanismo de coordenação	Setor primário/ players	Fonte primária de poder	Ideologia dominante	Estado primário de consciência
Sociedade 1.0: voltada para o Estado, mercantilismo, socialismo	Estabilidade	Comando: hierarquia	Estado/governo	Coercitiva (chicote)	Mercantilismo; socialismo (mentalidade centrada no Estado)	Conscientização tradicional
Sociedade 2.0: voltada para o livre mercado, *laissez-faire*	Crescimento	Concorrência: mercados	Capital/empresas; estado/governo	Remunerativa (cenoura)	Mentalidade neoliberal e neoclássica (centrada no mercado)	Conscientização egossistêmica
Sociedade 3.0: voltada para os stakeholders, economia social de mercado	Externalidades nacionais negativas	Negociação: diálogo com os stakeholders	Sociedade civil/ ONGs; capital/ empresas; Estado/ governo	Normativa (valores)	Mentalidade social-democrata ou progressista	Conscientização dos stakeholders
Sociedade 4.0: voltada para o ecossistema, economia cocriativa	Externalidades globais disruptivas, resiliência	Presencing: ação coletiva baseada na conscientização (ACC)	Cocriação intersetorial: sociedade civil/ ONGs; capital/ empresas; Estado/ governo	Conscientização: ações que surgem da capacidade de enxergar o todo emergente	Mentalidade centrada no ecossistema	Conscientização ecossistêmica

SOCIEDADE 1.0: ORGANIZAÇÃO CENTRADA NA HIERARQUIA

Pense na Europa no fim da Guerra dos Trinta Anos em 1648, na Rússia depois da Revolução de Outubro em 1918, na China depois da Guerra Civil Chinesa em 1949 ou na Indonésia mais ou menos na época em que Sukarno se tornou o primeiro presidente. Os tumultos recentes haviam criado a necessidade de estabilidade – isto é, de uma mão visível e forte, por vezes na forma de um punho de ferro – para proporcionar segurança e a alocação vital de recursos escassos em alinhamento com o tão necessário investimento em infraestrutura pública. Nesse sentido, podemos interpretar o socialismo do século XX na União Soviética não como (de acordo com a teoria marxista) um estágio pós-capitalista de desenvolvimento econômico, mas como um estágio pré-capitalista (semelhante ao mercantilismo).[7] A característica essencial desse estágio de desenvolvimento social é um forte ator central que detém o poder decisório do todo. Essa figura poderia ser um imperador, um czar, um ditador ou um partido. Os exemplos são numerosos e incluem monarcas europeus do século XVIII, bem como Stalin, Mao Tsé-tung, Mubarak e Sukarno, sendo que todos eles lideraram Estados coercitivos cujo apetite por processos e diálogos democráticos prolongados era no mínimo limitado. Em uma visita recente às favelas de São Paulo, eu (Otto) fiquei sabendo da estratégia de "pacificação" da polícia brasileira, que entrava nas favelas para expulsar os traficantes. Os jovens das favelas argumentavam que a presença da polícia beneficiava a população por duas razões: reduzindo o nível de violência aleatória e permitindo o acesso da comunidade a serviços sociais vitais. Assim, aos olhos da população, a estrutura policial que podemos chamar de 1.0 na verdade representava um passo na direção certa.

O resultado positivo de uma sociedade orientada pelo Estado, que chamamos de sociedade 1.0, é a estabilidade. O poder centralizado cria uma estrutura e uma ordem que mitigam a violência aleatória que o precedeu. As desvantagens da sociedade 1.0 são a falta de dinamismo e, na maioria dos casos, a falta de liberdade e iniciativa individual.

SOCIEDADE 2.0: ORGANIZAÇÃO CENTRADA NA COMPETIÇÃO

Historicamente, quanto mais uma sociedade tem sucesso em atingir a estabilidade, mais chances ela tem de esse estágio ser seguido de uma mudança de foco, da estabilidade ao crescimento, e de maior liberdade e iniciativa individual. Essa transição leva ao surgimento de mercados e um dinâmico setor empreendedor que impele o crescimento econômico.

Nesse ponto, vemos todo um conjunto de inovações institucionais, inclusive a introdução de mercados, direitos de propriedade e um sistema bancário proporcionando acesso ao capital. Essas mudanças facilitaram a explosão sem precedentes do crescimento econômico e a enorme industrialização que vimos na Europa no século XIX e que estamos vendo na China, na Índia e em outras economias emergentes. O jornalista do *New York Times* e autor de best-sellers Thomas Friedman vincula a ascensão das economias emergentes à ascensão de uma classe média virtual global que inclui não apenas a classe média real como também a comunidade global composta dos usuários da internet e de celulares que fisicamente ainda vivem na pobreza mas que mentalmente já compartilham um espaço na esfera das aspirações com a classe média global. Como explica Khalid Malik, diretor do Escritório do Relatório do Desenvolvimento Humano das Nações Unidas: "É o equivalente a um enorme movimento tectônico. A Revolução Industrial foi uma história de 10 milhões de pessoas. Agora estamos falando da história de 1 ou 2 bilhões de pessoas."[8]

A conscientização nesse estágio de desenvolvimento – a sociedade 2.0 – pode ser descrita como uma conscientização egossistêmica "de despertar", na qual o interesse próprio dos players econômicos atua como a força impulsionadora ou intensificadora. O lado positivo desse estágio é a explosão de iniciativas empreendedoras. O lado negativo inclui externalidades negativas como a comodificação sem limites e seus efeitos colaterais involuntários, inclusive trabalho infantil, tráfico humano, destruição ambiental e maior desigualdade socioeconômica.

As duas principais fontes de poder nesse estágio são o poder militar e o poder legal coercitivo baseado no Estado (chicotes) e o poder remunerativo baseado no mercado (cenouras). Os maiores resultados positivos da sociedade e economia 2.0 do livre mercado de *laissez-faire** são o rápido crescimento e o dinamismo; a desvantagem é que esse sistema não tem

---

* *Nota da Revisão Técnica*: A expressão francesa completa laissez-faire, *laissez passer le monde va de lui-même*, que literalmente significa "deixem fazer, deixem passar, o mundo vai por si mesmo", representa um princípio defendido pelos economistas mais liberais de que o Estado deve interferir o menos possível na atividade econômica, deixando que os mecanismos de mercado funcionem livremente.

como lidar com as externalidades negativas que produz. Alguns exemplos incluem condições de trabalho insatisfatórias, preços de produtos agrícolas abaixo do limiar da sustentabilidade e as taxas de câmbio altamente voláteis e bolhas do mercado de ações que destroem um precioso capital produtivo.[9]

SOCIEDADE 3.0: ORGANIZAÇÃO CENTRADA EM GRUPOS DE INTERESSE

Medidas para resolver os problemas da sociedade 2.0 incluem o advento de direitos trabalhistas, legislação de previdência social, leis de proteção ambiental, medidas protecionistas para agricultores e bancos centrais voltados a proteger a moeda nacional, sendo que todas essas providências foram concebidas para fazer a mesma coisa: restringir o mecanismo de mercado em áreas nas quais as externalidades negativas são disfuncionais e inaceitáveis. As regulamentações resultantes, produtos de acordos negociados entre grupos de interesse organizados, atuam para complementar o mecanismo de mercado existente.

À medida que a sociedade evolui, os setores se tornam mais diferenciados: primeiro o setor público ou governamental, seguido do setor privado ou empreendedor e, por fim, o terceiro setor ou ONGs. Cada setor é diferenciado pelo próprio conjunto de instituições capacitadoras. Cada setor também evolui as próprias formas de poder (chicotes, cenouras e normas) e manifesta um estágio diferente da evolução da consciência humana, da conscientização tradicional (1.0) e egossistêmica (2.0) a uma conscientização estendida aos stakeholders que facilita parcerias com outros stakeholders mais importantes (3.0) (veja a Tabela 2).

O capitalismo de stakeholders, que chamamos de sociedade 3.0, da forma como é praticado em muitos países lida relativamente bem com as externalidades clássicas por meio da redistribuição da riqueza, previdência social, regulamentação ambiental, subsídios agrícolas e auxílio para o desenvolvimento. No entanto, o sistema não consegue reagir a tempo a desafios globais como o pico do petróleo, mudanças climáticas, escassez de recursos e grandes transformações nos fatores demográficos. Com o tempo, mecanismos de resposta como subsídios agrícolas ou subsídios para o etanol biocombustível passam a fazer parte do problema e não mais da solução.[10] A sociedade 3.0 possui três limitações essenciais: ela tende a favor de grupos de interesse, reage em grande parte a externalidades negativas e só tem uma capacidade limitada de criar intencionalmente externalidades positivas. A Tabela 2 apresenta resumidamente esses estágios de evolução social.

Além disso, as externalidades globais como mudanças climáticas, destruição ambiental e pobreza extrema não estão sendo solucionadas com eficácia por mecanismos de âmbito nacional, como as discussões sobre a crise do clima internacional colocaram em evidência. Como os mecanismos de governança de uma sociedade 3.0 concedem o poder a grupos de interesse organizados, eles sistematicamente colocam em desvantagem todos os grupos que não têm condições de se organizar tão facilmente por serem grandes demais (como, por exemplo, consumidores, contribuintes, cidadãos) ou por ainda não terem como se expressar (as gerações futuras).

Em resumo, os problemas do século XXI não têm como ser resolvidos com um vocabulário do século XX, voltado para a resolução de problemas centrada no Estado previdenciário. O desafio da maioria das sociedades agora é descobrir maneiras de lidar com as externalidades de modo a promover o empreendedorismo individual e comunal, a autossuficiência e a criatividade intersetorial em vez de meramente subsidiar a ausência de externalidades.

SOCIEDADE 4.0: ORGANIZAÇÃO CENTRADA NO TODO QUE EMERGE

À medida que nos voltamos a lidar com a complexidade do cenário de desafios do século XXI, deparamos com algumas tendências contraditórias: (1) uma maior diferenciação de subsistemas sociais que desenvolveram um estilo próprio de auto-organização; (2) um subsistema empresarial que em muitos países domina e interfere em outros setores (público, sociedade civil, mídia); e (3) uma falta de plataformas eficazes que envolvam todos os stakeholders em uma inciativa focada em inovar no âmbito do sistema como um todo.

A mudança mais significativa do início deste século tem sido a criação de plataformas para a *cooperação intersetorial* que possibilitam que os agentes de mudança se reúnam, se conscientizem e compreendam a evolução do sistema como um todo e, dessa forma, possam agir com base em impulsos originados dessa conscientização compartilhada.

Cada estágio discutido anteriormente é caracterizado por um *desafio* primário. A sociedade 1.0 enfrenta o desafio da estabilidade. O próximo desafio é o crescimento (2.0), seguido das externalidades (3.0). Cada desafio requer que a sociedade crie um novo *mecanismo de coordenação*. A reação à falta de estabilidade foi a criação de um conjunto centralizado de instituições organizadas em torno do poder do Estado. Os mercados foram a resposta para o desafio do crescimento, e negociações de stakeholders lideradas por ONGs tentaram lidar com as externalidades negativas. Cada fase levou à ascensão de um novo *setor* social: o desafio da estabilidade levou a um poder ou governo centralizado; o desafio do crescimento levou à ascensão das empresas; e a tentativa de lidar com as externalidades negativas levou a diferentes ONGs apoiando grupos de stakeholders como ativistas trabalhistas, ambientalistas e ativistas dos direitos humanos. E, como já vimos, cada área tem a própria fonte de *poder*: chicotes, cenouras e normas.

Cada configuração também vem acompanhada de um conjunto específico de crenças essenciais, que discutiremos em mais detalhes no Capítulo 3. A sociedade 1.0 tem uma ideologia de crenças essenciais centradas no Estado (planejamento estatal). A sociedade 2.0 adota um conjunto de crenças essenciais centradas no mercado (competição de mercado). Já a sociedade 3.0 opera de acordo com um conjunto de crenças centrado na comunicação ou no discurso que, em geral, integra mercados e governo (por exemplo, o keynesianismo* do século XX ou a economia social de mercado ao estilo europeu). A última coluna da Tabela 2 vislumbra um estágio emergente que chamamos de sociedade 4.0 – ou, para usar outro termo, a "economia ecossistêmica cocriativa", que inova no âmbito do sistema como um todo. Nesse modelo de desenvolvimento, os players de cada sistema operam com um estado de conscientização diferente. As economias 1.0 operam dominadas pela conscientização tradicional: atuar em conformidade com as atitudes mentais e regras existentes. As economias 2.0 despertaram para a conscientização egossistêmica que Adam Smith

---

* *Nota da Revisão Técnica*: Criado por John Maynard Keynes, em 1926, o keynesianismo propunha a intervenção estatal na economia com o objetivo de manter paritários o crescimento da demanda e a capacidade produtiva da economia, garantindo assim o pleno emprego, mas sem excesso, pois isto provocaria aumento da inflação. Na década de 1970 o keynesianismo sofreu severas críticas por parte de uma nova doutrina econômica: o monetarismo.

conseguiu expressar tão bem na frase célebre: "Não é da benevolência do padeiro, do açougueiro ou do cervejeiro que esperamos o nosso jantar, mas sim do empenho deles em promover o próprio interesse pessoal. Dirigimo-nos não à humanidade deles, mas a seu amor-próprio, e nunca falamos com eles sobre nossas necessidades, mas sobre as vantagens que eles podem obter."[11] Nas economias 3.0, esse interesse próprio é estendido e atenuado pelo interesse de outros stakeholders que se organizam coletivamente para lutar por seus interesses coletivos por meio de sindicatos de trabalhadores, governo, ONGs e outras entidades.

No estágio 4.0 – emergente – o interesse dos players (ou stakeholders) da economia deixa de ser somente próprio e se estende à conscientização compartilhada do ecossistema. Esta conscientização é a internalização das visões e preocupações dos demais players deste sistema. Isso requer que as pessoas desenvolvam a capacidade de ver as situações do ponto de vista dos outros. O resultado é um conjunto de decisões e consequências que beneficiam todo o sistema e não apenas parte dele.

Uma análise mais detida das economias e sociedades atuais revela um despertar da conscientização ecossistêmica em inúmeras arenas. Por exemplo, os movimentos do Slow Food,* consumo consciente, comércio justo, LOHAS (Lifestyles of Health and Sustainability – estilos de vida de saúde e sustentabilidade), investimento socialmente responsável e consumo colaborativo estão estendendo seu alcance para incluir os interesses de outros grupos no processo econômico. Eles podem ser vistos como os precursores do estágio 4.0 da economia.

Um mapa, muitas jornadas

Na seção anterior, apresentamos o mapa do desenvolvimento. Mas o mapa não é a jornada nem o território. A jornada difere de acordo com o contexto histórico de cada país e civilização. Um rápido passeio por algumas das principais regiões da nossa economia global nos revela várias jornadas e

---

* *Nota da Revisão Técnica*: Associação internacional sem fins lucrativos fundada pelo italiano Carlo Petrini em 1989, hoje conta com 100 mil membros em cerca de 150 países. Surgiu como resposta aos efeitos padronizadores do fast food e para resgatar o interesse das pessoas por sua alimentação saudável e valorização de sua gastronomia regional. Hoje o Slow Food faz consultoria para a FAO – Organização da ONU para Agricultura e Alimentação e atua junto a várias instituições internacionais. Fonte: www.slowfoodbrasil.com

seus diferentes territórios, desde o estágio 1.0 até o estágio 4.0. Podemos acompanhar a evolução da sociedade partindo do estágio 1.0 até sua forma moderna atual – isto é, uma forma caracterizada pela *divisão do trabalho e pela diferenciação* de vários subsistemas.

EUROPA

Ao final da devastadora Guerra dos Trinta Anos (1618–48), a Europa estava pronta para avançar à Sociedade 1.0. Em 1648, o território hoje ocupado pela Alemanha possuía nada menos que 1.800 reinados. Com o tempo, a integração territorial se intensificou, e a Revolução Francesa acelerou enormemente a inovação social na Europa, levando à Sociedade 2.0. Do início até meados do século XIX, externalidades negativas como a pobreza, a exploração de trabalhadores de baixa renda e o trabalho infantil levaram a uma variedade de reações sociais até o surgimento da Sociedade 3.0. As características da Sociedade 3.0 incluem a legislação da previdência social, leis ambientais e regulamentações de proteção ao consumidor. O século XX pós-guerra representou, do ponto de vista europeu, um sucesso expressivo para a Sociedade 3.0.

No entanto, mais para o fim do século, alguns desses avanços começaram a vir por terra quando o desemprego, questões ambientais e bolhas financeiras provocaram problemas que os governos europeus foram incapazes de solucionar com base na mentalidade 3.0, como foi o caso da crise do euro de 2008.

ESTADOS UNIDOS

A Sociedade 2.0 nasceu com a Revolução Americana. A versão 1.0 da sociedade, centrada no Estado, nunca teve bases fortes nos Estados Unidos. Na verdade, as instituições 1.0, vistas da perspectiva americana, eram mais parecidas com o que as pessoas não gostavam na Europa – o que as impeliu a trocar o Antigo Continente pelo Novo Mundo. A Sociedade 2.0 dos Estados Unidos não foi inicialmente constituída para restringir um Estado americano opressivo, mas sim para conter os opressivos Estados colonialistas europeus. Em consequência, até hoje a desconfiança em relação ao governo ou a qualquer coisa que se assemelhe com uma estrutura 1.0 está imbuída em muitas partes da cultura americana. A versão 2.0 de uma economia de mercado, no entanto, teve raízes profundas e robustas.

No decorrer do século XX, particularmente durante a Grande Depressão dos anos 30, as externalidades negativas na forma de pobreza e desemprego em massa impeliram os Estados Unidos na direção da Sociedade 3.0. Os marcos mais importantes dessa jornada foram uma série de bolhas financeiras que induziram a criação do Sistema de Reserva Federal em 1913 e do New Deal, implementado pelo então Presidente Franklin D. Roosevelt em 1933–36 (um programa assistencialista que incluiu operários industriais brancos do Norte mas não agricultores negros do Sul). Um período de relativa estabilidade econômica se seguiu, até 1980.

Nos anos 80, a revolução neoliberal de Reagan e Thatcher levou o país a regredir, por assim dizer, de 3.0 a 2.5, reformulando as estruturas institucionais a favor da desregulamentação, da privatização e da redução de impostos, particularmente para os ricos e milionários. A desregulamentação do sistema financeiro foi mantida por várias administrações republicanas e democratas. A desastrosa revogação da Lei Glass-Steagall em 1999 ocorreu na gestão dos democratas (na administração do Presidente Clinton) e não dos republicanos, permitindo que os bancos comerciais especulassem com valores imobiliários e, na prática, preparassem o terreno para o colapso quase completo do sistema financeiro global menos de uma década depois.

A legislação de reforma do sistema de saúde do Presidente Obama (Affordable Care Act) completa as inovações 3.0 que começaram a ser implementadas no início do século XX. Até o momento, considerando que este livro foi escrito no início de 2013, o país permanece politicamente paralisado e profundamente dividido entre fundamentalistas do 2.0 (da extrema direita) e adeptos do 3.0 (da esquerda tradicional) e pessoas que acreditam que nenhum dos dois será capaz de resolver o problema e algo completamente diferente se faz necessário.

ÁFRICA

Pesquisas sugerem que a espécie humana se originou na África. Quando os europeus colonialistas do século XIX e outros ocidentais impuseram um regime implacável de exploração da terra e das pessoas da África, milhões de escravos foram vendidos às Américas e outras regiões. Dessa forma, o advento do Estado moderno veio acompanhado de um punho de ferro (e malévolo). Os governos instituídos pelas potências colonialistas europeias agiam, acima de tudo, de acordo com os interesses dos colonizadores.

A Revolução Árabe de 2011 inflamada na Tunísia e no Egito se voltou contra os últimos baluartes desses regimes 1.0 corruptos que sobreviveram no Norte da África, onde as potências ocidentais faziam vista grossa às infrações dos direitos civis em troca de petróleo barato.

Mais para o fim do século XX, o Banco Mundial (entre outros) facilitou um redirecionamento voltado para as inovações institucionais da economia 2.0. O chamado consenso de Washington promoveu mudanças orientadas ao mercado (desregulamentação, privatização, menor influência do governo, menos gastos públicos) que orientaram as políticas do Banco Mundial de 1979 a 2009. À medida que vários países da África passam dos estágios 1.0 e 2.0 ao estágio 3.0 seguindo diversas trajetórias, algumas questões permanecem: Como ajudar Estados frágeis cujas funções e instituições sociais essenciais foram profundamente desestabilizadas? Como uma abordagem 4.0 que inclua todos os stakeholders e todos os setores pode promover a resiliência e a capacidade de inovação do sistema como um todo?

JAPÃO

Quando as potências europeias colonizaram a Ásia, só dois ou três países escaparam desse destino. O Japão foi um deles, e os outros foram a Tailândia e o Butão. Tendo importado o budismo, o confucionismo e elementos da cultura chinesa nos primeiros séculos depois de Cristo, o Japão desenvolveu sua própria versão da Sociedade 1.0 no decorrer de muitos séculos, especialmente por meio do xogunato Tokugawa. A abertura forçada do Japão pelo comodoro Perry em 1854, seguida da Restauração Meiji de 1868, levaram ao Japão a segunda grande onda de cultura e tecnologia estrangeiras, dessa vez vinda do Ocidente. Isso colocou o país no caminho da Sociedade 2.0 e 3.0. A derrota na Guerra do Pacífico impôs de volta os elementos essenciais da Sociedade 2.0, apesar de muitos elementos culturais da Sociedade 3.0 terem sobrevivido (como, por exemplo, os *keiretsus*, grupos informais de empresas inter-relacionadas).

CHINA

Com mais de cinco mil anos de história, a China é uma das civilizações mais antigas do mundo, com uma população de mais de 1,3 bilhão de pessoas. A China esteve entre as sociedades e economias mais avançadas do mundo durante grande parte de sua história, mas deixou passar a Revolução Industrial no século XIX e viu o próprio declínio se acelerar devido a invasões de potências colonialistas da Europa. Depois de um período de guerra civil na primeira metade do século XX, a China avançou ao estágio 1.0 sob a liderança de Mao Tsé-tung (1949) e, 30 anos depois, progrediu aos estágios 2.0 e 3.0 sob a liderança de Deng Xiaoping e seus sucessores.

Nos países da Organização para a Cooperação e Desenvolvimento Econômico (OCDE), os estágios 1.0 a 3.0 tendem a se mesclar em um único sistema econômico ("muitos países, um sistema"). Por sua vez, a China abriga economias de mercado altamente desenvolvidas em uma parte do país e economias em grande parte tradicionais e lideradas pelo Estado em outras regiões, fazendo do país um novo tipo de modelo que pode ser descrito em termos de "um país, muitos sistemas". O sucesso da China nos últimos 30 anos não tem paralelo no mundo, não podendo ser comparável à industrialização do Reino Unido ou dos Estados Unidos, ao período que se seguiu à Restauração Meiji no Japão nem ao *Wirtschaftswunder* alemão após a Segunda Guerra Mundial.

No entanto, como todos os outros países, atualmente a China enfrenta enormes desafios, inclusive questões ambientais, desigualdade crescente, expectativas cada vez mais altas de sua classe média emergente, desaceleração do crescimento e ambientes de negócio globais cada vez mais desestabilizadores e sob pressão.

Em seu 12º Plano Quinquenal (2011–15), a China atualmente se concentra tanto no crescimento econômico quanto em inovações para avançar no caminho em direção a uma sociedade harmoniosa. Enquanto a mídia ocidental se concentra em questões ambientais e infrações de direitos civis na China, a indústria chinesa assumiu a liderança em tecnologias essenciais para a energia renovável. Como seriam a sociedade e a economia chinesas do estágio 4.0? Como a China pode prototipar e escalonar uma economia ecossistêmica capaz de atuar e inovar no âmbito do todo?

INDONÉSIA

Com 17 mil ilhas, a Indonésia é o maior Estado insular do mundo e abriga 240 milhões de pessoas, o que faz dela o quarto país mais populoso e a terceira democracia mais populosa do mundo. A Indonésia também é lar da maior população muçulmana do mundo. A nação é abençoada com vastos recursos naturais, constituindo a região com a segunda maior biodiversidade do planeta. Localizada entre a China e a Índia, a Indonésia sempre foi um centro de comércio internacional. As atividades comerciais trouxeram consigo as influências hinduístas e budistas (a partir do século VII a.C.), islâmicas (a partir do século XIII) e europeias, com três séculos e meio de colonização pelos holandeses (a partir do século XVI). O diversificado povo indonésio se uniu na luta para se tornar independente dos holandeses e japoneses, levando a um país unificado e um Estado independente em 1945–49.

Na era do presidente e fundador Sukarno, que governou de 1945 a 1967, o país foi comandado por um governo autoritário e centralizado. Depois da era de Suharto, de 1968 a 1998, o país passou de um sistema autoritário 1.0 a uma estrutura 2.0 que combinava um governo autoritário com o mercado e investimentos diretos estrangeiros. Depois da revolução de 1998, o país avançou para o estágio 3.0 de seu desenvolvimento econômico, com as primeiras eleições presidenciais diretas (2004), a descentralização do governo (2005) e a ascensão da participação da sociedade civil em um diálogo multissetorial para discutir as complexas questões do desenvolvimento econômico, político e social. A Indonésia é um membro fundador da Associação de Nações do Sudeste Asiático (ANSEA) e tem sido um dos membros de mais rápido crescimento do G20 desde a crise econômica de 2008.

ÍNDIA

A história antiga da Índia remonta da civilização do Vale do Indo no Sul da Ásia, em torno de 2500 a 1900 a.C. Diferentes reinados e sultanatos estabilizaram o país da Idade Média até o século XVIII, quando postos avançados europeus começaram a criar a própria dominância econômica. Estes últimos levaram tecnologia e infraestrutura ao país e firmaram uma aliança com a elite indiana. O resultado foi uma transição da economia da Índia, que deixou de exportar mercadorias e passou a exportar matérias-primas. A Índia foi uma colônia britânica de 1858 até o fim da Segunda Guerra Mundial. Depois de conquistar a independência, quando a noção de autossuficiência de Gandhi constituiu um importante conceito econômico, o sistema econômico indiano se manteve fechado às economias externas ou parceiros econômicos. No fim dos anos 80, a Índia detinha apenas 0,5% do mercado global. Mas essa situação mudou depois de uma crise financeira em 1989–91. O FMI forçou a flexibilização da economia da Índia e abriu as portas do país a investidores internacionais. Em consequência, a economia indiana explodiu, com uma taxa de crescimento entre 7% e 9%. O resultado desse desenvolvimento foi uma economia dual com uma economia 2.0 dominada por grandes corporações que assumiram o papel do governo e criaram infraestruturas nas regiões mais necessitadas. Fora dessas áreas reguladas por corporações, o país foi deixado com uma economia 1.0, destituído de infraestrutura. À medida que as taxas de crescimento atuais começam a desacelerar, os próximos passos precisarão lidar com as condições ecossistêmicas mais amplas. Os níveis atuais de corrupção e as crescentes tensões no sistema em geral criam novos desafios para os quais as economias 1.0, 2.0 e até 3.0 não têm como oferecer soluções satisfatórias.

BRASIL

Com mais de 200 milhões de habitantes, o Brasil é o quinto país mais populoso do mundo. Com a maior biodiversidade do planeta, o Brasil possui uma economia em rápido crescimento no século XXI e foi pioneiro em programas de transferência condicionada de renda que tirou milhões de pessoas da pobreza. Após três séculos de domínio colonial português, o Brasil declarou sua independência em 1822, aboliu a escravidão em 1888 e se tornou uma república presidencialista em 1889. Durante grande parte do século XX, até 1985, o país foi influenciado por regimes militares autoritários que conduziram o país por vários estágios mais ou menos 1.0 (centrados no Estado) de desenvolvimento econômico. Com Fernando Henrique Cardoso como ministro das Finanças (1992–94) e depois como presidente (1994–2002), o país criou bases sólidas para a economia 2.0, que o Presidente Luiz Inácio Lula da Silva conseguiu alavancar ao mesmo tempo que a levou ao estágio 3.0 – isto é, para uma economia social de mercado que cria crescimento colocando o dinheiro nas mãos dos cidadãos mais marginalizados (por meio de transferências condicionadas de renda). Atualmente, no governo da Presidente Dilma Rousseff, o Brasil enfrenta expectativas mais elevadas, um crescimento mais lento e um novo conjunto de desafios de infraestrutura que exigirão que o país faça mais do que "mais do mesmo".

RÚSSIA

Em 1917, duas revoluções deram fim ao reinado do czar russo e marcaram o início da Guerra Civil Russa. Em 1921, no final dessa guerra civil, a economia russa e as condições de vida estavam em ruínas. Em 1922, o Partido Comunista russo instituiu a União Soviética e um sistema econômico centralizado, uma economia 1.0. A produção agrícola coletiva e a produção restrita de bens de consumo foram características primárias dessa centralização. Em 1929, Stalin implementou os chamados Planos Quinquenais que se tornaram a principal ferramenta de economia centralizada (planejamento central) para os países comunistas. A União Soviética aumentou rapidamente sua produção industrial nos anos anteriores à Segunda Guerra Mundial e novamente nos anos 60 sob o comando de Brezhnev, quando também se tornou um dos maiores exportadores de gás natural e petróleo do mundo. Contudo, a "reforma econômica" de 1965 que visava introduzir noções de administração empreendedora refletiu as limitações da economia 1.0 centralizada.

A guerra no Afeganistão, problemas econômicos e as mudanças políticas que levaram às revoluções no Leste Europeu derrubaram a União Soviética. Em 1990, Mikhail Gorbachev implementou a perestroika e o glasnost, que marcaram a transição de uma Sociedade 1.0 centralizada a uma Sociedade 2.0. Depois de seu afastamento do poder e com a orientação de consultores da Harvard, a transição entrou em pleno vigor na forma de um "tratamento de choque".

O resultado foi catastrófico, com um rápido aumento da pobreza e condições de vida ainda piores. Ao mesmo tempo, um pequeno grupo de indivíduos influentes conseguiu se apossar de empreendimentos até então estatais. Os pobres e menos privilegiados sofreram com um sistema pouco regulamentado. E como se tudo isso não bastasse, essas externalidades negativas da economia de mercado 2.0 foram acompanhadas de várias crises políticas e econômicas, inclusive hiperinflação e a crise financeira de 1998. Um ano mais tarde, o novo presidente, Vladimir Putin, retomou parte da estrutura centralizada de poder, equilibrando melhor a dinâmica dos estágios 1.0 e 2.0. Com a ajuda dos altos preços da energia, a Rússia tem usufruído de taxas de crescimento muito mais altas e uniformes desde então.

As críticas muitas vezes duras da mídia ocidental em relação à Rússia normalmente desconsideram dois fatos. Em primeiro lugar, o Ocidente levou quase uma eternidade para passar do 1.0 (durante a Guerra dos Trinta Anos) ao 2.0 (com a Revolução Industrial). Por que não dar à Rússia pelo menos alguns anos para botar ordem na casa? E, em segundo lugar, em um mundo de recursos cada vez mais escassos, a Rússia conta com uma mina de ouro de recursos. Com o tempo, o valor desses recursos aumentará, transformando a Rússia em um parceiro requisitado tanto para a União Europeia quanto para a região econômica emergente do Leste da Ásia.

Globalização 1.0, 2.0, 3.0... e 4.0?

O que esse breve passeio demonstra é que todo país e região do mundo percorre a própria trajetória de desenvolvimento. Mesmo assim, as trajetórias de evolução social e econômica em diferentes culturas têm alguns aspectos em comum. É possível acompanhá-los como uma evolução de baixa a alta complexidade ou, em termos de consciência, da conscientização tradicional e egossistêmica à conscientização ecossistêmica.

No entanto, também temos exemplos recentes de países que regrediram de estruturas 3.0 para 2.0. A revolução neoliberal de Thatcher e Reagan, por exemplo, levou muitos países a recuar em alguns de seus avanços nacionais 3.0, como foi o caso da previdência social, para serem "competitivos" nos mercados de capitais globais 2.0.

Então, o que está acontecendo? Uma maneira de interpretar os eventos atuais é que ondas de globalização replicam no nível internacional os mesmos estágios que vimos anteriormente no caso de países individuais:

uma jornada da globalização 1.0 (o sistema das Nações Unidas, fundado em 1945 depois da Segunda Guerra Mundial), a

2.0 (globalização de mercados e mercados de capitais, particularmente depois do colapso do sistema da Guerra Fria e da queda do Muro de Berlim em 1989), a

3.0 (globalização da sociedade civil, particularmente depois da "batalha de Seattle" relacionada à Organização Mundial do Comércio em 1999), e talvez a

4.0, um futuro que emerge de cocriação intersetorial global para proteger os recursos comuns.

Conclusão e práticas

Este capítulo investigou a primeira dimensão do nosso ponto cego: as desconexões estruturais. Em conjunto, essas desconexões sistêmicas poderiam incitar a próxima onda de renovação institucional, da mesma forma como 100 anos atrás a crise da economia de mercado do *laissez-faire* 2.0 catalisou toda uma nova onda de inovações institucionais que hoje associamos à economia social de mercado 3.0.

QUESTÕES PARA O JOURNALING

Pegue um diário (ou uma folha de papel em branco) e reflita sobre como as desconexões sistêmicas se manifestam no seu mundo anotando suas respostas às perguntas a seguir.

1. De onde vem a sua comida?
2. Quais papéis o consumo material exerce na sua vida?
3. O que o faz feliz?
4. Qual é a sua relação com o dinheiro?
5.. Considerando os quatro estágios de desenvolvimento econômico discutidos neste capítulo, como você vê o passado, o presente e o futuro da sua comunidade e de seu país?

CONVERSA EM CÍRCULO

Disponha cinco a sete pessoas em um círculo para conversar sobre o contexto organizacional ou profissional de cada um. Proponha as perguntas a seguir (ou alguma variação delas):

1. Apresente a sua organização relatando uma ou duas experiências formativas que ajudaram a fazer da cultura organizacional o que ela é hoje.
2. Em que áreas a sua organização vivencia um mundo que está terminando/morrendo e em que áreas ela vivencia um mundo que está começando/querendo nascer?
3. Quais são as causas fundamentais dos problemas que você enfrenta atualmente no seu trabalho institucional e profissional?
4. O que você acha que vai acontecer na sua organização e à sua organização nos 10 ou 20 próximos anos?
5. Quais ações você gostaria de promover neste exato momento para fazer uma diferença para a sua organização no futuro?

3

Mentalidade transformadora: a matriz da evolução econômica

Estamos divididos entre dois mundos: o de novos desafios de liderança por um lado e o das antigas ferramentas econômicas e de administração, por outro. E há um enorme abismo que separa esses dois mundos. Neste capítulo, analisaremos essa lacuna ao avançarmos nossa investigação do iceberg nas direções dos sintomas (nível 1) e desconexões estruturais (nível 2) até os paradigmas subjacentes do pensamento (nível 3).

O ponto cego II: consciência

Para superar os desafios da nossa era, precisamos mudar nossa mentalidade, tanto como indivíduos quanto como uma sociedade. As profundas mudanças que se fazem necessárias hoje requerem uma quebra do nosso paradigma de pensamento e uma alteração da nossa consciência, partindo da conscientização egossistêmica para a ecossistêmica. Quanto mais nos aprofundamos nos desafios complexos, voláteis e desestabilizadores do século XXI, mais essa dimensão oculta da liderança passa para o centro das atenções. O ponto cego da economia e da administração do século XXI pode ser resumido em uma única palavra: *consciência.*

A economia atual funciona como um conjunto de ecossistemas localmente incorporados e globalmente interligados. A palavra *ecologia* foi cunhada em 1866 pelo biólogo alemão Ernst Haeckel para denotar o estudo de um organismo vivo e seu ambiente. Como observamos na introdução, sua raiz grega é *oikos*, que significa "a casa toda" ou "o lugar para viver".[1] Já a palavra *sistema* denota um conjunto de componentes interdependentes formando um todo integrado. Assim, um *ecossistema* é um sistema cujos elementos interagem com o ambiente – isto é, o contexto ecológico, social, intelectual e espiritual como uma unidade (a casa toda).

A economia real dos dias de hoje é um conjunto de ecossistemas altamente interdependentes, mas a consciência dos players atuando nesses ecossistemas é fragmentada em um conjunto de egossistemas. Ao invés de abranger o todo, a conscientização dos players do sistema mais amplo é restrita por suas subpartes menores. A lacuna entre a realidade ecossistêmica e a consciência egossistêmica pode muito bem ser o desafio de liderança mais importante dos dias de hoje – nas empresas, no governo e na sociedade civil.

No mundo todo, líderes e agentes de mudança estão trabalhando para fechar essa lacuna. Quando o líder de uma empresa trabalha com os departamentos da organização para melhorar a colaboração em um processo essencial em comum, ele está tentando levar os departamentos de uma conscientização egossistêmica (uma conscientização das próprias necessidades departamentais) a uma conscientização estendida aos stakeholders (uma conscientização das necessidades do processo compartilhadas por toda a empresa). Quando um grupo de líderes reúne os principais players da cadeia de valor para facilitar a colaboração e a inovação interinstitucional, eles estão fazendo a mesma coisa: ampliando a conscientização egossistêmica de suas instituições a uma conscientização ecossistêmica de todo o empreendimento estendido. Quando uma ONG como a Oxfam ou o World Wildlife Fund (WWF) realiza campanhas contra o trabalho infantil ou a destruição ambiental, ela tenta estender a conscientização de todos os membros do sistema (inclusive os consumidores) para incluir o bem-estar dos outros, particularmente dos grupos mais marginalizados.

Facilitar esse tipo de mudança não é uma empreitada esotérica ou periférica por parte de pessoas situadas nas margens da sociedade. É um processo crucial para milhões de instituições e empreendimentos facilitado por líderes, agentes de mudança, coaches e consultores. Apesar de sua importância prática, a consciência e a conscientização não constituem variáveis incorporadas ao modelo da economia e da administração de mainstream. Elas são um ponto cego. Com a notável exceção de algumas obras recentes da economia comportamental, a teoria econômica tem criado modelos de concorrência e transações com base em premissas relativas a *preferências*. Pouco se sabe e pouca atenção é dedicada às condições que permitem que um sistema passe de um *estado* de operação ao outro – por exemplo, de uma conscientização egossistêmica a uma conscientização ecossistêmica.

A teoria econômica de mainstream e o kit de ferramentas do modelo de administração tradicional presumem um espaço "plano" bidimensional de ação econômica restrito a um único estado de conscientização operacional. No entanto, há vários estados de conscientização e consciência a partir dos quais os agentes econômicos e gerenciais podem operar. Se esses estados diferentes de conscientização forem incorporados à teoria econômica e se os formadores de opinião prestarem a devida atenção a como eles afetam os resultados que criamos, toda uma nova dimensão de políticas, inovações e ações coletivas poderia emergir.

Campos sociais

Na física, sabemos que a matéria se comporta de maneira diferente em estados diferentes. Por exemplo, a água (H_2O) congela a 0 grau Celsius. Acima dessa temperatura, o gelo derrete. A 100 graus Celsius a água ferve e evapora, e assim por diante. Em cada caso, as moléculas de H_2O são as mesmas, mas se comportam de maneira bastante diferente.

No caso dos campos sociais, vemos o mesmo fenômeno. Dependendo do estado de consciência de um campo social ou da qualidade da conscientização das pessoas, os sistemas sociais colocam em prática (encenam) estruturas e comportamentos completamente diferentes. Da mesma forma como a água no sistema físico, a composição dos participantes (pessoas) de um sistema social permanece a mesma em um dado conjunto de condições. A diferença entre as leis naturais e o campo social é que os agentes dos sistemas sociais são capazes de provocar mudanças. Em outras palavras, eles estão mergulhados na água enquanto a temperatura muda – e têm a possibilidade de controlar a temperatura da água. Quando seu estado de conscientização ou campo de diálogo muda, os agentes passam a se relacionar uns com os outros de maneiras diferentes, e acabam cocriando resultados bastante distintos.

Oikos: as origens do pensamento econômico

Para Aristóteles, a economia constituía uma parte integral de sua filosofia prática, ao lado da ética e da política. Em seu significado original, a administração "da casa" se relacionava à casa toda e ainda não se distinguia da *polis* – isto é, a associação e a comunidade dos cidadãos livres. Até o século

XVII ou XVIII, o termo *economia* se relacionava à administração da casa toda e não a atividades voltadas a ganhar dinheiro, descritas como *comércio*.

A economia moderna se desenvolveu de forma a separar a economia da *polis*. Dessa forma, a economia se transformou em um conjunto limitado de proposições que só engloba o chamado subsistema econômico da sociedade. A economia não lida mais com a casa toda – isto é, com o impacto do subsistema econômico sobre a sociedade como um todo e seu contexto social, ecológico e cultural. Em vez disso, a economia se refere a esses fatores como externalidades.

Considerando esse cenário, é ainda mais notável que, nos primeiros anos do século XXI, estejamos testemunhando um retorno ao significado original de *oikos*. Os desafios sociais e ecológicos enfrentados pelos líderes institucionais de hoje estão começando a redirecionar o foco da investigação econômica a suas origens relacionadas ao *oikos*, nos forçando, mais uma vez, a estender a nossa perspectiva. O termo "a casa toda" não se refere mais à mesma coisa: ele não se refere mais a apenas a nossa "pequena" casa individual, nossas microcondições locais, mas também se refere à casa regional e global na qual vivemos e, dessa forma, às condições "macro" e "mundo" do nosso planeta e à soma total dos nossos relacionamentos sociais, ecológicos e espirituais-culturais.

Em resumo, a nossa mentalidade sobre a relação entre sociedade e economia está mudando. Enquanto os primeiros conceitos econômicos viam a economia como sendo firmemente integrada ao todo social mais amplo, os conceitos econômicos modernos concebem a mesma economia como um subsistema autônomo no todo social mais amplo. Os desafios enfrentados pela sociedade nos forçam a repensar esse modelo mental para incluir o impacto das nossas ações sobre o contexto ambiental, social e cultural no qual operamos.

A morte do monoteísmo econômico

Outro importante elemento constitutivo do pensamento econômico contemporâneo diz respeito à tendência a um *monoteísmo econômico* que privilegia um mecanismo de coordenação a todas as atividades econômicas: a *mão invisível* do mercado.[2] Esse mecanismo é *onipotente* no sentido de não ser restrito por outros mecanismos de coordenação, como vimos no caso dos mercados financeiros desregulamentados antes da crise de 2008. Ele também é *onipresente*, considerando sua penetração cada vez maior em todos os setores e sistemas da sociedade, além de ser *onisciente*, dado seu suposto acesso a todas as informações.

À medida que os monoteísmos econômicos do passado resultavam em uma longa lista de fracassos catastróficos – inclusive o monoteísmo fundamentalista do Estado que levou à ruína da União Soviética em 1991 e o modelo fundamentalista neoliberal de mercado que levou o sistema financeiro mundial à beira do colapso em 2008 –, um número crescente de economistas proeminentes, inclusive os ganhadores do Prêmio Nobel Joseph Stiglitz e Paul Krugman, apontavam para várias deficiências estruturais do pensamento econômico de mainstream (neoclássico e neoliberal). Os sistemas de pensamento econômico são importantes porque ocupam o centro de uma batalha intelectual pelo direcionamento futuro da nossa sociedade. Simon Johnson, professor do MIT e ex-economista chefe do FMI, argumenta que uma luta de poder entre o mercado financeiro e o governo está no centro da nossa crise atual.[3] De acordo com Johnson, em um sistema político primitivo, o poder é transmitido por meio da violência (exercida por golpes militares e milícias; por exemplo, veja o poder coercitivo na Tabela 2 do Capítulo 2). Em uma sociedade mais desenvolvida, o poder é transmitido por meio do dinheiro (na forma de propinas, subornos, contribuições para campanhas políticas; veja o poder remunerativo discutido na Tabela 2). Mas nas sociedades mais avançadas, o poder é transmitido por meio do capital cultural, como sistemas de crença (veja o poder normativo discutido na Tabela 2).

Como explica Johnson, "em 1998, a elite de Washington já tinha incorporado a noção de que o que era bom para Wall Street era bom para a América".[4] Esse sistema de crença deu a Wall Street um poder de veto efetivo sobre a legislação pública que nenhum outro grupo ou indústria detém. Desde o início da crise financeira de 2008, essa influência sem igual de Wall Street sobre Washington só tem aumentado. Em consequência, a crise financeira não levou a uma reavaliação independente do setor financeiro ou a possíveis novas regulamentações para impedir crises futuras. Em vez disso, os seis maiores bancos dos Estados Unidos cresceram ainda mais e a sociedade como um todo tem se tornado ainda mais dependente deles.[5]

Lastimavelmente, nesse confronto decisivo de ideias econômicas, dois sistemas baseados em dogmas combatem um ao outro: a esquerda *versus* a direita; o pensamento do século XXI *versus* o pensamento dos séculos XVIII e XIX; ou, na terminologia apresentada anteriormente, o 3.0 *versus* o 2.0. Precisamos articular uma visão diferente das questões econômicas, políticas e espirituais – uma visão não primordialmente de esquerda ou de direita, não restrita pela primazia deste ou daquele mecanismo, que não acredita que a solução para os nossos problemas reside no Grande Governo, nas Grandes Corporações, no Grande Dinheiro, na Grande Ideologia.

As iniciativas de mudança dos dias de hoje precisam estar alinhadas às *realidades emergentes* do nosso século; precisamos explorar o poder do empreendedorismo individual e coletivo para cocriar novas soluções cruzando as fronteiras setoriais. Isso requer a intensificação da atenção coletiva para que a inovação possa se inspirar no campo das possibilidades futuras.

Precisamos de uma nova cultura de comunicação e um novo modelo de pensamento econômico que não se limite a colocar outro dogma no centro do universo intelectual, mas que posicione a nossa realidade compartilhada no nosso foco de atenção. O que precisamos é da capacidade de *manter e expandir nossa atenção coletiva* na mesma velocidade que as mudanças da realidade que nos cerca. Diferentemente do que se costuma acreditar quanto à esquerda progressista e a direita neoconservadora, não precisamos impor outra ideologia ou conjunto de crenças à realidade. Em vez disso devemos "acolher o espaço" para abrir e expandir coletivamente a nossa atenção de maneiras a promover mudanças nas nossas antigas noções econômicas. Só quando permitirmos que a nossa realidade econômica compartilhada nos mude – e transforme a nossa mentalidade – é que começaremos a desenvolver ideias econômicas que podem ser úteis, curativas e transformativas.

A Matriz da Evolução Econômica

As nossas economias evoluíram em torno de desafios e reações. As sociedades reagiram aos desafios do desequilíbrio, do crescimento e das externalidades nacionais atualizando sua lógica econômica e criando novos mecanismos de coordenação (hierarquia, mercados, redes, conscientização ecossistêmica). Cada novo estágio veio acompanhado de uma mudança evolucionária na consciência, de tradicional a egocêntrica, a centrada nos stakeholders e, talvez, no próximo estágio emergente, chegando à consciência ecocêntrica.

As desconexões estruturais discutidas nos capítulos anteriores são patologias sociais que afetam a nossa vida hoje e que se originam da arquitetura subjacente do pensamento econômico. Todos os sistemas econômicos lidam com a produção, a distribuição e o consumo de produtos e serviços. As sociedades de diferentes regiões, épocas e culturas desenvolveram maneiras diferentes de estruturar esses processos. Neste livro, identificamos cinco abordagens:

1. Organização centrada em comunidades baseadas em locais (pré-modernas)
2. Organização centrada no poder centralizado: o Estado (um setor; Estado centralizado)
3. Organização centrada na competição: Estado + mercado (dois setores; mercados descentralizados)
4. Organização centrada em grupos de interesse: Estado + mercado + ONGs (três setores; relacionamentos conflitantes)
5. Organização centrada nos recursos comuns (três setores; relacionamentos cocriativos)

Também observamos que a lógica econômica de cada estágio anterior continua a existir nos estágios posteriores – embora mitigada por um novo metacontexto definido por práticas 2.0, 3.0 ou 4.0, respectivamente.

De acordo com as pesquisas sobre revoluções científicas de Thomas Kuhn e as pesquisas sobre a ascensão e queda das civilizações de Arnold Toynbee, podemos afirmar que, sempre que um paradigma econômico é incapaz de proporcionar respostas satisfatórias aos maiores desafios de um período, a sociedade entra em uma fase de transição na qual, mais cedo ou mais tarde, a lógica existente e o sistema operacional são substituídos por uma lógica e um sistema atualizados e melhorados. Assim, qual é a força impulsionadora para levar uma economia ou sociedade de um sistema operacional ao outro? Acreditamos haver duas forças principais: os desafios externos (o fator *push* – empurrar) e o desenvolvimento da consciência (o fator *pull* – puxar).

A evolução social ocorre quando as forças *push* e *pull* se encontram e se alinham: o desafio externo que não pode mais ser ignorado e a ressonância interna com uma vontade e uma consciência humana voltadas para o despertar. Sempre que essas duas forças se alinham, vemos montanhas se mover, como aconteceu em 1989 com a queda do Muro de Berlim; em 1991 com o colapso da União Soviética; em 1994 com a queda do apartheid na África do Sul; e em 2011 com a queda do regime de Mubarak no Egito e do regime de Gaddafi na Líbia.

Vimos inúmeros tiranos 1.0 despencarem. E acreditamos que, na presente década, muitos muros ainda cairão. No entanto, as oito desconexões estruturais estão aí para nos lembrar de que importantes estruturas ainda precisam ser repensadas, reinventadas e transformadas. Da mesma forma como, 100 anos atrás, as economias ocidentais passaram de 2.0 a 3.0 inventando mecanismos para mitigar externalidades nacionais negativas, mais uma vez nos vemos diante de um novo conjunto de problemas: externalidades globais e uma era de disrupção que continuará levando a colapsos sistêmicos. Não é só uma questão de lidar com mais uma crise financeira, mas sim uma questão de atacar as raízes dos limites do sistema.

A Tabela 3 analisa os oito elementos que, juntos, levam ao funcionamento de uma economia e descreve o progresso desses elementos pelos estágios da evolução econômica ao redor do mundo.

Interpretando a matriz

A Matriz da Evolução Econômica mapeia tanto a jornada do nosso desenvolvimento econômico quanto o possível espaço de desenvolvimento no futuro.

Sugerimos interpretar a matriz da seguinte maneira. Observe as células sombreadas em cada coluna da matriz, indicando os fatores críticos de cada estágio de desenvolvimento. No estágio 0.0, "Mãe Natureza" está em destaque, indicando que a natureza é o fator crítico para a função de produção. Em seguida, no estágio 1.0, a mão de obra dependente (servidão e escravidão) se torna o fator decisivo do desenvolvimento. A função de produção muda de um fator (natureza) a dois fatores (natureza, trabalho). No estágio 2.0, quando as economias passam de sociedades centradas no Estado a economias de mercado, o capital industrial passa a ser o fator de

TABELA 3 A Matriz da Evolução Econômica

Estágio	Natureza	Trabalho	Capital	Tecnologia	Liderança	Consumo	Coordenação	Posse
0.0: Comunal: *conscientização pré-moderna*	Mãe Natureza	Autossuficiência	Capital natural	Sabedoria nativa	Comunidade	Sobrevivência	Comunidade	Comunal
1.0: Centrado no Estado: mercantilismo; capitalismo de Estado; *conscientização tradicional*	Recursos	Servidão, escravidão	Capital humano	Ferramentas: Revolução agrícola	Autoritária (chicote)	Tradicional (orientado por necessidades)	Hierarquia e controle	Pública
2.0: Livre mercado: *laissez-faire*; *conscientização egocêntrica*	Commodities (terra, matérias-primas)	Trabalho (commodity)	Capital industrial	Máquinas: Primeira Revolução Industrial (carvão, vapor, ferrovias)	Incentivos (cenoura)	Consumismo: consumo de massa	Mercados e competição	Privada: compra e venda da posse privada nos mercados
3.0: Social de mercado: regulamentado; *conscientização centrada nos stakeholders*	Commodities reguladas	Trabalho (commodity regulada)	Capital financeiro (cego a externalidades)	Automação centrada no sistema: Segunda Revolução Industrial (petróleo, motor de combustão, produtos químicos)	Participativa (normas)	Consumo consciente seletivo	Redes e negociação	Mista (pública e privada)
4.0: Cocriativo: distribuído; direto; dialógico; *conscientização ecocêntrica*	Ecossistema e recursos comuns	Empreendedorismo social e privado	Capital criativo cultural (ciente das externalidades)	Tecnologias centradas no ser humano: Terceira Revolução Industrial (energia renovável e tecnologia da informação)	Cocriativa (presença coletiva)	CCC: consumo consciente colaborativo	ACC: ação coletiva baseada na conscientização	Acesso compartilhado a serviços e recursos comuns

desenvolvimento crucial. O capital permite que novos players da economia de mercado sejam produtivos e, em consequência, a função de produção do sistema econômico passa a ter três fatores (natureza, trabalho, capital).

No estágio 3.0, a tecnologia emergente como um fator crítico e, dessa forma, os fatores produtivos evoluem para quatro (natureza, trabalho, capital, tecnologia). E, finalmente, no presente estágio emergente 4.0, todos os fatores podem se transformar em gargalos, ou fatores decisivos, da economia:

Natureza: escassez de recursos e redução do nosso impacto ecológico
Trabalho: liberação do poder do empreendedorismo
Capital: redirecionamento dos fluxos de capital global para servir os recursos comuns
Tecnologia: desenvolvimento de tecnologias essenciais para a Terceira Revolução Industrial
Liderança: cocriação da capacidade de perceber e concretizar um futuro que emerge
Consumo: dar *empowerment* ao CCC (consumo consciente colaborativo)
Coordenação: coordenação pela ACC (ação coletiva baseada em conscientização)
Posse: inovação por meio de direitos de propriedade baseados em recursos comuns

Uma observação sobre o estágio 0.0: a civilização ocidental colonizou e destruiu a maioria dessas culturas antigas.[6] Imaginar a evolução de 0.0 a 4.0 como um processo linear pode não ser a interpretação mais precisa do processo. Em vez disso, sugerimos ver a evolução como um processo mais circular, com 0.0 no alto, avançando em sentido anti-horário para 1.0 e 2.0, prosseguindo até 3.0 até chegar a 4.0, perto do ponto de partida. O pensamento ocidental tende a conceber a história como um processo linear, enquanto a visão oriental tende a ser mais cíclica. Ambas as metavisões apresentam seus pontos fortes e pontos cegos. Uma combinação das duas nos leva a algo como uma espiral, ou um U. O U é uma forma evolucionária que combina elementos tanto cíclicos quanto lineares. No entanto, uma jornada pelo U termina em um lugar diferente do ponto de partida, já que algo nasce no processo e se desenvolve ao longo da jornada.

Algumas economias, como as da Europa, passam várias centenas de anos percorrendo esses estágios. Outros países, como a China, fazem grande parte da jornada em 30 a 60 anos. Em ambos os casos, não fica claro como será a lógica e o estágio da economia 4.0 no futuro. Ocasionalmente vimos o mundo retroceder, como aconteceu na revolução neoliberal de 1980 a 2008 no Ocidente. Dessa forma, é possível para os países fazerem escolhas e avançar nas duas direções.

Acreditamos não haver um desafio de pesquisa mais importante atualmente do que inventar e testar *inovações institucionais* que darão poder, escala e sustentação à economia 4.0. Em outras palavras, precisamos fazer o upgrade do sistema operacional econômico, da lógica e da conscientização egossistêmica à ecossistêmica.

Questões

Enquanto os diálogos públicos do século XX tendiam a se focar em apenas *duas* alternativas – a mentalidade centrada no mercado *versus* centrada no governo –, a matriz apresentada na Tabela 3 nos possibilita conceber 390.623 maneiras *adicionais* de lidar com os desafios atuais. O restante deste capítulo se concentrará em estender o diálogo econômico além da antiga visão do "2.0 *versus* 3.0".

Analisar os desafios deste século através das lentes da mentalidade 2.0 e 3.0 é como dirigir um carro olhando pelo retrovisor. Se você fizer isso, deixará de ver o que está bem diante do seu nariz – no caso, a aproximação de um verdadeiro tsunami de mudanças desestabilizadoras. Veja a seguir algumas questões para orientar sua investigação dos oito pontos de acupuntura da profunda transformação sistêmica apresentada neste capítulo:

1. *Natureza:* Como repensar a economia e a natureza partindo da mentalidade do "pegar, fazer e jogar" até chegar a um design integrado de ciclo fechado no qual tudo o que retiramos do planeta é retornado com a mesma qualidade ou até com uma qualidade superior?
2. *Trabalho:* Como podemos voltar a vincular o trabalho – a profissão que escolhemos – ao Trabalho – aquilo que adoramos fazer?

3. *Capital:* Como podemos voltar a associar a economia financeira com a economia real reciclando o capital financeiro para promover e cultivar os recursos comuns ecológicos, sociais e culturais?
4. *Tecnologia:* Como podemos proporcionar um amplo acesso às tecnologias essenciais da Terceira Revolução Industrial, combinando a tecnologia da informação, a energia regenerativa e as tecnologias sociais para promover a criatividade individual e coletiva?
5. *Liderança:* Como podemos desenvolver uma capacidade de liderança coletiva para inovar no âmbito do sistema como um todo?
6. *Consumo:* Como podemos reequilibrar o campo econômico de atuação para que os consumidores possam se engajar no consumo colaborativo e consciente e atuar como parceiros igualitários em uma economia voltada para promover o bem-estar de todos?
7. *Coordenação:* Como podemos dar um fim à guerra das partes contra o todo mudando o modo de consciência da conscientização egossistêmica à ecossistêmica?
8. *Posse:* Quais inovações nos direitos de propriedade poderiam dar voz às gerações futuras e facilitar as melhores utilizações sociais dos recursos comuns escassos?

Esses oito elementos – da natureza à posse – constituem a essência de qualquer sistema econômico. As nossas noções de cada elemento se transformam profundamente ao longo da jornada de 0.0 a 4.0. Compreender essas mudanças e transformações nos permite não apenas entender a nossa realidade atual como também identificar o potencial para o futuro.

As páginas a seguir acompanham a jornada de cada um dos oito fatores-chave, ou pontos de acupuntura, de 0.0 a 4.0. Caso você não esteja particularmente interessado em todos os detalhes da evolução do pensamento econômico, pode ir direto às observações de conclusão ao final de cada seção ou passar os olhos no restante do capítulo e ler as seções que mais lhe interessarem.

1. Natureza: recuperando o vínculo entre economia e natureza

Toda atividade econômica surge da natureza... e a ela retorna. A natureza, na ação e no pensamento econômico, foi transformada de sua função original de *mãe* (0.0) a um *recurso* (1.0) a uma *commodity* (2.0) e a uma *commodity regulada* (3.0). No próximo estágio emergente de pensamento econômico, podemos reestruturar o papel da natureza em termos de ecossistemas e recursos comuns, que serão coletivamente cultivados e administrados com responsabilidade e ética com vistas ao bem-estar das gerações futuras e do todo (4.0).

A JORNADA DE 0.0 A 3.0

A transição de 0.0 a 1.0 foi marcada por uma revolução agrícola. Enquanto os seres humanos restringiam suas atividades econômicas a coletar e caçar para se alimentar e se vestir, seu impacto sobre a natureza foi limitado. No entanto, quando as pessoas começaram a se estabelecer em um único lugar e cultivar a terra, a interferência no ecossistema natural se aprofundou e elas começaram a usar ferramentas para derrubar árvores e arar o solo.

No decorrer de milhares de anos, os seres humanos concentraram suas atividades econômicas no avanço da produção agrícola e, dessa forma, desenvolveram um complexo sistema de sementes, implementos, animais de criação e práticas de cultivo. O século XVIII trouxe a próxima profunda revolução econômica – a Revolução Industrial –, que se estabeleceu primeiramente na Inglaterra até levar todo o sistema econômico de 1.0 a 2.0. Esse processo se manteve ao longo do século XIX até o século XX.

Com invenções simultâneas na indústria têxtil, na energia a vapor e na metalurgia bem como nas estruturas de posse, a Revolução Industrial levou a intervenção humana a um nível diferente. O que começou com a coleta de frutas se transformou em abrir buracos no chão para extrair metais e combustíveis fósseis para abastecer a máquina industrial global. Como afirmou o sociólogo Max Weber numa frase célebre: "Essa ordem [isto é, o capitalismo] passou a ser acoplada às condições técnicas e econômicas da máquina de produção que hoje determina a vida de todos os indivíduos que nascem nesse mecanismo... com uma força irresistível. E talvez ela continue determinando a vida dessas pessoas até a última tonelada de combustível fóssil ser queimada."[7]

À medida que essa jornada de queima de combustível fóssil se aproxima de sua última tonelada com força irresistível, nos vemos diante de externalidades negativas que têm levado o sistema a passar para o próximo estágio evolucionário. O advento de padrões e regulamentações ajudou a economia industrial a evoluir de 2.0 a 3.0 no decorrer do século XX. Essas inovações institucionais protegem a regeneração da natureza, o trabalho e o capital, além de ajudar a estabilizar a renda no lado do consumidor, alimentando o consumo de massa que mantém a máquina industrial em funcionamento e crescimento.

O outro lado dessa moeda do sucesso e crescimento material é o rápido esgotamento do nosso pool de recursos comuns. Apesar de a criação de novas tecnologias ter reduzido em certa medida o impacto material da criação de valor econômico, a desmaterialização da produção industrial foi excedida pela taxa de crescimento total da economia como um todo. O resultado líquido é que o volume de extrações continuou aumentando até os dias de hoje. Em 2005, por exemplo, 58 bilhões de toneladas de materiais entraram na economia para manter as operações da produção industrial global. De acordo com Juliet Schor em seu livro *Plenitude*, em termos *per capita* globais, a utilização de material é em média de 8,8 toneladas por ano ou pouco menos de 23 quilos por dia. Enquanto isso, o consumidor americano utilizou mais de 2,5 vezes esse volume (23 toneladas por pessoa por ano, ou 63 quilos por pessoa por dia).[8]

EM BUSCA DO 4.0

Como podemos repensar e reestruturar nossos processos econômicos de forma a reintegrar os ciclos econômicos à natureza?

A estrutura do pensamento econômico foi desvinculada das realidades ecossistêmicas do nosso planeta. A integração 0.0 que tínhamos com o nosso planeta já não existe mais. Por meio de nosso pensamento econômico, transformamos o planeta em uma commodity, criando uma máquina econômica que consome os recursos de 1,5 planeta.

Como reconciliar essa contradição? Vejamos, a seguir, quatro proposições e princípios para dar início ao diálogo:

1. *Toda atividade econômica surge da natureza e a ela retorna*. O que começou como uma conexão óbvia e natural entre a atividade econômica e o mundo natural nos primeiros estágios de desenvolvimento econômico foi perdendo a força nos estágios posteriores. No

entanto, o papel efetivo da natureza no processo econômico só vem aumentando.

O PIB global atual de US$60 trilhões cairia a zero em um piscar de olhos sem a natureza. Toda a nossa economia e sociedade dependem dos serviços ecossistêmicos da natureza. De acordo com um estudo de 2010 conduzido pela PNUMA, o valor total de todos os serviços ecossistêmicos (que correspondem a apenas uma parte da contribuição da natureza) chega a pelo menos US$70 trilhões por ano.[9] Em outras palavras, o valor não estimado gerado pela natureza para alimentar nosso processo econômico e proporcionar o nosso bem-estar é maior que o valor de todos os produtos e serviços produzidos (o PIB global). No entanto, a natureza desapareceu quase completamente das categorias do pensamento econômico moderno no que só pode ser chamado de um desmesurado ponto cego institucionalizado.[10]

2. *A ficção das commodities.* Operamos uma economia que deixa uma pegada de 1,5 planeta apesar de vivermos claramente em uma realidade ecológica de um único planeta. Isso acontece devido à ficção das commodities. Em toda teoria econômica moderna, a natureza é considerada uma commodity. E como demonstra Karl Polanyi em seu livro *A grande transformação*, isso não passa de uma ficção. Uma commodity é um produto que produzimos para o mercado com a finalidade de ser consumido. Contudo, o planeta Terra não é produzido por nós e sua finalidade não é ser consumido por nós. No mínimo, o planeta é um presente que nos foi dado. Esse profundo senso de responsabilidade ainda pode ser encontrado quando ouvimos lavradores falando sobre sua terra e empreendedores falando sobre seu empreendimento. Nenhum deles considera a terra ou a essência do empreendimento como sendo uma commodity. No entanto, essa profunda compreensão humana não é refletida no pensamento econômico moderno.

   A causa intelectual básica do problema da pegada ambiental de 1,5 planeta tem origens nos quadros de referência econômicos que concebem a natureza como sendo uma commodity – em outras palavras, praticamente todos os quadros de referência econômicos de mainstream da atualidade.[11]

3. *Biomimética.* Como será que a natureza projetaria os processos econômicos que desenvolvemos e administramos? Janine Benyus,

autora de *Biomimética* e cofundadora da rede global Biomimicry 3.8, tenta responder essa pergunta crucial. Refletindo sobre os princípios fundamentais da natureza e de seus ecossistemas, veja algumas propostas que se sobressaem:[12]

a. *Resíduo zero.* A natureza funciona como um sistema de resíduo zero. Todo output é o input de alguém. Na natureza, não existe a noção de desperdício. Já a economia humana, por sua vez, está repleta de desperdício: dejetos produzidos na extração de recursos da natureza. Apenas minúsculas frações dos nossos dejetos são reaproveitadas em um sistema de reutilização de ciclo fechado.

b. *Energia solar.* A natureza funciona com 100% de energia renovável. As células, da mesma forma como a economia humana, precisam de uma fonte externa de energia. No entanto, diferentemente da economia humana, que identifica essas fontes predominantemente nos combustíveis fósseis, as células utilizam a luz do sol como sua fonte sustentável de energia.

c. *Diversidade e simbiose.* Todos os ecossistemas se baseiam nos princípios da diversidade e da simbiose: espécies diferentes trabalhando juntas de maneiras simbióticas e harmoniosas. Por sua vez, a produção industrial promove monoculturas e a maximização de uma única variável, que reduz a resiliência do sistema e o deixa vulnerável a desestabilizações.

4. *Designs de ciclo fechado.* Para promover o bem-estar de todos sem destruir o planeta, precisaríamos quintuplicar a produtividade da utilização de recursos – ou reduzir a utilização de recursos em 80% (em relação ao consumo atual). Ernst Ulrich von Weizsäcker, coautor de *Factor Five,* acredita que isso seria possível se todos os principais players se voltassem para essa direção.[13] Isso implicaria substituir o paradigma industrial atual (pegar, fazer e jogar) por um paradigma voltado a administrar ciclos fechados de materiais e energia. A abordagem de William McDonough e Michael Braungart, centrada em repensar o processo econômico como um ciclo fechado da Terra à Terra integrando a economia, a ciência ecossistêmica, a química, o design e o pensamento sistêmico, constitui outro exemplo pioneiro dessa nova forma de pensar.[14]

O desafio prático na implementação dessas abordagens é reunir os interesses e os players de todo o ecossistema de negócios para instigá-los a ver, pensar, conversar e trabalhar juntos – um desafio que investigaremos em mais profundidade mais adiante, quando discutiremos a questão da liderança.

VISLUMBRANDO O NOSSO FUTURO: CULTIVANDO OS NOSSOS RECURSOS COMUNS

Há todo um cenário de exemplos emergentes que incorporam esses princípios, como o movimento Slow Food, a agricultura comunitária, alimentos locais, economias locais e práticas de *sourcing* sustentável.[15]

A agricultura biodinâmica (orgânica) constitui um desses exemplos – e um exemplo pelo qual temos bastante carinho, considerando que Otto cresceu em uma fazenda biodinâmica na Alemanha.[16] Uma fazenda biodinâmica se baseia nos princípios da importação zero (constituindo um ciclo fechado), resíduo zero (todo output de um setor é um input para outro setor), diversidade (rotação de culturas e ecossistemas diversificados em vez da monocultura) e uma relação simbiótica entre esses elementos do sistema vivo mais amplo (a noção de que cada fazenda possui uma *individualidade* viva e única).

Em uma escala muito pequena, uma fazenda biodinâmica incorpora muitos dos princípios identificados anteriormente. Mas como podemos estender essas práticas ao nível de todo o sistema alimentar até englobar a economia como um todo? Voltaremos a essa questão mais adiante neste capítulo e no Capítulo 7, quando contaremos a história da BALLE (Business Alliance for Local Living Economies) e do Sustainable Food Lab.

2. Trabalho: reconectando o trabalho (emprego) com o Trabalho (propósito)

Toda criação de valor econômico começa com a aplicação do trabalho à natureza. O que se aplicava na época dos caçadores e coletores ainda se aplica hoje. Nos dois casos, aplicamos criatividade à natureza e o resultado dessa atividade cocriativa emerge na forma de algum "valor agregado". No caso de, digamos, uma maçã, sabemos que quase todo seu valor provém da Mãe Natureza. Nesse caso, a natureza se ocupa do processo de "produção" e nos limitamos a colher, selecionar, embalar e distribuir.

Mas um computador da Apple já é outra história. Ele é produzido por uma rede global de criação colaborativa de valor, inclusive pessoas com ideias de design em Cupertino, na Califórnia, e dezenas de milhares de outras pessoas espalhadas por toda a cadeia de valor processando materiais vindos de diferentes regiões do mundo, fabricando os componentes básicos, e partes na Ásia montando os componentes na China e transportando e distribuindo os produtos nos mercados de consumo por meio das Apple Stores. A razão entre trabalho e natureza é muito mais elevada no caso da maçã que colhemos no nosso quintal.

O que se perde no decorrer dessa jornada para uma divisão do trabalho global é o significado. O significado resulta de ver a própria conexão e contribuição com o todo. No entanto, se eu for um operário asiático mal remunerado montando um produto para a cadeia de suprimento global de, digamos, o iPad... que senso de significado e propósito posso obter do meu trabalho? Muito pouco. O desafio atual de reinventar o trabalho não diz respeito apenas a questões de empregos e salários dignos, mas também engloba a questão do significado, isto é, de reconectar o trabalho (empregos) com o Trabalho (paixão e propósito).

A JORNADA DE 0.0 A 3.0

Como vimos na Tabela 3, o papel do trabalho e da mão de obra mudou profundamente ao longo da história. No estágio 0.0, o trabalho ainda era incorporado às práticas comunais para fins de subsistência. No estágio 1.0, a maior parte do trabalho era realizada por escravos ou servos por contrato. A mão de obra se baseava numa relação de dependência, como ainda ocorre em muitos lugares. Quando Aristóteles escreveu sobre o *oikos* em sua filosofia prática, ele se referia a domicílios operados em grande parte pelo trabalho escravo.

Então vieram a Revolução Industrial e o que Karl Polanyi chamou de a ficção da commodity do trabalho (2.0) – isto é, a ideia de que a mão de obra é uma commodity.[17] No mundo econômico 2.0, a maioria dos trabalhadores não é mais constituída de escravos ou servos por contrato, mas em vez de vender o corpo eles vendem seu *tempo*. Um empregador os paga, o que lhe dá o direito de dizer aos empregados o que fazer. Em comparação com o mundo 1.0 (da escravidão), isso representa um grande progresso. No entanto, o mundo 2.0 não promove nada parecido com a liberdade empreendedora para os empregados, não passando de uma forma evoluída de dependência. A transição de um tipo de dependência hard 1.0 (servidão) a um tipo de dependência soft 2.0 (o trabalho como uma commodity) muitas vezes, mas nem sempre, melhorou a vida dos trabalhadores e é por isso que, na transição de 2.0 para 3.0, surgem sindicatos trabalhistas, previdência social e outras proteções a trabalhadores.

A evolução para uma economia 3.0 tem constituído outro grande salto adiante. Mas então, particularmente mais para o fim do século XX e início do século XXI, as soluções 3.0 começaram a dar de cara com a parede na forma de (1) crescimento sem emprego, o que aumentou o desemprego em países desenvolvidos; (2) a conscientização de que o crescimento exponencial continuado arruinaria o planeta em vez de resolver o problema do desemprego; e (3) o reconhecimento de que a solução 3.0 para o problema da mão de obra era mais frágil do que pensávamos, funcionando só em algumas regiões do mundo e só por um tempo limitado, quando o crescimento era impelido por combustíveis fósseis baratos. Dito sem meias-palavras: a solução funcionou porque pagamos por ela com o futuro dos nossos filhos.

EM BUSCA DO 4.0

Se não pudermos nos valer desses recursos, o que podemos fazer? Vamos analisar três opções. A primeira opção seria continuar avançando aos trancos e barrancos com a economia 3.0. A segunda opção seria retroceder ao estágio 2.0 (o que incluiria descontinuar sindicatos trabalhistas, serviços de previdência social e regulamentações ao setor financeiro e de proteção ao ambiente). Um terceiro grupo, menos proeminente, sugere voltar ao estado 1.0 ou 0.0 da economia (possivelmente, mas não necessariamente, na forma do fascismo totalitarista).

Acreditamos que nenhuma dessas opções seja viável hoje. O que precisamos é de um diálogo diferente com foco em como podemos *progredir* – em vez de retroceder – criando um caminho para o estágio 4.0. Esse diálogo deveria começar com o reconhecimento sincero, especialmente por parte de políticos e economistas, de que mais do mesmo jamais resolverá o problema do desemprego. Os kits de ferramentas 1.0, 2.0 e 3.0 do passado são obsoletos e jamais serão suficientes para resolver os enormes desafios que enfrentamos atualmente.

Em vez disso, precisamos analisar coletivamente as causas fundamentais da nossa situação atual. Vejamos os quatro conceitos a seguir que podem ser utilizados para dar início a um diálogo sobre o caminho 4.0:

1. *O diálogo da negação.* O debate público sobre a redução do déficit e a promessa de crescimento futuro que traria de volta os empregos industriais que foram transferidos à China e à Índia argumenta que estamos meramente em outra retração econômica cíclica que será resolvida assim que a recessão chegar ao fim. Esse argumento desconsidera tendências demográficas, a degradação ecológica e o nível atual de desequilíbrio econômico. De acordo com o Banco Mundial em 2012, "cerca de 200 milhões de pessoas – inclusive 75 milhões com menos de 25 anos – estão desempregados. Nos próximos 15 anos, 600 milhões de novos empregos adicionais serão necessários".[18]

   Então, o que estamos oferecendo aos 600 milhões de jovens que ainda estão procurando emprego? O debate atual não se volta para toda a extensão desse problema. A discussão oscila entre as perspectivas 2.0 e 3.0 mas não se detém para examinar em profundidade a realidade atual. Dois mitos em particular nos mantêm aprisionados nas antigas formas de pensar: o mito do crescimento e o mito do dinheiro.
2. *O mito do crescimento.* Um argumento que paralisou as discussões é a premissa de que resolveremos todas as nossas mazelas econômicas nas próximas duas ou três décadas por meio do crescimento acelerado. *Nada* poderia estar mais longe da verdade. Esse mito é ilusório por pelo menos três razões:
   a. *Limites ecológicos.* Se tentarmos resolver o problema do emprego fazendo mais do que viemos fazendo na última década, produziremos graves crises ecológicas em menos de uma geração.
   b. *Limites sociais.* Se somássemos à multidão de desempregados os trabalhadores pobres dos Estados Unidos e os dependentes de

assistência social da Europa, o resultado seria um número mais preciso de pessoas para as quais o sistema atual não produz trabalho suficiente. A proporção desse grupo provavelmente constitui nada menos que 20% a 30% da população adulta. Em outros países, particularmente no hemisfério sul, esse número chega a exceder os 60% ou 70%. O que fazer com esse enorme grupo em grande parte excluído?

c. *Crescimento sem emprego*. Apesar de a economia continuar a crescer em muitas partes do mundo, ela ainda não produz o número de empregos que serão necessários.

Apesar de o mito do crescimento ter sido atacado nos últimos 40 anos pelo movimento ambiental global, o próximo mito tem sido, em grande parte, ignorado.

3. *O mito do dinheiro*. O que impele professores, empreendedores, engenheiros e outros a realizar seu melhor trabalho? É a conexão com sua fonte interior de energia criativa inspiradora. É a conexão com essa fonte que impulsiona uma profunda inovação e renovação para pessoas de todas as idades e em todas as culturas. O problema é que organizamos a nossa economia e o nosso pensamento econômico com base em uma péssima ideia: que deveríamos trabalhar por dinheiro. Essa ideia é um dos maiores destruidores da criatividade. Lastimavelmente, essa mentalidade é incutida desde a infância, quando os pais tentam motivar os filhos com recompensas: "Se você fizer isso, lhe darei aquilo." Esse é o primeiro ataque à criatividade interior de qualquer criança. O segundo ataque ocorre na escola, onde a abordagem pedagógica obsoleta faz a mesma coisa: "Se você fizer *A*, ganhará *B* e, com isso, terá acesso a *C* [a faculdade]." O terceiro ataque ocorre no ambiente de trabalho na forma de incentivos gerenciais, vinculando bonificações ao atingimento de metas e outras melhores práticas ensinadas em faculdades de Administração e que, como pesquisas demonstram, destroem a criatividade na organização.[19]

Essas práticas envenenam toda a verdadeira criatividade porque desvinculam o que fazemos para ganhar o pão (o nosso trabalho) do que realmente importa para nós (o nosso Trabalho, ou paixão). Todos os grandes inventores, criadores e empreendedores, todos os grandes ativistas sociais, têm em comum a mesma jornada interior e fonte de satisfação: *amar o que faz e fazer o que ama*. Isso, de acordo com Steve Jobs, é um bom exemplo de um empreendedor Trabalhador: "É o *único* jeito de fazer um bom trabalho."[20] É o reconhecimento da conexão com essa profunda fonte de conhecimento que pode nos ajudar em momentos nos quais todos os outros instrumentos de navegação falham.

4. *Reconectar o trabalho e o empreendedorismo*. A essência do estágio 4.0 é proporcionar um contexto institucional que nos permita reconectar o trabalho (emprego) com o Trabalho (propósito). A evolução do trabalho de 1.0 (escravidão) a 4.0 (Trabalho) é uma jornada que desloca gradativamente o *locus* do controle, de fora (dependência) para dentro do indivíduo conectado em rede (a independência em rede). Essa jornada começou com a gradativa emancipação de estruturas 0.0 (tradições), estruturas 1.0 (servidão), estruturas 2.0 (dependências do mercado de trabalho) e, finalmente, estruturas 3.0 (dependências do Estado previdenciário) e nos levou a um ponto a partir do qual podemos fortalecer as condições de empreendedorismo individual e comunal.

Para entrarmos nesse espaço emergente 4.0, precisamos de infraestruturas mais capacitadoras que convidem mais pessoas a entrar no espaço gerativo de cossentir e cocriar o futuro que importa para elas. Atualmente não são apenas milhares ou milhões de pessoas que tentam entrar nesse espaço, mas centenas de milhões e até bilhões. Precisamos de um novo olhar no quadro mais amplo. Nenhum dos problemas da atualidade, inclusive a pobreza, o desemprego, a destruição ambiental e a crise econômica global, pode ser resolvido isoladamente. Precisamos de uma abordagem integrada para combatê-los. Precisamos criar novos tipos de infraestruturas capacitadoras que possibilitem que as pessoas cossintam, codesenvolvam e cocriem suas competências empreendedoras voltando-se a suprir as verdadeiras necessidades de suas comunidades.

Essas infraestruturas combinam os seguintes elementos e proporcionam acesso a:

1. espaços capacitadores: a inovação ocorre em locais propícios
2. desafios centrais: os desafios constituem a matéria-prima de todo aprendizado

3. mecanismos de sensibilização que permitam que as pessoas se vejam como parte de um cenário mais amplo
4. mecanismos capacitadores
5. capital
6. tecnologia
7. comunidade: uma rede global de mentores, parceiros e empreendedores que criam coletivamente protótipos para a Sociedade 4.0.

Na qualidade de participantes de uma comunidade global, devemos nos perguntar se estamos realmente dispostos a aceitar que não somos separados um dos outros, mas sim ecológica, econômica, social e espiritualmente interdependentes e conectados. E se concordarmos que somos altamente interdependentes, estaremos dispostos a ajudar uns aos outros?[21]

Se a resposta for sim, um ponto de intervenção econômica de alta alavancagem seria criar um *direito humano econômico* à renda básica para todos os seres humanos do planeta. Se essa necessidade básica fosse combinada com um acesso grátis ou acessível à saúde e à educação, criaríamos um campo de atuação muito mais igualitário e nivelado. Seria um mundo no qual todos teriam boas chances de seguir suas aspirações e sonhos empreendedores. Em outras palavras, poderíamos colocar a nossa criatividade ao serviço da comunidade mais ampla.

Essa ideia pode soar radical, mas na verdade estamos só nomeando o que alguns grupos da nossa sociedade global já estão fazendo. No entanto, como a nossa mentalidade ainda está presa nos tipos 2.0 de quadros de referência transacionais, tendemos a desconsiderar os elementos cocriativos de uma economia 4.0 emergente, que opera por meio das *economias fundamentadas no presencing* e não por meio das *economias fundamentadas em benefícios transacionais.*

Um bom exemplo disso é Otjivero-Omitara, um pequeno vilarejo da Namíbia. De janeiro de 2008 a dezembro de 2009, esse vilarejo se tornou o primeiro lugar a realizar experimentos com a transferência incondicionada de renda, na forma de uma concessão de renda mínima. A ideia é que a renda básica é um direito humano universal. Durante o experimento de dois anos, cada pessoa, independentemente de renda, recebeu um subsídio mensal de 100 dólares namibianos (US$13). Depois de apenas um ano, a subnutrição infantil caiu de 42% para 10%, a pobreza familiar caiu de 76% a 37%, a taxa de evasão escolar caiu de 40% a 0% e o crime despencou

42%. No mesmo período, a atividade empreendedora e o trabalho autônomo decolaram em 300%.[22]

As ideias por trás da transferência de renda são simples: a renda básica é um direito humano e, se a concedermos incondicionalmente às pessoas, reduzimos a burocracia do governo e criamos demanda em um nível local que, por sua vez, fomenta oportunidades microempreendedoras e novos empreendimentos. No experimento, as transferências de renda para os pobres deram um pontapé inicial, fortalecendo a economia no nível do microempresário. O custo da criação de um programa de transferência de renda como esse para toda a população da Namíbia seria de 2,2% a 3% do PIB do país.[23]

E será que esse exemplo incrível está se espalhando rapidamente e levando a outras iniciativas similares ao redor do mundo? Não, pelo menos não na velocidade e na escala necessárias. E por que não? Porque contradiz os hábitos atuais do pensamento econômico, que acredita na motivação extrínseca e não intrínseca para o comportamento humano. As pessoas não acreditam nos resultados do experimento namibiano porque esses resultados contradizem suas crenças econômicas 2.0, que consideram que o comportamento humano é motivado por recompensas e punições e não por paixão e propósito. Dito isso, temos visto iniciativas bastante expressivas no Brasil e na América Latina que tiraram dezenas de milhões de pessoas da pobreza oferecendo a transferência condicionada de renda.

VISLUMBRANDO O NOSSO FUTURO: DESPERTANDO CAMPOS GLOBAIS DE EMPREENDEDORISMO SOCIAL

As sementes do futuro já estão plantadas. O futuro pode ser vislumbrado na primeira onda atual de empreendedorismo social, que discutimos anteriormente. E por meio do nosso trabalho também podemos ver toda uma segunda onda de empreendedorismo social do futuro que emerge, uma onda composta de milhões de pessoas – muitas delas insatisfeitas por se verem presas em grandes instituições tradicionais – que adorariam se envolver nesse movimento global emergente. E como essas duas ondas de empreendedorismo e conscientização socialmente responsável se encontram e se conectam? Vamos analisar um exemplo.

The Business Alliance for Local Living Economies (BALLE)

Michelle Long, fundadora e diretora executiva da BALLE (Aliança de Negócios para Economias Locais Vivas), cresceu no Meio-Oeste dos Estados Unidos, em um ambiente relativamente tradicional e conservador. Ela se formou em Administração e foi contratada por uma grande companhia farmacêutica – na época um cobiçado primeiro emprego para estudantes ambiciosos como ela. Mas ela logo se desiludiu; apesar de trabalhar duro, ela nunca viu um propósito mais elevado em seu trabalho além de ganhar mais dinheiro para a corporação. Um dia foi solicitada a realizar uma tarefa que considerou antiética, e então percebeu que aquela não era a jornada que queria e, apesar da desaprovação da família, decidiu pedir demissão e embarcar em uma viagem pelo mundo em busca de uma jornada mais atraente.

Passou dois anos viajando em vários países, inclusive a Índia. Lá ela percebeu que muitas das práticas e costumes que ela considerava "naturais" não eram tão naturais naquele novo contexto. Na verdade, muito do que era natural para ela era considerado estranho pelas pessoas que conheceu na Índia e vice-versa. Percebendo que não há um jeito único e natural de fazer as coisas, ela teve uma revelação: talvez fosse possível criar uma *maneira completamente diferente* de fazer as coisas que não seja costumeiro na Índia ou nos Estados Unidos mas que seja mais eficaz para todos.

Inspirada por essa ideia, Michelle voltou aos Estados Unidos e se matriculou em uma faculdade de Administração, onde entrou em uma competição de empreendedorismo com uma ideia, na época, inédita: criar um mercado online conectando artesãos e agricultores de países em desenvolvimento com consumidores em países desenvolvidos que quisessem comprar produtos alinhados com seus valores ambientais e comunitários. Michelle venceu a competição e, com o financiamento de venture capitalists e outros stakeholders tradicionais como o Banco Mundial, largou a faculdade de Administração para concretizar sua ideia.

No entanto, à medida que seu negócio decolava, ela começou a se incomodar com o distanciamento das comunidades que tentava ajudar e começou a sentir que não fazia muito sentido tentar resolver problemas em locais distantes sobre os quais ela não tinha muito conhecimento, quando seu próprio país tinha problemas a serem solucionados. Foi então que uma importante verdade se revelou para ela: ela queria atuar diretamente em locais que amava e com os quais sentia uma conexão.

Assim, ela deu o próximo grande salto. Acertou as contas com todos os seus fornecedores de comércio justo, fechou a empresa e reuniu todos os fornecedores – os artesãos de comércio justo – em uma nova iniciativa por meio do Overstock.com, que mais tarde se tornou o WorldStock.com. Michelle seguiu sua paixão e se uniu a uma iniciativa capaz de conectar iniciativas locais para recuperar as economias locais. O resultado é uma vibrante rede nacional, a BALLE, que hoje é a rede de negócios socialmente responsáveis de mais rápido crescimento da América do Norte e na qual Michelle atua como diretora executiva. (Para mais detalhes sobre a BALLE, veja o Capítulo 7.)

A história de Michelle e da BALLE é um bom exemplo do que pode muito bem ser a maior superpotência dormente do planeta: o potencial inexplorado da criatividade empreendedora para criar empreendimentos orientados pela missão social – empreendimentos híbridos que combinam a iniciativa pessoal com uma missão social e o empreendedorismo.

3. Capital: reconectando o capital financeiro com o capital real

O capital é o conceito quintessencial da economia – daí o termo *capitalismo*. Ao mesmo tempo, provavelmente existem poucos conceitos mais sujeitos a mal-entendidos. A maioria das pessoas pensa no capital em termos de dinheiro.

No entanto, o capital assume formas diferentes: ele pode ser físico, humano, industrial, financeiro, social ou espiritual. Uma característica que todas essas formas de capital têm em comum é o fato de esperarmos que o capital gere um lucro. O termo *lucro* vem do latim *lucrum*, significando "ganho, vantagem, proveito".

Já *capital* é uma palavra mais recente, com origens no latim *caput*, ou "cabeça". Como vimos na Tabela 3, o conceito de capital mudou significativamente no decorrer da história humana e econômica.[24]

A JORNADA DE 0.0 A 3.0: O CAPITAL NATURAL, HUMANO, INDUSTRIAL E FINANCEIRO

A palavra capital não existia no vocabulário das sociedades 0.0. Do ponto de vista atual, as economias 0.0 usavam o capital na forma de ferramentas físicas e sabedoria nativa para se conectar com os ciclos naturais da Mãe Natureza. A palavra também não foi utilizada na Revolução Agrícola, a economia 1.0. Em vez disso, formas avançadas de equipamentos físicos, habilidades artesanais e conhecimento de como utilizar as ferramentas eram exemplos de capital naquele estágio.

Na Idade Média, o capital significava os ativos financeiros que as pessoas investiam nos empreendimentos. O que conhecemos como capital nasceu no império colonial britânico na forma de capital comercial e mais tarde se transformou no capital industrial. Sem a acumulação do capital físico, humano e financeiro, o milagre do crescimento da Revolução Industrial jamais teria sido possível. Tanto a quantidade quanto a qualidade do capital mudaram. O capital físico assumiu a forma de maquinário pesado. Combinadas à organização industrial e ao sistema moderno de educação, novas formas de produção acionaram um crescimento sem precedentes e deslocaram o centro de gravidade de habilidades humanas individuais à organização industrial e à produção em massa. Para possibilitar essa transformação, uma nova dimensão de investimentos financeiros se fez necessária para facilitar a combinação de todos esses componentes.

Dessa forma, a Revolução Industrial acabou dando ao *capital* um novo significado – o significado que hoje associamos à palavra. Adam Smith foi um dos primeiros a enfatizar a expectativa de lucros. Karl Marx utilizou o termo *capital* para descrever a categoria central de sua análise econômica, e descreveu o fluxo do capital partindo de dinheiro (D), passando pelo capital real até retornar ao dinheiro (D'). A diferença entre D e D' era o lucro, o progresso atingido por meio desse ciclo. Marx identificou as contradições inerentes entre as *forças de produção* (como o progresso da produtividade) e as *relações de produção* (como a propriedade) como impulsionadores-chave da transformação e da mudança social.

Na verdade, a evolução da sociedade seguiu uma linha um pouco diferente das previsões da teoria marxista. O capitalismo 2.0, em vez de entrar em colapso devido a suas contradições inerentes, acabou se mostrando extraordinariamente flexível e resistente, reinventando-se na forma do capitalismo 3.0. Assim, ele assumiu a forma de uma economia social de mercado voltada para os stakeholders e que prometia sustentar melhor suas estruturas regulamentares para o ambiente, o trabalho e as finanças. A começar com a legislação de Bismarck nos anos 1870 instituindo a previdência social na Alemanha e prosseguindo com a Federal Reserve Act (lei do Banco Central dos Estados Unidos) de dezembro de 1913 e o New Deal nos anos 30 nos Estados Unidos, toda uma série de inovações regulamentares em muitos países ao redor do mundo ajudou a economia a passar de 2.0 a 3.0. Apesar de esse processo ter levado mais de meio século no Ocidente, na China só levou uma década para passar de uma rede de segurança social (rudimentar) cobrindo apenas 15% da população em 2000 a 95% em 2010 (acrescentando mais de um bilhão de pessoas em uma única década).

A Revolução Industrial nas economias 2.0 foi impelida principalmente pelo crescimento do capital físico e humano. Por sua vez, a ascensão das economias 3.0 veio acompanhada de um crescimento e acumulação de capital financeiro sem precedentes, que impeliram uma desassociação cada vez maior entre a economia financeira e a economia real no decorrer do século XX.[25]

A LACUNA CRESCENTE ENTRE A ECONOMIA FINANCEIRA E A ECONOMIA REAL

Uma razão para o aumento da lacuna entre a economia financeira e a economia real é a vantagem que o capital financeiro tem sobre o capital não financeiro. O capital físico e o capital humano são confinados a locais e a contextos específicos, ao passo que o capital financeiro pode percorrer o mundo. Como Joseph Stiglitz escreveu em *O preço da desigualdade:*

> Imagine, por um momento, como seria um mundo com uma livre mobilidade de mão de obra mas nenhuma mobilidade de capital... No início de sua história, os Estados Unidos apresentavam essas condições, o que levou a um processo bastante diferente do que temos hoje. Os territórios e os novos estados ocidentais da União competiam por colonos com os estados mais antigos da Costa Leste do país. Isso levou, por toda a nação, à expansão dos direitos de voto, ao direito de concorrer a um cargo político e a um emprego no sistema público de educação, o que, por sua vez, contribuiu para a ampla expansão da alfabetização nos Estados Unidos (em comparação com antes e com os níveis europeus).[26]

Hoje em dia, o capital financeiro tende a ser global, ao passo que a mão de obra e o capital físico tendem a ser locais. O capital financeiro pode mudar de proprietário e de lugar em questão de segundos, o que não é possível para a mão de obra e o capital físico. Além disso, o valor do capital físico muitas vezes cai com o uso, ao passo que o valor do capital financeiro (tirando a inflação) não se reduz com o uso. Pelo contrário, por meio do mecanismo dos juros e dos juros compostos, o capital financeiro tende a crescer exponencialmente com o tempo, enquanto o capital físico tende a ser limitado e finito.

Essas diferenças estruturais se traduzem em uma vantagem estrutural do capital financeiro sobre o capital físico que continua a ampliar a desconexão entre a economia financeira e a economia real. Os resultados dessa desconexão ficaram claros na crise financeira de 2007–08. Possibilitada e impelida pela desregulamentação do setor financeiro nas administrações de Reagan e Clinton nos anos 80 e 90, a lacuna entre a economia financeira e a economia real aumentou acentuadamente, como exemplificam os fatos a seguir:

1. *A bolha financeira*. Em 2006, o McKinsey Global Institute (MGI) calculou que os mercados financeiros do mundo estavam tendo dificuldade de encontrar oportunidades de investimento para US$167 trilhões de "liquidez" global.[27] Esse montante não tinha precedentes, representando aproximadamente 3,5 vezes o PIB global agregado de US$52 trilhões na época. O secretário adjunto do Tesouro americano na ocasião, Robert Kimmitt, estimou que o valor chegava a US$190 trilhões.[28]
2. *A bolha dos lucros*. Há uma lacuna crescente entre os lucros do setor financeiro e os do resto da economia. Os lucros do setor financeiro saltaram de menos de 16% de lucros corporativos nacionais (1973–85) a 41% na primeira década do presente século.[29] Embora essa mudança reflita as vantagens do setor financeiro sobre a economia real, um setor financeiro altamente lucrativo em uma economia real com uma base cada vez menor de lucros não é sustentável. O retorno sobre o capital deve ser conquistado na economia real. Em consequência, com um setor financeiro tão mais lucrativo, esse lucro é criado por uma bolha que mais cedo ou mais tarde explodirá e forçará a economia real a arcar com os custos.[30]

3. *A bolha da remuneração*. De acordo com Simon Johnson e James Kwak, "de 1948 a 1979, a remuneração média no setor bancário era basicamente a mesma em comparação com o setor privado... já em 2007, o empregado de um banco ganhava em média duas vezes mais que um empregado do setor privado".[31] Mas o que provoca os mais indignados protestos do público são as bonificações pagas aos banqueiros de investimento. Wall Street pagou US$18 bilhões em bônus de fim de ano a seus empregados da cidade de Nova York em 2008, o ano em que o setor recebeu um resgate financeiro de US$243 bilhões do governo americano.[32]

A lacuna entre o capital financeiro de US$190 trilhões em busca de oportunidades de investimento altamente lucrativas e uma economia real e um setor social sem acesso ao capital financeiro necessário para operar e crescer ocupa o centro da crise econômica mundial.[33] Ela se relaciona com o problema que discutimos anteriormente, o fato de que as transações de câmbio internacional de US$1,5 quadrilhão chegam a ser 75 vezes maiores que o comércio internacional.[34] As consequências desse problema se manifestam em todas as dimensões dos três divisores. Além disso, a economia real está tendo cada vez mais dificuldades de competir com as expectativas de lucro que uma economia financeira artificialmente inflacionada impõe sobre todos os outros agentes econômicos. Microempresas e empresas de médio porte acabam se conseguirem empréstimos acessíveis, apesar de criarem a maior parte dos novos empregos que se fazem tão desesperadamente necessários hoje.

O resultado é uma situação comparável a um sistema circulatório que leva todo o sangue para a cabeça em detrimento de todos os outros órgãos. Alguma coisa nesse sistema está quebrada e precisa ser consertada. O dinheiro faz para a economia o que o sangue faz para o corpo humano: ele mantém o sistema em funcionamento, conectado e vivo. Se esse sistema circulatório for deficiente, a saúde da economia como um todo é colocada em risco.

A reação 3.0 a essas crises é aumentar a quantidade e a qualidade das regulamentações, inclusive (1) reduzir o tamanho dos bancos para que eles não sejam mais capazes de tomar um país inteiro como refém (sendo "grandes demais para cair"); (2) regulando produtos financeiros (restringindo os derivativos); (3) tributando transações financeiras especulativas; e

(4) separando os negócios bancários essenciais do negócio de investimento para que os investimentos arriscados não coloquem mais em risco os serviços bancários essenciais, especialmente empréstimos a empresas de pequeno e médio porte e aos inovadores.

No entanto, essas regulamentações mal chegam a arranhar a superfície do profundo problema subjacente e dos mitos que nos impedem de enxergar a nova realidade do capital e do dinheiro.

EM BUSCA DO 4.0

Precisamos dar início a um diálogo sério sobre o papel do capital e do dinheiro na economia do século XXI. Para isso, sugerimos quatro proposições que questionam a sabedoria convencional que aprisiona o nosso modo de pensar em um modelo antiquado.

1. *O sistema financeiro é eficiente demais.* O maior problema do nosso sistema financeiro atual, de acordo com Bernard Lietaer, autor de *The Future of Money*, é que ele é eficiente demais.[35] O sistema tem um foco estreito na lucratividade financeira de curto prazo, desconsiderando seus efeitos colaterais negativos sobre as pessoas e o planeta. O resultado desse sistema é uma economia que transforma as nossas empresas em máquinas concebidas para gerar lucros financeiros e externalidades negativas em um nível sem precedentes, comprometendo a saúde, a resiliência e a capacidade de sobrevivência do sistema no futuro. Em comparação com os mercados na economia real, o setor financeiro negocia um bem que não passa de um construto legal e, em consequência, segue regras diferentes das aplicáveis a outros produtos e serviços negociados na economia. A diretriz "o que é bom para o setor financeiro é bom para o país e para a economia como um todo" ou, no caso dos Estados Unidos "o que é bom para Wall Street é bom para a América", não é verdadeira, como ficou dolorosamente patente quando as retrações financeiras destruíram aproximadamente US$50 trilhões em capital[36] e cerca de 30 milhões de empregos ao redor do mundo entre 2007 e o final de 2009.[37] Em vez de aumentar a eficiência de um setor de serviços financeiros que extrai lucros gerando uma bolha após a outra, o que

precisamos é de um mercado financeiro voltado para *satisfazer* as necessidades da economia real.

2. *Dinheiro e capital não são a mesma coisa.* O capital é uma capacidade empreendedora que impele a economia e impulsiona o processo transformativo da criação de valor. O capital financeiro permite que os empreendedores peguem uma ideia e a transformem em ações: contratar pessoas, criar o produto vislumbrado e construir a infraestrutura necessária para manter um negócio. Nos termos do economista Joseph Schumpeter, esse processo é a "destruição criativa".[38] O que a impele, segundo Schumpeter, é o empreendedor. Schumpeter acreditava que o capitalismo acabaria se autodestruindo ao substituir os empreendedores por corporações cada vez maiores e mais burocráticas.[39] Apesar de muitas pessoas considerarem essa previsão provável, há uma força ainda mais profunda em ação que impulsiona a atividade empreendedora e a criação de valor em todos os setores da sociedade. É a força da *criatividade* – a criatividade individual e coletiva, que acreditamos ser a fonte definitiva de todo capital e criação de valor.

   A redefinição de uma economia financeira pós-bolha requer uma transformação do fluxo de dinheiro para que ele *promova* a concretização dos nossos recursos criativos em todos os setores da sociedade. Precisamos conscientizar das externalidades os nossos fluxos de dinheiro e capital. Em outras palavras, a economia precisa passar de 3.0 a 4.0.

3. *O dinheiro não é uma commodity.* Um levantamento conduzido em 2010 no Reino Unido revelou que 66% dos participantes da pesquisa não sabiam qual parcela de sua conta-corrente era utilizada de várias maneiras pelo banco.[40] Apesar da grande importância de Londres como um centro financeiro global, para a maioria das pessoas o funcionamento do sistema monetário é um grande mistério. Grande parte do nosso sistema bancário atual se baseia na crença de que o dinheiro é uma commodity. Para desbancar essa crença, vamos fazer um breve passeio pela história do dinheiro como uma peça teatral em quatro atos, percorrendo os paradigmas econômicos de 1.0 a 4.0.

   Prólogo (0.0): físico. Inicialmente, o "dinheiro" tinha diferentes formas físicas, como grãos, prata, ouro ou sal – objetos materiais que tinham um valor inerente.

Ato 1.0: representacional. O dinheiro passa do valor físico do ouro ou da prata a um valor representacional na forma de um construto legal ou social com base na premissa de que os agentes econômicos aceitarão a representação como uma forma consensual de pagamento.

Ato 2.0: commodity. O dinheiro se transforma em uma commodity de mercado. Isso acontece quando os bancos privados começam a criar dinheiro com o objetivo primário de ganhar lucros. Apesar de isso inicialmente injetar muito mais dinheiro na economia, impelindo, dessa forma, o crescimento e o desenvolvimento, mais cedo ou mais tarde a economia financeira e a economia real começam a se dissociar gradativamente.

Ato 3.0: commodity regulada. Na qualidade de uma commodity, o dinheiro se transforma em um veículo para a criação de bolhas financeiras. No momento em que a bolha estoura, a economia real se desestabiliza e todos pagam o preço. A resposta a essas crises são regulamentações como a Lei Glass-Steagall de 1933, que se seguiu à quebra do mercado de ações de 1929, e a Basileia III, que se seguiu ao colapso do mercado de 2007–08. O mercado lida com o dinheiro como uma commodity regulada. As regulamentações visam assegurar que os erros do passado não se repitam. Nesse sentido, elas são eficazes. O problema da maioria das regulamentações é que elas só olham em uma direção: para o passado. Elas resolvem o problema da bolha de ontem mas normalmente são incapazes de se adiantar à próxima bolha.

Ato 4.0: dinheiro para a concretização da criatividade intencional. Esse ato ainda está sendo escrito na história emergente do dinheiro. Ele diz respeito à utilização do dinheiro para atingir a *criatividade coletiva intencional.* A história do dinheiro é uma história da consciência – em outras palavras, uma história de graus cada vez mais elevados de conscientização e intenção. O dinheiro físico (0.0) tem o próprio valor intrínseco. O dinheiro representacional (1.0) recebe seu valor por meio de um construto social com o qual os players econômicos concordam. O dinheiro como uma commodity (2.0) é utilizado de maneira ainda mais intencional por alguns (os banqueiros), mas infelizmente não pelos outros participantes do processo econômico. A regulamentação (3.0) aumenta o número de stakeholders que comodelam intencionalmente o uso sistêmico do dinheiro. A ascensão de todo o lado da demanda ou da economia keynesiana é um bom exemplo dessa escola de pensamento: fazer os aspectos sistêmicos do dinheiro trabalharem em benefício do todo. No entanto, mesmo assim, muitos players permanecem excluídos do processo. O dinheiro 4.0, que ainda não existe, maximizaria a capacidade de todos os agentes econômicos de influenciar a utilização sistêmica do dinheiro de maneiras mais intencionais, coletivas e criativas.

O maior propósito do dinheiro 4.0 e do capital 4.0 é reconectar a *criação do dinheiro à intenção empreendedora nas nossas comunidades.* A função de todo o dinheiro e dos mecanismos financeiros é servir a economia real –, isto é, promover o bem-estar de todos abrindo um espaço para a criatividade individual e coletiva. O dinheiro e o capital são condições capacitadoras da nossa economia para a criação de produtos e serviços que satisfazem as necessidades da comunidade. Mas eles não são produtos (ou commodities) por si só. Isso significa que precisamos vincular sua governança de maneira mais intencional à evolução das nossas necessidades e sistemas. De que tipos de dinheiro e financiamento as empresas e os empreendedores sociais precisam? E como podemos proporcionar acesso ao capital a todos os grupos e pessoas criativas da sociedade – em especial a próxima geração de empreendedores?

O problema do mercado financeiro não é só que ele requer mais regulamentação, mas também o fato de as nossas instituições bancárias operarem em um mundo 4.0 emergente com uma mentalidade e um kit de ferramentas 2.0. O maior problema não é a ganância de alguns banqueiros individuais, mas o design do sistema. Um sistema financeiro do século XXI precisa ser concebido de acordo com princípios de justiça, inclusão, transparência e eficácia tendo em vista a economia real – sendo que nenhum desses princípios faz parte do design dos nossos sistemas financeiros atuais.

Um sistema 4.0 incorporaria esses princípios. Os fluxos de dinheiro e capital seriam redirecionados da bolha de US$190 trilhões de capital em busca de lucros a setores da sociedade hoje subfinanciados – basicamente todo o lado *regenerativo* da economia: inovação, educação, saúde, sustentabilidade e os recursos comuns ambientais, sociais e culturais.

O dinheiro 4.0 requer não apenas regulamentação como também uma conscientização do todo em constante evolução de um dado sistema econômico e uma conexão com esse todo. Alguns primeiros exemplos dessa nova estirpe de bancos são o Triodos Bank e o GLS Bank, ambos europeus, e o BRAC Bank, em Bangladesh. O Triodos e o GLS Bank garantem aos clientes que os depósitos serão investidos em empreendimentos ecológicos e sociais. Cem por cento dos empréstimos são divulgados, por exemplo, em um mapa interativo do Google, para gerar transparência. O BRAC Bank, o terceiro maior banco de Bangladesh, foi fundado em 2001 com o objetivo de atender o "meio perdido", os empreendimentos de médio porte que criam as oportunidades de emprego tão desesperadamente necessárias. Esses bancos desenvolvem produtos financeiros que se voltam para os principais desafios de sua sociedade: ferramentas financeiras para energia regenerativa; empréstimos para empreendedores que ainda operam em grande parte com dinheiro vivo; e sistemas de serviços bancários telefônicos que permitem que famílias que vivem em regiões rurais remotas recebam com eficiência transferência de renda de parentes morando em outras regiões ou no exterior. Todas essas inovações são exemplos de um setor financeiro a serviço da economia real.

4. *Dinheiro não equivale a dinheiro*. Qualquer transferência de dinheiro não apenas é um ato técnico como também se reflete na economia real por meio de uma de quatro ações possíveis:[41]
   a. *Fazer uma transação especulativa*. Transações especulativas mantêm o dinheiro no setor financeiro sem retorná-lo à renovação dos recursos comuns ecológicos, sociais ou culturais. A especulação resulta na criação de bolhas financeiras que, quando explodem, prejudicam em vez de beneficiar a economia real.
   b. *Fazer uma compra*. Comprar um bem ou serviço é uma transação econômica claramente definida pelo tempo e pela localização. Quando ambos os lados concordam com a transferência, a transação é concluída.
   c. *Fazer um empréstimo*. Usar o dinheiro para conceder um empréstimo tem uma qualidade diferente de uma compra. Será que o tomador do empréstimo será capaz de quitar a dívida? Qual é a finalidade do empréstimo? O tomador do empréstimo teve sucesso

no passado? A ideia empreendedora do tomador do empréstimo tem um mercado e é necessária? Quanto tempo o empréstimo levará para ser pago? Um empréstimo (1) estende o horizonte de tempo da transação, (2) aprofunda a investigação do tomador de empréstimo e do modo como o dinheiro será utilizado; e (3) requer uma avaliação da capacidade futura do tomador de empréstimo de quitar a dívida. Tudo isso também sugere que um empréstimo feito somente com fins de consumo não faz muito sentido, já que o investimento não cria qualquer excedente de capital.

d. *Presentear alguém.* O dinheiro dado de presente em geral é ignorado no discurso econômico. Presenteamos os nossos filhos com dinheiro quando pagamos pela educação deles ou presenteamos uma instituição de caridade com dinheiro quando fazemos uma doação. Não esperamos um retorno monetário, mas o presente possibilita que outras pessoas concretizem seu potencial. O dinheiro dado de presente exerce um importante papel regenerativo num sistema econômico que ainda não é bem compreendido.

Do ponto de vista dos recipientes, esses quatro tipos de transações financeiras causam impactos muito diferentes na economia real: (a) Uma transação especulativa tende a prejudicar os agentes da economia real no longo prazo porque eles acabam pagando o preço da volatilidade irracional e da retração que se seguem ao rompimento da bolha. (b) Em uma compra, o vendedor deve entregar exatamente o que o cliente quer, o que dá ao recipiente um grau limitado de liberdade. (c) Em um empréstimo, o tomador de empréstimo pode usar livremente o dinheiro para concretizar sua ideia empreendedora. (d) Um presente possibilita que o presenteado invista no futuro sem ser restrito pela lucratividade imediata, o que constitui o maior grau de liberdade. Diferentemente do que sustenta a sabedoria convencional, um dinheiro dado de presente muitas vezes gera a maior produtividade no longo prazo por permitir que os presenteados sintam e concretizem radicalmente o futuro que emerge em vez de se restringir a satisfazer as expectativas dos financiadores ou de outros stakeholders que tendem a ser motivados por perspectivas e indicadores do passado.

O problema estrutural mais profundo da crise financeira atual se enquadra em duas categorias. Em primeiro lugar, há atividade demais no âmbito do dinheiro de nível 1: a esfera especulativa da criação de valor *fictício*. E, em segundo lugar, há atividade insuficiente no âmbito do dinheiro de nível 4: isto é, na economia de doação que possibilitaria que uma nova estirpe de empreendedores e empreendedores sociais regenerasse uma economia com uma missão social que beneficiasse a todos. Em resumo: precisamos transferir o dinheiro do nível 1 (a especulação da egoesfera) ao nível 4 (a renovação social da ecoesfera).

A teoria econômica enfatiza acertadamente a importância dos investimentos e a importância estrutural dos empréstimos para a inovação e o empreendedorismo. Entretanto, o que os economistas atualmente não compreendem tão bem é a produtividade ainda maior da economia de doação, bem como o impacto tóxico de uma economia de cassino inchada e motivada pela especulação em vez de promover o desenvolvimento da economia real. Algumas exceções notáveis, como Amartya Sen, Joseph Stiglitz, Juliet Schor, Paul Krugman, Raghuram Rajan, Riane Eisler e Simon Johnson, confirmam a regra.

É o que chamamos de economia ecossistêmica cocriativa, que inclui o reinvestimento contínuo de dinheiro fluindo do setor financeiro a modos não financeiros de formação de capital, isto é, o capital natural, humano, social e cultural/criativo. Um melhor equilíbrio entre essas esferas de atividade monetária ocupa o centro do sistema financeiro 4.0.

VISLUMBRANDO O NOSSO FUTURO: CAPITAL COLETIVAMENTE CRIATIVO

As ideias que discutimos aqui não são ideais abstratos possíveis apenas em um futuro distante. Elas já estão sendo colocadas em prática e testadas em muitos lugares em todo o planeta. Veja alguns exemplos:

GLS Bank e Triodos Bank

Dois bancos europeus, como observamos anteriormente, nos proporcionam vislumbres de um modelo 4.0 emergente de instituições financeiras: o GLS Bank na Alemanha e o Triodos Bank holandês com filiais em seis países europeus. Os dois bancos oferecem financiamento a inovadores que atuam em ramos ecológicos e sociais. Seus produtos financeiros inovadores beneficiam empreendedores que se voltam para solucionar desafios sociais e econômicos prementes. Esses bancos operam de acordo com os princípios do *triple bottom line* e da transparência e seus clientes sabem que 100% de seus depósitos são utilizados em investimentos ecológicos e sociais.

BRAC Bank

Praticamente todos os bengalenses conhecem a história do desenvolvimento da ONG BRAC. Fundada em 1974, atualmente ela tem operações em 10 países ao redor do mundo. Em Bangladesh, 5 milhões de crianças se formaram em uma das 32 mil escolas da BRAC; seu programa de saúde beneficia 92 milhões de pessoas no país; e, desde 1974, a BRAC tem desenvolvido um setor de microfinanciamento com atuação tanto em Bangladesh quanto em oito outros países. No entanto, a ONG percebeu que o microfinanciamento não era o suficiente. Para que os empreendedores tivessem sucesso e crescessem, eles precisavam de empréstimos que iam além do microfinanciamento. Assim, os fundadores da ONG decidiram abrir o BRAC Bank para atender esse segmento de mercado negligenciado pelos bancos convencionais, concentrando-se principalmente em conceder empréstimos maiores e acessíveis por um processo padronizado de solicitação de empréstimo. Essa visão levou o BRAC Bank a inventar um novo modelo de negócio que lhes permite atender microempresas e empreendedores "sem banco". São essas microempresas que criam novos empregos, combatendo a pobreza em suas raízes.[42]

MOEDAS COMPLEMENTARES

Um movimento global, em grande parte ignorado, está ocupado em criar moedas complementares. As moedas complementares são moedas locais e regionais que complementam uma moeda nacional (ou regional). Um exemplo é o Chiemgauer, uma moeda local criada em 2003 no sul da Alemanha para promover o comércio local; o sistema tem 2.700 participantes, inclusive 750 empresas. Outro exemplo é o LET (Local Exchange Trading – Sistema de Vales Comerciais em Moeda Local) fundado nos anos 80, no Canadá. Existem sistemas similares em mais de 15 países. No Japão, uma moeda local chamada *kurin* possui cerca de 570 participantes.[43]

O principal objetivo de todas essas iniciativas é fortalecer a economia local criando um sistema que promova as transações econômicas locais e regionais. Só empresas locais aceitam a moeda; os participantes podem prestar serviços em troca da moeda; e como a moeda não é aceita fora da região, há um incentivo para gastá-la mais rapidamente que a moeda nacional. O resultado é um aumento no volume de transações locais.

Em 1932, Worgl, uma cidadezinha da Áustria, conduziu um famoso experimento com moedas complementares. Diante da hiperinflação e altas taxas de desemprego, o prefeito, Michael Unterguggenberger, emitiu uma moeda local que os cidadãos poderiam utilizar para pagar por projetos de infraestrutura e que seria aceita pelas empresas locais. Em consequência, o desemprego caiu e a economia local se estabilizou. Quando esse modelo começou a ser replicado em outras cidades, o governo central interviu e baniu as moedas locais, alegando que só os governos nacionais podiam emitir moeda.

Exemplos de moedas complementares sugerem que elas são mais eficazes quanto mais forem incorporadas em uma estrutura local em funcionamento e quanto mais a economia em geral estiver em uma situação de crise (como em 1932). Dessa forma, as moedas complementares podem ser vistas como um investimento na resiliência de um sistema.

CONCLUSÃO: EXIGINDO A NOSSA POSSE DO CAPITAL

O desafio econômico central nos dias de hoje reside na crescente desconexão entre a economia real e a economia financeira. Essa desconexão se origina no modo como pensamos sobre o dinheiro e o capital. A sabedoria convencional concebe o dinheiro e o capital com base em quatro mitos: (1) mercados financeiros eficientes beneficiam a economia; (2) capital é dinheiro; (3) o dinheiro é uma commodity; e (4) dinheiro equivale a dinheiro. À primeira vista, essas afirmações parecem fazer sentido. No entanto, se pararmos para pensar, percebemos que todas estão absolutamente equivocadas. Na verdade, precisamos de:

1. novas ferramentas para monitorar e mensurar um abrangente impacto econômico e social em todos os quatro níveis do dinheiro e seus usos (especulação, compra, empréstimo e presentes) para aumentar a transparência e a conscientização do impacto;

2. um conceito de capital que reconecte a verdadeira criação do capital com sua fonte: a criatividade coletiva de todos os agentes de uma comunidade econômica;
3. um conceito de dinheiro que derrube a ficção da commodity e dote a criação do dinheiro de transparência e alinhamento com a intenção empreendedora de uma comunidade; e
4. um equilíbrio mais saudável entre as quatro esferas de ações relacionadas ao dinheiro, atingido pela eliminação do nível 1 (a economia de cassino) e pelo fortalecimento do nível 4 (a economia de doação), permitindo que mais pessoas identifiquem e concretizem seu pleno potencial empreendedor.

Uma economia 4.0 também reconectaria as intenções individuais de todos os agentes com uma intenção compartilhada. Já existem exemplos individuais de instituições financeiras que começaram a operar dessa forma, mas, no grande esquema das coisas, esses casos isolados só afetam uma minúscula parcela do capital total alocado atualmente. A Global Alliance for Banking on Values, uma rede composta de 20 instituições financeiras voltadas para reconectar as finanças com uma intenção compartilhada de promover mudanças sociais positivas, constitui um exemplo positivo.

4. Tecnologia: reconectando a tecnologia com a criatividade coletiva

Toda criação de valor econômico envolve a aplicação do conhecimento e da tecnologia. Isso se aplica tanto para a lavoura quanto para a produção industrial e pós-industrial. Apesar de as ferramentas tecnológicas terem melhorado enormemente a vida das pessoas, nas últimas décadas os sistemas tecnológicos também têm causado problemas.

A JORNADA DE 1.0 A 3.0: FERRAMENTAS, MÁQUINAS E SISTEMAS

A tecnologia evolui em ondas (veja a Tabela 3). A primeira onda veio na forma de ferramentas (1.0). Os seres humanos desenvolveram ferramentais que lhes permitiram melhorar o que poderia ser feito fisicamente com o próprio corpo. Exemplos simples incluem o machado, a pá, o arado e a faca.

A segunda onda tecnológica veio na forma de máquinas (2.0). O motor a vapor, ferrovias e invenções nas indústrias têxtil e metalúrgica levaram a toda uma série de máquinas inter-relacionadas que impeliram a primeira Revolução Industrial e substituíram a mão de obra física por máquinas a carvão. Essas máquinas possibilitaram um aumento extremamente acelerado dos níveis de produtividade.

A próxima onda veio na forma da Segunda Revolução Industrial (energia baseada em petróleo, o motor a combustão, a indústria petroquímica) e transformou a manufatura de máquinas individuais na produção automatizada centrada no sistema. Embora as máquinas individuais ainda precisem de operadores humanos, no mundo 3.0 muitos operadores foram substituídos pela automação na forma de um algoritmo matemático. As linhas de produção automatizadas de hoje em fábricas de automóveis constituem um exemplo impressionante e intrigante dessa onda 3.0 de tecnologia avançada de manufatura.

Os imperativos do mundo dos sistemas industriais, nas palavras do sociólogo alemão Jürgen Habermas, começaram a "colonizar o mundo da vida", isto é, a *experiência* que as pessoas têm na vida e no trabalho.[44] A principal força impulsionadora das tecnologias 3.0 é uma visão centrada no sistema na qual especialistas funcionais controlam os algoritmos-chave do todo e as massas de usuários desses sistemas muitas vezes se sentem impotentes e incapazes de alterar as especificações básicas do design. Pense nos sistemas automatizados de "atendimento ao cliente" de grandes empresas que o obrigam a informar os mesmos dados quatro vezes antes mesmo de conseguir falar com uma pessoa de verdade – é essa a sensação do mundo centrado no sistema. A produção em massa e o consumo em massa penetram todos os aspectos da sociedade.

Por fim, a quarta onda de inovação tecnológica está prestes a levar a outra Revolução Industrial que combina as tecnologias de informação e comunicação com a energia renovável, as redes inteligentes e tecnologias sociais baseadas na conscientização: um direcionamento mais centrado no ser humano para a produção e a utilização. Da mesma forma como as máquinas 2.0 assumiram o papel dominante das ferramentas 1.0 por meio da utilização da energia, e os sistemas automatizados 3.0 assumiram a dominância das máquinas 2.0 por meio da aplicação de algoritmos matemáticos, hoje vemos as tecnologias 4.0 começando a assumir a dominância das antigas tecnologias centradas no sistema.

Chamamos essa quarta onda emergente de tecnologia *centrada no ser humano* ou *centrada na vida* porque ela se organiza em torno do *empowerment* das experiências humanas individuais e coletivas: isto é, em torno do processo essencial de se conscientizar e das ações que resultam dessa conscientização. Aplicado à tecnologia, isso significa deslocar o *locus* da invenção tecnológica de otimizar sistemas abstratos a comodelar um processo humano criativo que leve a uma revolução das experiências das pessoas com o sistema, umas com as outras e consigo mesmas.

A verdadeira mudança disruptiva tem pouca relação com a computação em nuvem ou um processamento de dados mais rápido, constituindo a transição da otimização de funções sistêmicas abstratas ou "imperativos sistêmicos", nas palavras de Habermas, à criação de um *campo compartilhado de conscientização humana* promovendo uma nova qualidade de empreendedorismo cuja *ação é suprida a partir do todo emergente.*[45] Chamamos essa jornada transformativa de processo U.

Jeremy Rifkin se refere à convergência das novas tecnologias de informação e comunicação e da biotecnologia, nanotecnologia, energia renovável e redes inteligentes com a Terceira Revolução Industrial.[46] Da mesma forma como as ondas tecnológicas anteriores criaram uma esfera econômica que reflete e estende as funções mecânicas (1.0), motorizadas (2.0) e sistêmicas (3.0) do ser humano, o foco das nossas inovações tecnológicas atuais parece duplicar e estender as funções cognitivas e comunicativas (4.0). À medida que testemunhamos o fortalecimento das conexões entre seres humanos e máquinas e entre máquinas e máquinas, uma questão vem à tona: Para onde essa jornada está nos levando?

POR QUE O FUTURO NÃO PRECISA DE NÓS

Um cenário levantado nesse contexto é a noção popularizada pelo filme *Matrix*: um futuro dominado pelas máquinas. Alguns anos antes do lançamento da trilogia *Matrix*, Bill Joy, então cientista chefe da Sun Microsystems, nos lembrou, em seu artigo brilhante "Why the Future Doesn't Need Us" ("Por que o futuro não precisa de nós"), que o domínio das máquinas não é apenas uma ficção científica: "Nossas tecnologias mais poderosas do século XXI estão ameaçando fazer dos seres humanos uma espécie em perigo de extinção." E ele prosseguiu: "As experiências dos cientistas no campo da energia atômica mostram claramente a necessidade de assumir responsabilidade pessoal, o perigo de a situação avançar com rapidez demais e o modo como um processo pode assumir vida própria. Como eles, nós também podemos criar obstáculos insuperáveis praticamente em um piscar de olhos. Devemos parar para refletir se não estamos a caminho de sermos surpreendidos e chocados de maneira similar pelas consequências das nossas invenções."[47]

EM BUSCA DO 4.0

Quais são os pré-requisitos da passagem da tecnologia 3.0 (centrada no sistema) à 4.0 (centrada no ser humano e na vida)? Veja a seguir quatro sugestões para dar início ao diálogo.

1. *Derrubar o mito da liberação.* Pouco tempo atrás estávamos engajados em sérias discussões sobre o que fazer com todo o tempo livre possibilitado pelas novas tecnologias de comunicação, produção e domiciliares. Se tivéssemos mantido o nível de consumo material dos anos 50, precisaríamos de uma semana de trabalho de apenas 11 horas por pessoa ou empregado para produzir o output necessário.[48] No entanto, a nossa realidade atual é claramente muito diferente. Atualmente a nossa vida é mais agitada do que nunca. Não apenas trabalhamos mais como temos dificuldade de controlar o nosso tempo. Cada momento do dia é sujeito a interrupções por vários dispositivos de comunicação. Parece claro que a tecnologia faz mais do que liberar. Pense na ideia a seguir, exibida em um pôster que um amigo da Indonésia nos enviou: "A vida era muito mais fácil quando a Apple e o BlackBerry eram apenas frutas."

   Pense na nossa atenção e na nossa capacidade de prestar atenção como o espaço sagrado que queremos valorizar, proteger e cultivar por ser nossa fonte de energia e bem-estar. Sabemos muito bem o quanto a atenção é importante, ainda mais se considerarmos as ponderações que apresentamos anteriormente. Então, qual é a situação atual do nosso espaço sagrado? *Sob ataque!*

Já sabemos que o multitasking é um mito. Quando realizamos mais de uma tarefa "de uma vez", só reduzimos o tempo dedicado a cada uma. A tecnologia não libera, são as pessoas que liberam. Primeiro precisamos mudar a mentalidade e a conscientização com as quais utilizamos as nossas tecnologias. Se utilizarmos a tecnologia em um ambiente 4.0 mas operarmos com uma mentalidade 3.0, 2.0 ou 1.0, continuaremos a provocar o caos ao nosso redor e internamente, dentro de nós mesmos.

Para desenvolver e utilizar as tecnologias avançadas também precisamos promover a conscientização interior com a qual essas tecnologias são aplicadas. Se formos capazes de fazer isso, a tecnologia pode, de fato, se tornar uma força liberadora. Mas se não conseguirmos, geraremos uma série de imperativos e dependências sistêmicas que criará um sistema ao nosso redor que, mais cedo ou mais tarde, não vai mais "precisar de nós", como Bill Joy explica de maneira tão sucinta.[49] Em resumo, o fato de a tecnologia ser uma força de liberação ou uma força de dependência depende do lugar interior – da qualidade da conscientização – a partir da qual operamos.

2. *Derrubar o mito da panaceia tecnológica.* Independentemente do desafio social em discussão, normalmente ouvimos duas respostas ou sugestões para lidar com ele. Um grupo sugere que a aplicação de alguma nova tecnologia resolverá o problema. Esse é o grupo da "panaceia tecnológica". O outro grupo acredita que a tecnologia pode ser necessária mas não é suficiente e que uma mudança mais profunda é imprescindível. Essa mudança mais profunda inclui transformar nossa mentalidade e nossa conscientização.

Apesar dos muitos fracassos da tecnologia, a crença de que ela será capaz de resolver, num passe de mágica, nossas crises globais e locais, inclusive os problemas de água, alimento, energia, saúde e sustentabilidade, está mais forte do que nunca. O maravilhoso apelo da noção de que a tecnologia resolverá o problema é que a solução parece fácil. Ela não requer que nos voltemos para os problemas fundamentais ou nos envolvamos em um profundo processo de transformação. Mudanças climáticas? Sem problema! Basta aplicar alguma solução da geoengenharia, como um escudo global envolvendo o planeta e impedindo que os raios do Sol prejudiquem a Terra.[50]

3. *Reconectar os investimentos em P&D com as necessidades sociais prementes.* Hoje em dia, os investimentos globais em pesquisa e desenvolvimento (P&D) giram em torno do US$1,2 trilhão. O indicador de Gastos Internos Brutos em P&D (GBPD) consolida os gastos em P&D do setor privado, do setor público, das universidades e do terceiro setor. Como era de se esperar, os países industrializados respondem por mais de 70% do GBPD.[51] Isso tem implicações para os tipos de tecnologias e inovações que resultam desses investimentos. As inovações urgentemente necessárias para melhorar a vida em países não industrializados não são muito pesquisadas. Os investimentos em P&D são motivados por expectativas de lucratividade e/ou decisões políticas – as pesquisas militares, por exemplo. Relativamente pouca pesquisa é realizada para investigar curas para doenças negligenciadas. Noventa por cento da produção industrial no setor da saúde se concentra em doenças não transmissíveis, predominantes em países desenvolvidos, negligenciando, por exemplo, as doenças tropicais, que predominam em populações de baixa renda em países não industrializados. Essa desigualdade resulta na chamada lacuna 90/10.[52] As doenças negligenciadas são evitadas pela indústria farmacêutica devido ao fato de o retorno sobre o investimento ser tão baixo.
4. *Liderar a Terceira Revolução Industrial.* A tecnologia é uma das forças mais poderosas da atualidade. Mas qual será a natureza mais profunda dessa força?

   O filósofo alemão do século XX, Martin Heidegger, acompanhou o progresso dessa questão em sua obra. Ele observou que a raiz da palavra *tecnologia* remonta da palavra grega *techne*, que significa "arte". Arte é uma realização do processo criativo. Dessa forma, a fonte da tecnologia nos leva à fonte da criatividade. Dessa perspectiva, é possível diferenciar entre dois tipos de tecnologia: tecnologias que são (do ponto de vista do usuário) *valorizadoras* da criatividade e tecnologias que são *depreciativas* da criatividade.

   De acordo com essa distinção, o critério fundamental para as políticas públicas e os investimentos públicos futuros na tecnologia poderia ser o seguinte: A utilização de uma tecnologia específica *promove* ou *reprime* a nossa criatividade? Por exemplo, estamos transformando os usuários da tecnologia em receptores passivos de conteúdo produzidos por terceiros ou estamos dotando de *empowerment* os usuários da tecnologia para cocriar o próprio conteúdo e compartilhá-lo?

E que diferença faz essa distinção? Pense a respeito. Ela coloca em foco o fato de estarmos valorizando ou depreciando nosso reservatório de criatividade coletiva humana e de vida – que, no fim das contas, constitui a fonte definitiva de todas as formas de capital econômico.

VISLUMBRANDO O NOSSO FUTURO: LIBERANDO A INTELIGÊNCIA COLETIVA DISTRIBUÍDA

Onde podemos ver as sementes do futuro? Veja alguns exemplos:

Wikipédia

A Wikipédia, que convida toda e qualquer pessoa a cocriar coletivamente a enciclopédia, foi lançada em janeiro de 2001. No primeiro ano, 20 mil entradas foram postadas; três anos depois, o pool de artigos superou a marca de 1 milhão em 100 idiomas. Dez anos depois de sua fundação, a Wikipédia contava com 19,7 milhões de artigos e se tornou o sétimo site mais popular do mundo.[53] Em 2002, a Wikipédia decidiu não aceitar anúncios publicitários, escolhendo a fundação como sua constituição jurídica e dependendo de doações para manter suas operações. Em uma de suas primeiras campanhas de levantamento de fundos, em 2005, a fundação angariou US$94 mil; na campanha de 2011, US$16 milhões foram angariados.

Linux

Em 25 de agosto de 1991, em Helsinki, Linus Torvalds ficou tão frustrado com os sistemas operacionais existentes que começou a desenvolver o próprio sistema, que anunciou com a seguinte mensagem de e-mail:

> Olá a todos os usuários do MINIX...
>
> Estou desenvolvendo um sistema operacional (livre) (é só um hobby, ele não será grande e profissional como o GNU) para clones AT 386(486). Ele está sendo desenvolvido desde abril e está quase pronto. Gostaria de

receber qualquer opinião e comentário sobre o que as pessoas gostam/não gostam... Isso quer dizer que conseguirei algo prático dentro de poucos meses e gostaria de saber quais recursos a maioria das pessoas gostaria que o sistema tivesse. Quaisquer sugestões são bem-vindas, mas não prometo que eu vá implementá-las :)

Linus (torvalds@kruuna.helsinki.fi)[54]

Vinte anos depois, o projeto que ele anunciou naquele e-mail se transformou em um dos sistemas operacionais de maior sucesso do mundo e revolucionou uma indústria bilionária. Como isso aconteceu? A decisão inicial de Linus de desenvolver o processo todo em um formato de código aberto permitiu que todos os desenvolvedores utilizassem o código para todos os fins (comerciais e não comerciais), adaptassem o sistema às necessidades específicas dos usuários e compartilhassem suas versões modificadas com toda a comunidade. Essa abordagem lhe permitiu passar de um e-mail em 1991 a uma comunidade global colaborativa de desenvolvedores representando a maioria dos países e culturas do mundo; uma fundação coordena a evolução e o fomento dessa comunidade global.

O que esses exemplos têm em comum? Eles não mais concebem e entregam produtos aos usuários, mas, sim, criam uma plataforma na qual uma comunidade distribuída de usuários e desenvolvedores cocriam eles mesmos o conteúdo ou os produtos (apps). Assim, os usuários passam de receptores passivos de produtos e serviços a cocriadores, coautores e também cousuários.

CONCLUSÃO: EXIGINDO O NOSSO ACESSO A TECNOLOGIAS CAPACITADORAS

Ao longo da história, a tecnologia se transformou de uma ferramenta a uma máquina e de uma máquina a um sistema automatizado. Hoje estamos à beira do próximo salto de inovação tecnológica, que pode nos levar de tecnologias centradas no sistema a tecnologias centradas no ser humano ou na vida que podemos influenciar e dotar de significado. Se conseguirmos dar esse salto, promoveremos a utilização de tecnologias fomentadoras da criatividade que facilitam a cossensibilização, a cocriação e a coutilização.

Para tanto, precisaremos formar algumas comunidades intencionais de criação, como a que Torvald criou com um simples e-mail. Para criar essas comunidades com mais frequência, mais deliberação e mais inclusão, precisamos de mais pessoas e espaços acolhedores. Essas comunidades de criação, uma vez formadas, podem exercer um enorme impacto sobre a jornada deste século.

5. Liderança: reconectando a liderança com o futuro que emerge

Todos nós sabemos o que a ausência de liderança implica: criamos coletivamente resultados que ninguém quer. A menos que consigamos regenerar radicalmente a nossa capacidade de liderança hoje, nenhum dos outros tópicos discutidos neste livro terá qualquer possibilidade de ser implementado.

A JORNADA DE 1.0 A 3.0: CHICOTES, CENOURAS E NORMAS

A essência da liderança sempre foi perceber e concretizar o futuro. É uma questão de cruzar fronteiras e adentrar em um novo território, em um futuro diferente do passado. A raiz indo-europeia *leith* da palavra *leadership* – *liderança* em inglês – significa "ir adiante", "cruzar um limiar" ou "morrer".[55] "Deixar ir" muitas vezes é como morrer. Esse profundo processo de liderança, de deixar ir e deixar o novo e o desconhecido vir, de morrer e renascer, provavelmente não mudou muito no decorrer da história da humanidade. O poeta alemão Johann Wolfgang von Goethe sabia disso muito bem quando escreveu "E, se desconheceres esse morrer e nascer, não passas de um visitante tedioso à Terra".[56]

No entanto, o que efetivamente mudou foi a estrutura do corpo social coletivo no qual esse processo é colocado em prática. Como mostra a Tabela 3, esse corpo social se transformou de uma estrutura de pirâmide única, na qual a liderança é centralizada e hierárquica (1.0), a uma estrutura descentralizada de várias pirâmides, na qual a liderança ocorre por meio da delegação e da competição (2.0), e a uma estrutura mais participativa, relacional e em rede na qual vários stakeholders e grupos de interesse negociam e dialogam entre si (3.0). Os três principais conceitos da liderança e da organização dos dias de hoje são os seguintes: centralização e hierarquia; descentralização e competição; e formas participativas e relacionais de diálogo em rede entre stakeholders.

A questão é que nenhum desses mecanismos é adequado para resolver os problemas da atualidade. A impotência que muitas pessoas sentem é um sintoma desse problema mais profundo: os conceitos de liderança que herdamos não superam mais os desafios da nossa época. Caos climático, escassez de alimento, oligarquias financeiras, pobreza... como podemos resolver problemas como esses usando os antigos conceitos organizacionais?

A dura realidade é que *não podemos*. Precisamos de novos conceitos para lidar com o caos no qual nos encontramos hoje e de um novo mecanismo de liderança coletiva que possibilite que um grupo diversificado de players se conecte, cossinta e cocrie.

EM BUSCA DO 4.0

Do que precisamos para desenvolver um mecanismo de liderança 4.0 capaz de resolver os principais desafios da nossa época no nível da "fonte"?

Só há um verdadeiro problema de liderança no mundo

O maior desafio de liderança, hoje, é o fato de a nossa realidade econômica ter sido moldada por ecossistemas globalmente interdependentes, enquanto os líderes institucionais, de modo geral, operam com uma conscientização organizacional egossistêmica. A maioria das questões de liderança pode ser resumida em uma única contradição primária: temos uma realidade econômica objetiva que funciona como um ecossistema global e temos indivíduos e líderes institucionais agindo de acordo com uma conscientização egossistêmica institucional. Em consequência, eles consideram os interesses alheios como sendo meras externalidades. O mesmo problema é replicado dentro das instituições: os líderes individuais trabalham tendo em vista suas metas individuais (normalmente vinculadas a bônus) e ignoram o bem-estar do todo.

E o que acontece quando a realidade ecossistêmica global encontra uma liderança que opera com uma conscientização egossistêmica? As questões prementes relativas aos recursos comuns são negligenciadas. Os resultados são resumidos na discussão dos três divisores apresentada no capítulo anterior.

Como podemos reconciliar uma realidade que já opera em um mundo 4.0 (eco) com uma conscientização da liderança em grande parte aprisionada em um universo de pensamento 2.0 (ego)? Essa reconciliação constitui a essência do novo trabalho dos líderes, que é ajudar as nossas organizações e stakeholders a passar da conscientização egossistêmica à conscientização ecossistêmica para acompanhar a realidade do nosso mundo conectado em uma rede global.

Para as empresas, normalmente são as ONGs que facilitam o processo de estender a conscientização das fronteiras da organização ao bem-estar dos fornecedores, parceiros, clientes e comunidades. Vejamos o caso da Nike. Quando as ONGs atacaram a Nike com uma campanha contra o trabalho infantil na Ásia nos anos 90, a empresa inicialmente reagiu informando o público que não tinha culpa, que era apenas um problema de seus fornecedores no exterior que não atendiam os padrões da Nike. A administração da Nike não demorou a perceber que a resposta do tipo "não temos nada a ver com isso" não bastava para proteger o maior patrimônio da empresa: a marca Nike.

Assim, a Nike não teve outra opção além de tratar o problema de seus fornecedores como se fosse seu próprio problema. Os administradores da Nike tiveram de estender sua conscientização e seus processos administrativos das fronteiras da própria organização (egossistema) ao empreendimento global estendido (ecossistema).

Os três mitos da liderança

Três mitos generalizados da liderança reforçam a divisão entre mente e matéria que consolida o *status quo* que observamos por toda parte. Esses três mitos podem parecer, à primeira vista, afirmações sensatas, mas todos nos levam à direção errada.

Mito 1: *Líder é o sujeito no topo.* Os desafios de liderança que as instituições enfrentam hoje não podem ser solucionados com essa antiga concepção de liderança. Para enfrentar os desafios de liderança atuais, *muitas* pessoas na organização – por vezes *todas* as pessoas – precisam se envolver.

Mito 2: *Liderança é uma questão individual.* Na verdade, a liderança é uma competência coletiva ou *distribuída* em um sistema, não apenas algo que os indivíduos fazem. A liderança é uma questão da capacidade do sistema como um todo de perceber e concretizar o futuro que emerge.

Mito 3: *Liderança é uma questão de criar e comunicar uma visão.* O problema desse mito é que ele se concentra principalmente na transmissão de uma mensagem em vez de algo muito mais importante: *escutar*. O ato de escutar constitui a via de acesso mais importante para cossentir e cocriar o futuro que emerge. O mundo está repleto de visões grandiosas de liderança que foram belamente comunicadas... antes de entrar em colapso. Basta pensar nos exemplos da Enron, da Lehman Brothers, da GM, da AIG, da Goldman Sachs e da visão de Bush-Cheney-Rumsfeld que culminou na Guerra do Iraque. O problema não foi falta de visão. O problema foi que a visão estava completamente desconectada da realidade. O problema foi um escutar insuficiente.

Toda grande liderança começa com a escuta – escutar com a mente, o coração e a vontade abertos. Escutar o que é dito e também o que não é dito. Escutar as necessidades e aspirações latentes de todas as pessoas.

O mecanismo perdido: o sentir coletivo e a prototipagem

Para aprender a escutar coletivamente, precisamos de mecanismos de cossensibilização que ajudem os líderes e os usuários de um sistema que cruza diferentes fronteiras institucionais a escutar, ver e compreender juntos a situação atual. Uma maneira de se engajar na cossensibilização é partir juntos em jornadas de aprendizado ou sensibilização. Outra abordagem à sensibilização coletiva é convidar um grupo representativo de stakeholders do ecossistema mais amplo (o "empreendimento estendido") a se engajar em um processo coletivo de compartilhamento e diálogo.

O problema não é que as pessoas não pensam no ecossistema mais amplo ou no empreendimento estendido, mas que pensamos sobre eles em silos distintos e institucionalizados. A maioria de nós não tem um espaço que nos permite sentir e pensar *juntos* sobre a evolução do ecossistema mais amplo. São essas atividades de cossensibilização que ativam os sentidos do sistema coletivo. Sem essa ativação coletiva por meio da sensibilização, é muito raro ocorrer uma mudança nos níveis mais profundos do U sem um choque externo.

Outro elemento que nos falta é um espaço para nos engajar em experimentos de prototipagem práticos para a exploração do futuro. A prototipagem explora e evolui uma ideia pelo *fazer*. O mantra da prototipagem pode ser encontrado nas palavras de Dave Kelly, cofundador da empresa de design IDEO: "Fracasse logo para aprender rápido." Submetemos uma ideia à prototipagem antes de investigá-la em todas as suas facetas. A prototipagem é um método experimental de explorar e obter o feedback de stakeholders para decidir por onde avançar.

O feedback dá prosseguimento ao processo de cossensibilização e cocriação. Um estágio 4.0 de liderança requer um novo conjunto de infraestruturas capacitadoras capazes de ajudar um ecossistema a se engajar na cossensibilização (criação de sentido), coinspiração (conexão com a fonte) e cocriação (prototipagem) de novas possibilidades.

A ESSÊNCIA DA LIDERANÇA É O PRESENCING

A essência da liderança diz respeito a conectar-se, adentrar e agir a partir de uma área do futuro que emerge. A questão é: Como fazer isso? Onde podemos obter orientação para dar um passo adiante? Em 2005, Steve Jobs contou aos formandos da Stanford University como ele lidava com essa questão: "Só dá para ligar os pontos olhando pra trás. E não olhando para a frente." Tudo bem, não dá para ligar os pontos olhando para a frente. Mas onde obter orientação? Jobs prosseguiu: "Você tem de encontrar o que gosta de fazer... Seu trabalho vai ocupar uma grande parte da sua vida, e o único jeito de estar verdadeiramente satisfeito é fazendo aquilo que você acredita ser um excelente trabalho. *E o único jeito de fazer um excelente trabalho é amar o que faz.* Se você ainda não encontrou, continue procurando. Não se acomode."[57]

A *única* maneira de fazer um excelente trabalho é amar o que faz e fazer o que ama. Incontáveis outros empreendedores e inovadores confirmaram essa profunda verdade na própria vida. Mas como criar uma infraestrutura institucional que nos permitiria operar a partir dessa mesma fonte profunda no nível dos sistemas coletivos?

O que aprendemos é que o princípio *interno* "faça o que ama e ame o que faz" precisa ser complementado por um princípio *externo* de profunda imersão no mundo, particularmente uma profunda imersão nas periferias marginalizadas do nosso mundo, com a prática de "se manter em constante diálogo com o universo", nas palavras de Alan Webber, fundador da Fast Company. "O universo", diz Webber, "na verdade é um lugar generoso. Isso quer dizer que, não importa a reação que estiver obtendo, você deve vê-la com base na premissa de que o universo quer ajudá-lo de algum jeito". Webber explica o importante princípio de todo empreendedorismo social nos seguintes termos: "Se você mantiver uma postura aberta em relação à sua ideia, o universo o ajudará. O universo quer sugerir maneiras para você melhorar a sua ideia."[58]

O que precisamos hoje é elevar esse profundo e essencial processo empreendedor mencionado por Jobs e Webber ao nível do empreendedorismo coletivo, no qual o mesmo processo poderia ocorrer na escala do sistema como um todo, ou ecossistema. Jobs, por exemplo, foi um gênio em inventar produtos e serviços em sincronia com as aspirações e o estilo de vida da nossa geração. Mas ele não foi particularmente enfático ou inovador em melhorar o estilo de vida ou aumentar o salário dos operários da China que produzem o iPad e o iPhone sob rigorosas condições e com uma remuneração mínima. A verdadeira liderança 4.0 ou ecossistêmica se concentraria no bem-estar de todos os participantes de um ecossistema, não apenas alguns deles.

VISLUMBRANDO O NOSSO FUTURO

Trabalhando com pessoas em diferentes sistemas nos últimos 18 anos, aprendemos que esse processo de ajudar diversificados grupos de stakeholders em ecossistemas para perceber e concretizar possibilidades futuras requer novas infraestruturas ou espaços acolhedores para cinco passos cruciais do processo: (1) *coiniciar*, isto é, ajudar os stakeholders de sistemas fragmentados a descobrir um território em comum e se conectar com ele; (2) *cossentir*, isto é, ajudar as pessoas a empatizar umas com as outras, a ver o sistema a partir das periferias e a desenvolver competências para a sensibilização coletiva; (3) *coinspirar* por meio de profundas práticas de reflexão e momentos intencionais de quietude que nos ajudam a nos conectar com as nossas fontes mais profundas de conhecimento; (4) *cocriar*, ou explorar o futuro por meio de uma prototipagem ativa; e (5) *coevoluir*, ou escalonar e sustentar o novo. Existem muitos métodos e ferramentas diferentes para proporcionar esses diferentes espaços acolhedores – mas, na ausência dessas condições capacitadoras, muito poucos eventos proveitosos tendem a ocorrer no nível de sistemas mais amplos e fragmentados.

6. Consumo: reconectando a economia com o bem-estar

Toda economia possui duas fontes principais de criação de valor: o lado da produção e o lado do consumo. Toda criação de valor econômico se *origina* da qualidade da nossa experiência como usuários, consumidores e cidadãos. Da mesma forma como é verdade dizer que, sem a natureza, não haveria economia, é igualmente válido dizer que, sem o consumo, toda criação de valor econômico de nada valeria. O propósito definitivo de uma economia é atender as necessidades de seus membros.

Essa primazia pressuposta da experiência do usuário/consumidor em todos os aspectos da criação de valor econômico constitui um acentuado contraste com a efetiva *assimetria* de poder que inclina o campo de atuação econômica colocando os usuários, consumidores e cidadãos em grande desvantagem.

A JORNADA DE 0.0 A 3.0: DO CONSUMISMO AO CONSUMO CONSCIENTE

Desse ponto de vista, como seria a jornada da economia? Como já vimos, a jornada evolui por estágios. No estágio 0.0, as atividades econômicas eram motivadas pela subsistência – isto é, motivadas pelas necessidades imediatas de uma comunidade local. No estágio 1.0, a função de produção começou a se diferenciar por meio da Revolução Agrícola, à medida que a produção foi se tornando mais metódica e intencional.

Na economia 2.0, a diferenciação da função de produção continuou, levando à Primeira Revolução Industrial. A produção em massa levou ao consumo em massa. Publicidade, estratégias de vendas e design de produtos aos poucos foram sendo incorporados ao processo administrativo industrial. Na economia 3.0, vemos a Segunda Revolução Industrial bem como o marketing e o branding sendo incorporados ao mainstream da administração, levando, dessa forma, a uma cultura global de consumismo que levou o consumo material a níveis inéditos de escala. Ao mesmo tempo, movimentos em defesa dos direitos do consumidor cresceram e resultaram em várias regulamentações para proteger os consumidores e seus interesses.

A jornada de 1.0 a 3.0 criou um modelo civilizacional de consumo em massa que atualmente usa todos os anos 50% mais recursos do que o planeta é capaz de regenerar. Lidar com esse problema requer repensar as raízes do consumismo. Nas palavras do escritor uruguaio Jorge Majfud, "tentar reduzir a poluição ambiental sem reduzir o consumismo é como combater o tráfico de drogas sem reduzir o vício".[59] O que representa, desnecessário dizer, uma descrição precisa da "guerra contra as drogas" nos Estados Unidos.

EM BUSCA DO 4.0

Como seria uma economia 4.0 pós-consumismo, uma economia voltada para combater nossos problemas globais no nível de suas origens? E como poderíamos ir daqui até lá, de 3.0 a 4.0?

O primeiro passo dessa jornada seria derrubar outros três mitos:

Mito 1: *Produção e consumo são dois fatores distintos.* De acordo com esse modo de pensar, a economia é concebida como uma *cadeia de valor* que começa com o design do produto e as matérias-primas e termina com os consumidores. Entre esses dois extremos, uma sequência de processos aplica mão de obra, maquinário e organização às matérias-primas e reúne uma incrível variedade de produtos que são montados, embalados e transportados a distribuidores e clientes. O que está errado nesse cenário? Não é isso que vemos acontecendo nas fábricas?

Não há nada de errado... exceto o fato de os clientes serem posicionados no final do processo e suas necessidades não marcarem o início da sequência de produção. A diferença do posicionamento das necessidades dos consumidores no começo ou no fim de toda essa sequência é a diferença entre 4.0 e 3.0. Enquanto o cliente for posicionado no final desse processo, o antigo pensamento administrativo industrial continuará a dominar, com investimentos de capital fixo como o maquinário necessário para manter as operações e colher os frutos das economias de escala. Dessa forma, um fluxo constante de produtos é empurrado para o mercado e goela abaixo dos clientes por verbas bilionárias de marketing que manipulam a atenção do consumidor com um poder de fogo cada vez maior (3.0). O consumidor é um *alvo* da atividade econômica em vez de um *parceiro* cujas necessidades em constante evolução são identificadas e atendidas.

Se os clientes forem posicionados na extremidade final do pipeline e se o objetivo dos anúncios publicitários e do marketing que bombardeiam os clientes for criar desejos em vez de atender necessidades, os anúncios fazem parte de um violento ataque materialista que só aumenta o impacto ecológico da produção sem aumentar o verdadeiro valor para os clientes e para a base de usuários. No entanto, se os clientes forem posicionados na origem do pipeline, uma avaliação compartilhada de suas verdadeiras necessidades, inclusive as necessidades dos clientes hoje marginalizados, marca o início de todo o processo da criação de valor. O resultado seria um campo de atuação mais nivelado entre produtores e consumidores/usuários e, com isso, uma oportunidade para ambos os grupos de se envolver em um diálogo aberto, transparente e inclusivo – um ponto de partida em comum para a inovação e o desenvolvimento de negócios.

Mito 2: *Os consumidores são separados uns dos outros*. De acordo com esse mito, os consumidores são "encaixotados" em uma racionalidade que maximiza os ganhos individuais negligenciando completamente os interesses da comunidade mais ampla. Em certa extensão, esse mito descreve a realidade social. A ideologia do consumismo, à qual todo cidadão é exposto pela propaganda, afeta e reflete os padrões de comunicação existentes. Atualmente, o consumismo tem sido incorporado à cultura global materialista de mainstream. Mas vale notar outra narrativa emergente, que não tem sido roteirizada pela indústria do marketing.

Essa outra história diz respeito a clientes que estão começando a cocriar a economia de uma maneira mais consciente, coletiva e intencional. Esse movimento tem raízes profundas que remontam do boicote "tributação sem representação" às mercadorias britânicas em 1769 na Filadélfia, que deu início à Revolução Americana. As raízes do movimento também incluem o boicote às mercadorias britânicas promovido por Gandhi e sua defesa do tecido artesanal, e o boicote, que teve início nos anos 70, às empresas que faziam negócios com o sistema do apartheid da África do Sul – um boicote que efetivamente lançou o nascimento do movimento dos investimentos socialmente responsáveis. E essas raízes também incluem o Movimento do Comércio Justo, criado no início dos anos 80 por consumidores conscientes ao redor do mundo preocupados com o bem-estar das pessoas e do planeta. Esse movimento forçou mudanças nas práticas de negócio de muitos setores e hoje se mantém em várias formas de consumo consciente e colaborativo que discutiremos em mais detalhes adiante.

Em todos esses exemplos, vemos um tema similar: os consumidores começaram a estender sua conscientização do egossistema (o próprio bem-estar) ao ecossistema (o bem-estar de todos). As pessoas estão se conscientizando do impacto de suas decisões de compra nas comunidades produtoras que podem estar a milhares de quilômetros de distância. Quando o Movimento do Comércio Justo começou a eliminar os intermediários entre os produtores de café na América do Sul e os consumidores de café na Europa, os ativistas do comércio justo se puseram a remodelar conscientemente um sistema econômico baseado nos princípios da transparência, inclusão e justiça.

Hoje em dia, exemplos de um movimento de consumidores 4.0 estão surgindo por toda parte: mercados de produtores, alimentos orgânicos locais, slow food, agricultura comunitária, tecidos orgânicos, ecoturismo, agricultura urbana, car sharing, veículos de emissão zero e energia renovável. Em vez de apenas boicotar um produto, o consumidor 4.0 faz escolhas inteligentes e intencionais para apoiar e cocriar processos econômicos mais inclusivos, sustentáveis, transparentes e colaborativos.

Mito 3: *O consumo material cria o bem-estar.* Essa afirmação pode soar lógica mas é empiricamente questionável, como já sabemos com base nas nossas discussões do Capítulo 2. O aumento do consumo material em países desenvolvidos não se traduziu em um maior bem-estar. O bem-estar se origina das nossas experiências como usuários, consumidores e cidadãos. Essa experiência é influenciada por fatores exteriores (como, por exemplo, os produtos) e interiores (o processo de se conscientizar). O processo interior de se conscientizar é o fator no qual o finado cientista cognitivo Francisco Varela se concentrou em suas pesquisas quando descreveu os processos de *suspensão, redirecionamento* e *deixar ir*. No contexto da Teoria U e do presencing, nos referimos a essa experiência interna como o processo U de abrir a mente, o coração e a vontade.

Assim, a estratégia para melhorar o nosso bem-estar sem destruir o planeta se fundamenta na noção de reduzir a enxurrada de parafernálias inúteis e anúncios publicitários estúpidos e aumentar a capacidade do sistema de redirecionar recursos às verdadeiras necessidades das pessoas ao mesmo tempo que fortalece a capacidade das pessoas de acessar suas fontes interiores de bem-estar e felicidade.

FECHANDO O CICLO DE FEEDBACK POR MEIO DE DIÁLOGOS ECONÔMICOS

Uma economia que não mais distingue (1) os consumidores da produção, (2) os consumidores uns dos outros (conscientização egossistêmica) e (3) os consumidores de si mesmos (suas fontes de felicidade) fecha o ciclo de feedback entre os consumidores e os produtores (derrubando o mito 1), entre os consumidores e as comunidades (derrubando o mito 2) e entre os consumidores e si mesmos (derrubando o mito 3). O que começaria a emergir disso é uma economia mais transparente (proporcionando acesso a informações), inclusiva (incluindo todos os principais players) e refletiva (um sistema capaz de ver a si mesmo).

Para que essa transição ocorra, a economia precisa de padrões diferentes de comunicação, particularmente entre consumidores e produtores. O modelo de comunicação atual é unilateral, não transparente e linear. Ele é unilateral no sentido de que as informações só fluem em uma direção, como no caso dos anúncios publicitários. Ele é não transparente no sentido de que o acesso às informações é restrito. E é linear porque não há um ciclo de feedback incorporado ao sistema – o sistema não consegue se ver.

Contudo, o que precisamos é de um modelo de comunicação que restaure os elos perdidos entre os diferentes agentes de uma economia. Esse modelo seria multilateral, no sentido de que muitos grupos diferentes poderiam participar da conversa. Ele também seria transparente, proporcionando livre acesso à informação, e cíclico, permitindo que o grupo ou o sistema refletisse e visse a si mesmo.

VISLUMBRANDO O NOSSO FUTURO: O PODER DO CONSUMO CONSCIENTE COLABORATIVO

Como seria o surgimento do futuro 4.0 de consumidores capacitados, conscientes e colaborativos? Identificamos quatro forças impulsionadoras.

A primeira é a *tecnologia*. A World Wide Web continua a revolucionar a economia proporcionando fácil acesso às informações e, em consequência, a um campo de atuação mais nivelado. Uma combinação de análises do ciclo de vida e informações digitalizadas logo permitirá que nossos celulares mostrem o impacto ambiental dos produtos expostos nas prateleiras dos supermercados. Esse desenvolvimento dará prosseguimento à megatendência na direção da transparência e poderia criar indicadores de fácil utilização para ajudar os consumidores a fazerem escolhas e conexões mais inteligentes e sustentáveis. Por exemplo, o www.renttherunway.com e o www.couchsurfing.org são sites que conectam recursos não utilizados em uma comunidade (roupas e acomodação, respectivamente) com as necessidades não satisfeitas de outros consumidores, constituindo espaços para realizar trocas peer to peer.

Uma segunda força impulsionadora é a *conscientização*: um número cada vez maior de pessoas deseja participar de um estilo de vida saudável, diligente e sustentável. Por exemplo, nos Estados Unidos esse movimento é chamado de LOHAS (Lifestyles of Health and Sustainability – estilos de vida de saúde e sustentabilidade) e inclui aproximadamente um em cada quatro americanos adultos – aproximadamente 41 milhões de pessoas. Isso representa uma oportunidade de mercado de US$290 bilhões para produtos e serviços voltados para a saúde, o ambiente, a justiça social, o desenvolvimento pessoal e o estilo de vida sustentável.[60]

A terceira força impulsionadora é a *intensidade cada vez maior da disrupção e da desestabilização*. Quanto mais o antigo sistema formal é desestabilizado e se aproxima do colapso, mais veremos o surgimento de novos padrões de conexão e colaboração auto-organizada. Por exemplo, na Indonésia, depois da crise financeira de 1997, inúmeras redes de economias locais e informais começaram a emergir.

A quarta força impulsionadora diz respeito aos *direitos humanos* econômicos. Cada vez mais pessoas em todo o mundo consideram inaceitável operarmos uma economia de US$60 trilhões e mesmo assim sermos incapazes de reduzir o número de pessoas que vivem na pobreza.

A aplicação da transferência condicionada de renda na América do Sul é apenas um passo em uma longa jornada na direção dos direitos humanos econômicos, constituindo as bases de uma "política interna global", ou *Weltinnenpolitik*.[61]

7. COORDENAÇÃO: RECONECTANDO AS PARTES COM O TODO

As economias modernas se baseiam em uma divisão do trabalho local, regional e global. Ao longo das últimas centenas de anos, a divisão do trabalho levou a uma incrível produtividade em todo o mundo. Mas como coordenar e vincular todas essas atividades individuais no contexto de um todo em constante mudança?

Como mostra a Tabela 3, no decorrer da história econômica as sociedades coordenaram suas atividades econômicas de maneira diferente: (1) por meio do planejamento central (economia centralizada), (2) por meio dos mercados e (3) por meio de negociações/diálogos. Esses mecanismos levaram a três estágios de desenvolvimento econômico:

1.0: Hierarquia e planejamento → ascensão das economias centralizadas (um setor social)
2.0: Mercado e competição → ascensão das economias de mercado liberal (dois setores sociais)
3.0: Negociação e diálogo → ascensão de economias sociais de mercado (três setores sociais conflitantes)

Atualmente podemos estar prestes a gerar uma quarta resposta para o problema da coordenação, o estágio 4.0: a ação coletiva baseada na conscientização (ACC), levando a uma economia de mercado intencional.

A JORNADA DE 0.0 A 3.0: GRAUS DE SEPARAÇÃO

Esses quatro mecanismos de coordenação diferem no modo como se conectam com os agentes econômicos que coordenam. A estrutura desse relacionamento está em constante mudança, mas, de modo geral, ela evolui de exterior a interior e de inconsciente a consciente. Vejamos como isso acontece:

1. Em uma economia centralmente dirigida, o comportamento econômico é orientado por mecanismos exteriores, como metas e planos (chicotes).
2. Em uma economia de mercado, o comportamento econômico é orientado pelos mecanismos em grande parte exteriores do preço e da competição (cenouras).
3. Em uma economia social de mercado, o mercado é incorporado em negociações, redes e diálogos (normas) e orientado por esses fatores – em outras palavras, orientado por mecanismos em parte exteriores e em parte interiores aos agentes econômicos e sua conscientização.
4. Em uma economia ecossistêmica cocriativa, o mercado é incorporado no mecanismo em grande parte interior da conscientização em comum (ACC: ações que surgem da capacidade de enxergar o todo) e orientado por esse mecanismo.

Dessa forma, a jornada do estágio 1 (planejamento central) ao estágio 4 (ACC) nos leva a elevar o nosso grau de consciência e interiorizar o todo. Nos estágios 1 e 2, o bem-estar do todo fica em grande parte fora da consciência dos agentes individuais, ao passo que, no estágio 4, o bem-estar do todo é quase completamente interiorizado na consciência dos agentes individuais. Em referência às discussões apresentadas anteriormente, também seria possível afirmar que a jornada do estágio 1 a 4 é uma jornada que nos leva a uma crescente interiorização de externalidades na consciência dos tomadores de decisões econômicas.

A Tabela 4 apresenta duas dimensões para definir como uma sociedade se coordena: de acordo com a primazia do todo ou a primazia das partes. A evolução dos mecanismos de coordenação econômica teve início com o estágio 1.0, a economia centralizada, ou planejamento central (no quadrante inferior esquerdo). De lá ele passou para o estágio 2.0, mercados e competição (quadrante inferior direito). Tanto a *mão visível* do planejamento central quanto a *mão invisível* dos mercados descentralizados apresentam um fator em comum: elas não requerem que o tomador de decisão individual leve em consideração o bem-estar do todo. Se o indivíduo ou a organização atingir as metas (do planejamento central) ou buscar satisfazer os interesses próprios (no mercado), a mão visível ou invisível se ocupará do todo como num passe de mágica.

TABELA 4 Quatro mecanismos de coordenação econômica: a jornada da interiorização do todo

Integração do sistema/ Grau de interiorização do todo	Primazia do todo	Primazia das partes
Alta	4.0: ACC*: *cabeça, coração e mão (intencional)*	3.0: Negociação e diálogo: *cabeça, coração e mão (ad hoc)*
Baixa	1.0: Planejamento central: *mão visível*	2.0: Mercados e competição: *mão invisível*

* Ação coletiva baseada na conscientização.

Mas essa é só a teoria. Na verdade, a história se revelou um pouco diferente, apresentando avassaladores problemas de externalidade. Essas circunstâncias levaram os sistemas econômicos a evoluir aos dois quadrantes superiores, operando a partir de três ou de todos os quatro quadrantes. Impelida pela ascensão global do terceiro setor (ONGs), a maioria das economias passou a incluir a negociação e o diálogo entre os stakeholders em seus mecanismos de coordenação.

A transição para os quadrantes superiores reflete um grau muito mais elevado de conscientização das externalidades por parte dos tomadores de decisão individuais, implicando a criação de espaços acolhedores nos quais agentes e tomadores de decisão possam *internalizar* o impacto de suas decisões sobre os outros e sobre o todo (externalidades). No caso da negociação e do diálogo, a interiorização das externalidades normalmente é restrita a algum subconjunto do sistema, como a própria rede social ou grupo de interesse. A coordenação pela ACC internaliza as externalidades de todo o ecossistema. Para que a ACC seja eficaz, os grupos devem se abrir e vincular os interesses em comum (cabeça), a ação coletiva (mão) e a solidariedade compartilhada e a empatia (coração). A negociação e o diálogo requerem basicamente o mesmo processo mas tendem a ser restritos a partes do sistema.

As dificuldades dos europeus do Norte (especialmente os alemães) de interiorizar as externalidades de seus vizinhos do Sul da Europa na crise do euro atual e vice-versa e as dificuldades da classe média americana branca de estender o sistema de previdência social a pessoas de cor e desempregados (muitos dois quais não foram contemplados pelo New Deal dos anos 30) no início do século XX são exemplos vívidos disso. No centro dessas dificuldades está a necessidade de repensar nossas definições de "nós" e "eles".

Então, qual desses mecanismos representa uma boa governança? Nenhum deles individualmente. A boa governança será a capacidade de ativar e operar todos os quatro mecanismos conforme o necessário.

FAZENDO PASSES COMO O MESSI

Vejamos um exemplo aparentemente simples: um time de futebol. Como fazer 11 homens (ou mulheres) jogar juntos em equipe?

A abordagem 1.0 é seguir rigorosamente o plano traçado pelo técnico antes da partida. No entanto, uma equipe inflexível como essa provavelmente não jogará bem contra o adversário. A transição para a solução 2.0 daria aos jogadores individuais mais liberdade para agir por conta própria.

Vamos levar essa noção a seu extremo. Digamos que você reúna 11 dos melhores jogadores do mundo na esperança de que, de alguma forma, a genialidade individual se somará para formar um time espetacular. Todos nós podemos pensar em muitos casos em que isso não aconteceu, como a derrota do Miami Heat em 2011 nas finais contra o Dallas (para os fãs do basquete entre nós). Ou (sem querer ofender ninguém) as derrotas do time francês e britânico na Copa do Mundo de 2010 (para os fãs do futebol entre nós). Esses três times contaram com jogadores individuais absolutamente brilhantes, mas não apresentaram um bom desempenho em equipe.

Quando percebemos que indivíduos brilhantes não formam necessariamente um todo brilhante, o próximo passo é passar para um mecanismo de coordenação diferente, que chamamos de 3.0. Nesse estágio, a equipe tem mais liberdade para ser criativa, permitindo que partes da equipe formem subgrupos que passam a bola melhor e com mais rapidez. Contudo, as posições e papeis padrão na equipe são mantidos: defesa, meio de campo, atacantes.

Atingir o estágio 4.0 requer derrubar esses papeis e formas de pensar tradicionais. A filosofia 4.0 remonta do conceito de *futebol total*, desenvolvido por Rinus Michels quando atuou como técnico do Ajax Amsterdam e da seleção holandesa no início dos anos 70. Os dois times contaram com o mesmo grupo central de jogadores. Johan Cruyff, o melhor e mais famoso jogador do grupo, assinou um contrato com o Barcelona em 1973. Foi Cruyff que levou a filosofia do futebol total da Holanda à Espanha, do Ajax ao Barcelona. Posteriormente, ele se tornou o técnico do Barcelona (1988–96), elaborando a filosofia do futebol total para transformá-lo no que hoje conhecemos por "futebol tiki-taka", que é a filosofia dos dois melhores times do mundo na atualidade, o Barcelona (que venceu 14 títulos com seu técnico "Pep Guardiola" em quatro anos, 2008–12) e a seleção espanhola, que venceu o Campeonato Europeu de Futebol de 2012 e a Copa do Mundo de 2010. Também nesse caso, os dois times se organizaram em torno do mesmo grupo central de jogadores e foram desenvolvidos com base na mesma filosofia essencial.

O que torna o Barcelona e a seleção espanhola tão especiais? Uma filosofia de futebol que (1) aplica um sistema bastante metódico focado no controle da bola por meio de vários passes de um ou dois toques de curta distância; (2) requer que os jogadores pensem em termos do todo, não das partes (ao mesmo tempo que se concentram no *movimento ininterrupto* da bola como a coordenada central da atenção); (3) enfatiza os passes de um toque com súbitos lances de criatividade que abrem espaços profundos no outro lado; e (4) atua como um único time no qual todos os jogadores jogam (ou podem jogar) em *todos* os papeis e posições (defesa, meio de campo e ataque) já que a bola perambula constantemente e reconfigura as coordenadas de um campo vivo.

Essa é a abordagem inovadora ao futebol que todos os melhores times (como o promissor time alemão) estão tentando imitar. Ela incorpora uma série de características 4.0 interessantes, inclusive a conscientização compartilhada de um campo de possibilidades emergentes em eterna evolução.

Assim, enquanto os melhores times de futebol do planeta passam a jogar com uma conscientização compartilhada 4.0 do todo em constante evolução, para onde a nossa economia global está direcionada? Infelizmente, ela está presa em estágios muito mais antigos. A situação econômica atual reflete um sistema que reage aos desafios 4.0 com ações 2.0 ou 3.0.

EM BUSCA DO 4.0

O que seria necessário para podermos fazer o upgrade do sistema operacional da nossa economia para 4.0? Veja quatro proposições para dar início ao diálogo.

1. *O antagonismo de "mercados* versus *hierarquias" é um mito.* Grande parte do século XX foi desperdiçada em um falso discurso: mercados *versus* governo, capitalismo *versus* socialismo. A complexidade do campo de atuação econômico e de suas opções desenvolvimentistas foi reduzida a um discurso focado em "mais mercados" *versus* "mais governo". A Matriz da Evolução Econômica apresenta todo um quadro de evolução econômica, oferecendo 390.625 possibilidades. No entanto, mesmo diante de tantas possibilidades, a discussão intelectual foi reduzida a apenas duas opções.
2. *A resposta ao "ou-ou" é "ambos-e".* Uma das mentalidades que levaram à crise financeira de 2007–08 foi a lógica fatal do "ou-ou" do pensamento econômico que levou à leviana desregulamentação do setor financeiro nos anos 1990 e 2000. Em uma análise mais ponderada das economias atuais, constatamos que precisamos tanto de mercados quanto de governos.

   As economias fundamentadas em uma filosofia do tipo "ambos-e" estão mais fortes do que nunca. Exemplos incluem China, Cingapura, Coreia do Sul, Brasil, Indonésia e Alemanha e outros países do Norte da Europa. Todos esses países saíram da crise de 2008 melhor e mais rapidamente do que muitos outros. Suas economias colaboram estrategicamente em diferentes áreas do governo, do setor privado e, em alguns casos, da sociedade civil. Elas criaram diversas plataformas de diálogo nas quais o direcionamento estratégico do país todo ou da comunidade é discutido e traçado. Na ocorrência de uma mudança disruptiva, essas economias tendem a agir juntas e cooperar de maneira mais estreita em vez de agir separadamente, aprofundando os divisores políticos.
3. *Uma economia não é uma empresa.* Há pelo menos duas diferenças importantes entre uma economia e uma empresa: (1) uma economia não pode dar as costas à sua comunidade de cidadãos[62] e (2) ela precisa internalizar todas as suas externalidades.

   Segundo a noção tradicional do mercado, a meta de uma empresa deveria ser maximizar os resultados financeiros ao mesmo tempo que empurra todas as externalidades negativas aos outros. Alguns exemplos disso são os fundos hedge de Wall Street e a maioria das empresas de serviços financeiros. As corporações adquirem outras empresas para maximizar os lucros, o que pode implicar a venda de ativos valiosos a altas margens de lucro, realizar o downsizing no que sobrar e deixar os custos sociais para serem pagos pelo governo e pela sociedade. Uma economia precisa de uma liderança diferente de uma empresa, uma liderança que se responsabiliza e presta contas pela redução de externalidades negativas e pelo aumento das externalidades positivas.

4. *A ACC fecha o ciclo de feedback entre as partes e o todo.* O limiar evolucionário com o qual o capitalismo se depara hoje diz respeito ao nascimento de um novo mecanismo de coordenação, um mecanismo que complementa os três mecanismos existentes (hierarquia, mercados e negociação) e promove a capacidade do sistema como um todo de ver-se, sentir-se e regenerar-se. Chamamos essa nova capacidade de ACC – ação coletiva baseada na conscientização – por surgir em lugares que facilitam a capacidade do sistema de se ver, de sentir o que quer emergir e de explorar o futuro pela ação (prototipagem).

   Onde temos, hoje, espaços nas nossas sociedades nos quais os principais players dos nossos ecossistemas econômicos podem se encontrar para ver-se, sentir-se e regenerar-se? Precisamos ter mais espaços como esses, e sua ausência constitui um importante ponto cego institucional. Ainda nem chegamos a criar um espaço para, como uma sociedade, desenvolvermos uma compreensão compartilhada da realidade atual. Temos *muitos* espaços para a criação de sentido e a elaboração de estratégias no nível individual. Todos os grupos de interesse organizados se saíram com a própria criação de sentido dentro dos próprios silos institucionais. No entanto, ainda não temos espaços para cossentir e para revelar o sentido e a vontade compartilhados.

VISLUMBRANDO O NOSSO FUTURO: ACC

A revolução econômica 4.0 está por toda parte. É o direcionamento para o qual estamos avançando, e pode ser testemunhado em muitos contextos nos dias de hoje, não apenas no campo de futebol.

Entretanto, os problemas são que (1) muitos desses exemplos iniciais são espontâneos em vez de intencionais e (2) eles tendem a ser "micro" ou "meso" em vez de "macro" e "mundo", como veremos em mais detalhes na sessão de conclusão deste livro.

Um exemplo de coordenação ACC na prática vem do estado americano de Ohio. A implementação de checklists tem sido um método inovador de redução de erros e imperícia em hospitais. Da mesma forma como pilotos de avião fazem antes da decolagem, cirurgiões e a equipe cirúrgica usam checklists antes de realizar um procedimento em um paciente. Pesquisas demonstram que a implementação de checklists em hospitais inicialmente reduz o risco de erros, mas aos poucos a taxa de erros praticamente retorna ao nível inicial. Observando esse padrão, o Doutor Marc Parnes, cirurgião obstetra e ginecológico de Ohio, concebeu uma prática diferente. Em vez de usar um checklist, ele conversa diretamente com a paciente quando ela está sendo levada à sala de cirurgia. Eles conduzem uma breve "conversa de check-in" pessoal, que inclui a paciente e toda a equipe cirúrgica. Surpreendentemente, essa prática de check-in reduz a taxa de erro de maneira mais sustentável que a prática do checklist.[63]

Consideramos esse exemplo extremamente interessante e relevante, já que ele *remove o véu* que impede a capacidade do *sistema de se ver*. O sistema, no caso, são todas as pessoas da sala de cirurgia, inclusive a paciente. Quando o sistema se vê, isso facilita um diálogo que permite a cada membro do grupo ver a situação pelos olhos dos outros, inclusive a paciente. A criação dessa conscientização e a capacidade de ver o sistema através dos olhos dos outros stakeholders são os principais pontos de alavancagem de toda mudança sistêmica profunda.

8. Direitos de posse: reconectando a propriedade com sua melhor utilização social

À medida que as economias se desenvolvem, a estrutura dos direitos de posse também evolui. Isso se tornou especialmente visível no caso do desenvolvimento da internet. A Wikipédia, de código aberto, ou os Creative Commons, com seu novo modelo de direitos autorais,[64] entram em confronto com legislações como as leis americanas SOPA (Stop Online Piracy Act – Lei de Combate à Pirataria Online, em tradução livre) e PIPA (Preventing Real Online Threats to Economic Creativity and Theft of Intellectual Property Act – Lei de Prevenção de Ameaças Online Reais à

Criatividade Econômica e de Roubo de Propriedade Intelectual). A posse é constituída de um conjunto de direitos e responsabilidades. Como todas as questões envolvendo direitos, os direitos de posse surgem, evoluem e mudam em seu contexto social como uma função de sua *legitimidade*. Toda legitimidade surge de um senso de equilíbrio justo entre os direitos e as responsabilidades dos membros de uma comunidade.

A JORNADA DE 0.0 A 3.0: DO ACESSO LIVRE À PROPRIEDADE PÚBLICA, PRIVADA, MISTA E RECURSOS COMUNS

Os direitos de propriedade constituem uma série de direitos e responsabilidades que podem se fazer cumprir por meio de medidas legais. Esses direitos incluem (1) acesso, (2) utilização, (3) administração, (4) exclusão e (5) alienação (o direito de venda). Esses cinco elementos podem ser vistos como cinco varetas em um feixe de direitos de posse. A posse pode ser vista em um espectro: uma extremidade do espectro contém apenas uma vareta (um direito) e todas as cinco varetas ocupam a outra extremidade. Todos esses direitos podem ser detidos por indivíduos isolados ou por entidades coletivas. A Tabela 5 mostra como as formas de posse evoluíram do livre acesso a estruturas de posse públicas, privadas, mistas e recursos comuns.

Nas economias 0.0, a maioria dos ativos era compartilhada pela comunidade toda, mas alguns eram considerados propriedade privada. Exemplos de ativos compartilhados incluem o *pool de recursos comuns*, como a qualidade do ar, as áreas de pesca no oceano e o *Allmende*, uma palavra alemã para se referir às áreas locais utilizadas coletivamente por vilarejos para a lavoura. Formas regionais de espaço coletivamente utilizado como o *Allmende* existem até hoje em muitas regiões rurais em todo o mundo, inclusive na Europa.[65]

Nas economias 1.0, começaram a surgir direitos de propriedade mais formalizados, como os atribuídos aos Estados ou a entidades privadas. Exemplos de propriedade pública incluem os parques nacionais nos Estados Unidos. O Estado emergiu com um importante player econômico, particularmente no que se refere à produção de *bens públicos*. Exemplos de bens públicos são a defesa nacional e infraestruturas de TI como a World Wide Web. A principal característica dos bens públicos é que eles são

TABELA 5 A evolução dos direitos de propriedade por estágio econômico

Economia	Direitos de propriedade	Tipos de bens	Conjunto de direitos e responsabilidades	Institucionalização
0.0	Livre acesso	Pool de recursos comuns: áreas de pesca no oceano, atmosfera (não excludentes, rivais)	Sem direitos de propriedade	Posse comunal
1.0	Direitos de propriedade pública	Bens públicos: defesa nacional (não excludentes, não rivais)	Direitos de propriedade atribuídos pelo Estado	Posse pública: ciclos eleitorais de quatro anos
2.0	Direitos de propriedade privada	Bens privados: alimento, roupas, moradia (excludentes, rivais)	Os direitos de propriedade privada podem ser comprados e vendidos no mercado (acesso, utilização, administração, exclusão e alienação)	Posse privada: resultados financeiros trimestrais
3.0	Direitos de propriedade mista (pública e privada)	Bens mistos (públicos e privados): serviços do ecossistema (excludentes, não excludentes, rivais)	Direitos de propriedade administrados e em parte comprados e vendidos no mercado (acesso, utilização, administração, exclusão e alienação)	Posse de stakeholders mistos (grupos de interesse organizados)
4.0	Direitos de propriedade baseados em recursos comuns	Bens comuns: áreas de pesca, serviços prestados pelo ecossistema (não excludentes, rivais)	Os direitos de propriedade são controlados em conjunto por coproprietários em esquema de *trust*, stakeholders e *trustees* (acesso, utilização, administração, exclusão e cultivo compartilhado)	Posse ecossistêmica compartilhada (*trustees* representando o sistema como um todo, inclusive as gerações futuras)

acessíveis a todos (não excludentes) e seu consumo por uma pessoa não reduz seu benefício a outra pessoa.

Nas economias 2.0, vimos um profundo redirecionamento para a primazia da *posse privada*. A posse privada existiu em todos os estágios do desenvolvimento econômico e social, mas jamais tinha sido o conceito primário de propriedade estruturando grande parte das políticas públicas e do desenvolvimento econômico. O sucesso da posse privada se consolidou em duas ondas. A primeira onda fundamentou-se na antiga *teoria da ocupação* dos direitos de posse originalmente articulada por Cícero no Império Romano. Essa teoria dominou a mentalidade e o debate relativos à propriedade privada na Europa praticamente até a Revolução Industrial. Veja alguns dos pilares dessa visão: o mundo foi originalmente dado a todos os homens e o primeiro a declarar a posse detém o direito legal (*prima* ocupação) e, dessa forma, pode contar com a proteção do Estado. Os princípios centrais dessa visão incluem: (1) um ponto de partida no qual todos os homens compartilham a posse comum de todas as propriedades; (2) a primeira ocupação, que define o direito de propriedade individual; (3) a posse privada, que inclui a responsabilidade social de prover os que vierem depois e tiverem menos; e (4) o Estado tem permissão de intervir na posse da propriedade privada só quando o bem-estar da sociedade estiver em risco.[66]

O paradigma da teoria da ocupação foi questionado por John Locke com a publicação de seu "Segundo tratado sobre o governo" em 1689. Locke apresentou o que mais tarde veio a ser denominado *teoria da propriedade-trabalho*.

O principal argumento de Locke é que o homem é o proprietário do próprio corpo e, em consequência, dos frutos de seu trabalho. Essa ideia revolucionou várias premissas culturais. Enquanto antes a acumulação de riqueza era criticada como uma forma de ganância, sob a teoria do trabalho a riqueza passou a ser vista como a recompensa de Deus pelo empenho do homem. A teoria da propriedade-trabalho também criou as bases para o argumento de que a pobreza resulta da preguiça. Assim, essa mentalidade restringiu a capacidade do Estado de intervir nos direitos de propriedade privada em prol do bem-estar da sociedade como um todo.

Os direitos de propriedade privada ganharam dominância na Primeira e na Segunda Revolução Industrial. No entanto, como discutimos anteriormente, o crescimento e a acumulação de riqueza material resultaram em externalidades negativas na forma de pobreza e esgotamento ambiental. A reação social a essas externalidades negativas resultou em um conjunto de inovações institucionais refletindo os interesses de outros stakeholders (exemplos incluem previdência social, sistema público de educação, legislação ambiental, códigos de construção civil e parcerias público-privadas).

No entanto, nenhuma dessas inovações da economia 3.0 foi capaz de impedir o que enfrentamos hoje: os três grandes divisores que emergiram diretamente da tragédia dos comuns e que também poderiam ser chamados de "tragédia do pool de recursos comuns".[67] Esse pool de recursos comuns inclui recursos comuns ecológicos como a água, o solo fértil, o ar limpo, a energia e as sementes; recursos comuns sociais como *trust*, software e redes sociais; e recursos comuns culturais como conhecimento, sabedoria e infraestruturas de aprendizado.

A crise da nossa era é uma crise dos nossos recursos comuns. Os três divisores refletem um violento ataque aos nossos recursos comuns por meio de uma série de externalidades negativas involuntárias facilitadas pelo design atual dos direitos de propriedade. A criação de uma economia 4.0 exige que repensemos e atualizemos a essência dos direitos de propriedade.

Na nossa sociedade atual, na qual o valor emerge de relacionamentos distribuídos entre as pessoas, de que adianta fundamentar os direitos de propriedade em uma teoria extremamente individualista que reflete a sociedade britânica do século XVII em vez do mundo globalizado do século XXI? Agora precisamos continuar a história de sucesso dos direitos de propriedade privada levando-os ao próximo estágio evolucionário: uma nova categoria de direitos de propriedade baseados em recursos comuns que responsabiliza os *trustees* e os variados stakeholders pela administração responsável e ética desses recursos visando ao bem-estar do ecossistema e das gerações futuras de usuários.[68]

EM BUSCA DO 4.0

Vamos dar início a um diálogo sobre os direitos de propriedade 4.0 refletindo sobre as proposições a seguir.

Todas as formas de posse são socialmente construídas

Todas as formas de posse são socialmente construídas e, portanto, dependentes de um senso de legitimidade. No mundo de Locke, caracterizado por pequenas populações, produção individual de pequena escala e recursos aparentemente ilimitados, fazia todo sentido pensar em termos de direitos de propriedade privada individual. Já no mundo do século XXI, com sete bilhões de pessoas, gigantescas redes distribuídas de produção cocriativa e consumo colaborativo, bem como uma crescente escassez de recursos e um conjunto exaurido de recursos comuns, entramos em uma era na qual insistir na primazia dos direitos de propriedade individual não passa de uma reação obsoleta, além de entrar em conflito com as verdadeiras necessidades da presente era.

Há um reconhecimento crescente de que qualquer forma de direito de propriedade privada também deveria incluir responsabilidades para com outros stakeholders que poderiam ser afetados pelas externalidades negativas dos bens ou serviços em questão. Por exemplo, um dos princípios fundamentais da constituição alemã (*Grundgesetz*), declara: "Propriedade implica obrigações. Sua utilização também deve servir o bem público."[69] Esse é um exemplo de uma tentativa constitucional de equilibrar os direitos de propriedade privada com o bem-estar da sociedade como um todo. No entanto, ainda não vimos um verdadeiro fortalecimento dos direitos de propriedade baseados em recursos comuns que poderia acionar uma Terceira Revolução Industrial, incluindo a produção cocriativa e o consumo colaborativo, da mesma forma como os direitos de propriedade individual acionaram a Primeira e a Segunda Revolução Industrial.

Dois importantes mitos aprisionaram a visão dos direitos de propriedade em linhas de pensamento hoje obsoletas:

Mito 1: *Só os direitos de propriedade privada são eficientes; as outras formas não são.* Sim, é verdade que os direitos de propriedade privada foram um enorme sucesso e permanecem sendo um componente integral da ascensão do capitalismo moderno 2.0 e 3.0, mas isso não quer dizer que todas as outras formas de direitos de propriedade sejam ineficazes. Três exemplos sugerem uma reavaliação da primazia dos direitos de propriedade privada individual: (1) o sucesso econômico da China, onde a maior parte do PIB é produzida por empresas estatais;[70] (2) a

Alemanha, que se recuperou da crise de 2008 mais rapidamente que outros países porque as empresas, o governo e os sindicatos trabalharam em estreito contato e colaboração; e (3) o esgotamento geral dos nossos recursos comuns ecológicos globais, que reflete uma falta de direitos de propriedade que criariam transparência e prestação de contas no que se refere à sobreutilização dos recursos escassos.

Mito 2: *Não existe uma terceira forma de posse.* Um segundo mito é que o público e o privado são as únicas formas de posse e que não existe uma terceira forma. Na verdade, grande parte do discurso das últimas décadas tem sido influenciada por uma aliança profana de grupos de interesse que têm se utilizado da inter-relação dos direitos de propriedade pública e privada para cassar os direitos das comunidades locais à posse real dos recursos comuns. Por exemplo, lavradores de países em desenvolvimento se tornaram dependentes das sementes híbridas geneticamente modificadas que não podem ser replantadas. O que costumava ser um recurso comum comunitário, as sementes, foi declarado bem público (de propriedade do Estado) e depois transformado em bem privado (de propriedade de conglomerados multinacionais como a Monsanto). E quando se deram conta, milhões de agricultores da Índia e de outros lugares não podiam mais usar suas práticas tradicionais de compartilhar e replantar as sementes porque a Monsanto garantiu as patentes sobre as cópias das sementes locais. O que costumava ser uma prática cultural e econômica (compartilhar as sementes entre os agricultores) passou a ser ilegal e passível de processos em juízo, deixando os agricultores com a infeliz escolha entre a dependência econômica das sementes geneticamente modificadas da Monsanto e transgredir a lei, resultando num dos principais impulsionadores do que tem sido considerada a maior onda de suicídios registrados da história da humanidade, com 250 mil agricultores indianos se matando nos últimos 16 anos. Esse fenômeno foi rotulado de "genocídio geneticamente modificado" pela imprensa indiana, mas a imprensa dos países desenvolvidos, especialmente os Estados Unidos, insiste em olhar para o outro lado.[71]

Precisamos de direitos de propriedade baseados em recursos comuns

Em seu livro *Capitalism 3.0,* Peter Barnes sugere a criação de uma terceira categoria de direitos de propriedade, baseados nos recursos comuns, capaz de estender os direitos de propriedade públicos e privados existentes. De acordo com essa proposta, esses direitos de propriedade baseados nos recursos comuns seriam institucionalizados por meio de *trusts* e *trustees* responsáveis por prestar contas a todos os grupos de stakeholders do ecossistema, inclusive às gerações futuras, e atuar como administradores responsáveis e éticos do todo. Enquanto os benefícios financeiros iriam ao governo no caso de posse pública e aos acionistas no caso de posse privada, no caso dos recursos comuns o retorno iria a todos os cidadãos das comunidades afetadas, proporcionando, na prática, um "dividendo de cidadania".

Uma característica dos direitos de propriedade comunitária em esquema de *trust* é que eles não funcionam como uma empresa, que tende a ser motivada por lucros de curto prazo, ou como um governo, que tende a ser motivado por interesses especiais de curto e longo prazo (como uma candidatura nas próximas eleições). Um *trust* e seus *trustees* independentes devem prestar contas pela sustentabilidade de longo prazo dos recursos comuns específicos que eles são responsáveis por administrar para a próxima geração.[72]

A posse compartilhada está crescendo

Há vários exemplos de *trusts* e outras formas de direitos de propriedade compartilhada. O acesso e a utilização da internet são exemplos do que se tornou uma parte essencial da nossa vida cotidiana. Formas emergentes de direitos de posse compõem um movimento global de muitas facetas que ainda não se conscientizou plenamente de si mesmo. Esse novo tipo de direitos de posse baseados no compartilhamento 4.0 leva à desestabilização das velhas visões de negócio. Como Mark Levine escreveu no *New York Times*, "o compartilhamento é para os direitos de posse o que o iPod é para a fita cassete e o que o painel solar é para a mina de carvão. O compartilhamento é limpo, revigorante, urbano, pós-moderno, enquanto a propriedade é obscura, egoísta, tímida, retrógrada".[73]

Nessa mesma linha, a autora Rachel Botsman afirma: "Não quero mais tralhas, quero as necessidades que elas deveriam satisfazer ou as experiências que elas deveriam proporcionar! Esse desejo está impelindo uma enorme mudança, na qual a utilização vence a posse. Acredito que, quando a sociedade, diante de grandes desafios, promover a enorme mudança da posse e dos gastos individuais na direção da descoberta do bem coletivo, teremos uma verdadeira revolução."[74]

Veja alguns poucos exemplos dos estágios iniciais dessa enorme mudança. A Zipcar, um serviço de car sharing fundado em 2000 em Cambridge, Massachusetts, tinha 670 mil membros em 2012. A Netflix, fundada em 1997, permite que seus 23 milhões de membros compartilhem o acesso a DVDs. A Zimride, uma rede social para organizar caronas no MIT, permite que estudantes, empregados e membros do corpo docente coordenem caronas para ir ao instituto. Nos "Powershopping Parties" da Alemanha, mulheres trocam roupas em festas que chegam a contar com 800 ou mais participantes. Cada vez mais consumidores estão passando de comprar a "utilizar", num fenômeno que Botsman chama de consumo colaborativo.[75]

De acordo com Robert Henrich, CEO da Car2go da Daimler, uma empresa de car sharing com operações em Vancouver, Colúmbia Britânica; Austin, Texas; Washington, DC; San Diego; Amsterdã; Viena; Lyons; e Hamburgo, Dusseldorf e Ulm, na Alemanha, "no começo, especialmente os jovens queriam provar o novo serviço. [Agora] todos os grupos da sociedade participam. Estudantes, empregados, autônomos, empresários, idosos".[76] Em todos esses exemplos, em vez de deter a propriedade de um carro, de um DVD ou de uma ferramenta, os usuários compartilham esse recurso.

A agricultura urbana comunitária também está em ascensão. O projeto Landshare, sediado no Reino Unido, conecta pessoas que têm quintais mas não têm tempo ou interesse de utilizá-los com pessoas que querem cultivar alimentos. Lançado em 2009 e contando com 71 mil membros apenas três anos depois, o Landshare combina o interesse em produzir alimentos localmente com a criação de uma rede social. Um mapa interativo e site na internet cria uma rede de cultivadores locais. Os membros são pessoas e famílias, bem como escolas e asilos.

Levando essa ideia a um nível diferente, a cidade de Todmorden no condado britânico de West Yorkshire estabeleceu a meta de se tornar autossuficiente em verduras, frutas de pomar e ovos até 2018. A cidade tem cenouras plantadas na frente do departamento de polícia, framboesas, damascos e maçãs às margens do canal, groselhas e morangos ao lado do consultório médico. Os cidadãos são encorajados a colher o que quiserem. Todas as verduras, frutas e legumes são grátis.[77] Todmorden inspirou outras cidades a se unir ao modelo Incredible Edible, que não apenas produz produtos locais grátis como também fomenta um novo senso comunitário na cidade. A Interface, uma fabricante de carpetes sediada em Atlanta, detém a posse de seus carpetes e, por uma mensalidade, se encarrega da manutenção de seus produtos na casa ou no escritório dos clientes. Esse serviço, combinado com um sistema no qual a Interface substitui (e recicla) as partes gastas do carpete, reduz a necessidade de repor os carpetes em até 80%.

As formas 4.0 de posse compartilhada não param no nível dos produtos ou recursos. A posse compartilhada também está sendo aplicada no que, no capitalismo, parecem ser as "joias da coroa" de todos os ativos: o capital industrial.

Um bom exemplo disso é a Bosch, fornecedora automotiva global, com mais de 350 controladas em mais de 60 países, mais de 300 mil empregados em todo o mundo e faturamento de aproximadamente €51,4 bilhões em 2011. Noventa e dois por cento de sua propriedade é detida pela Bosch Foundation, uma fundação de caridade que recebe uma parcela dos dividendos.

Outro modelo são as corporações de propriedade dos empregados, nas quais os direitos de posse são distribuídos e detidos pelas pessoas que trabalham na empresa. A Mondragon Corporation é uma corporação e federação de cooperativas de trabalhadores sediada na região basca da Espanha. Em 2011, ela empregava 83 mil pessoas, com uma receita de €14,7 bilhões. As cooperativas possuem uma cultura e um modelo de negócio altamente participativos, o que lhes possibilitou desenvolver todo um ecossistema de colaboração que inclui 256 empresas cooperadas diferentes. As cooperativas são de propriedade de seus trabalhadores/membros e o poder se baseia no princípio do "uma pessoa um voto".[78]

No total, um bilhão de pessoas estão envolvidas em cooperativas na qualidade de membros/clientes, empregados/participantes, ou ambos. Em 2008, as 300 maiores cooperativas geraram uma receita de US$1,6 trilhão, comparável ao PIB da nona maior economia do mundo.[79]

E finalmente e igualmente importante, a internet possui mais de 2,1 bilhões de usuários, quase um terço da população do planeta. Sem uma governança centralizada, a internet tem dois princípios operacionais: (1) o espaço de endereços do Protocolo de Internet; e (2) o sistema de nomes de domínio. A Internet Engineering Task Force (IETF), uma organização sem fins lucrativos constituída de participantes internacionais com afiliação aberta aos quais qualquer um pode se associar contribuindo com expertise técnica, se ocupa de padronizar os protocolos centrais (IPv4 e IPv6).[80]

VISLUMBRANDO O NOSSO FUTURO: EXIGINDO OS DIREITOS DE POSSE E A ADMINISTRAÇÃO RESPONSÁVEL E ÉTICA DOS NOSSOS RECURSOS COMUNS

A evolução das formas de posse de acesso livre à propriedade pública, privada e mista ocupa o centro da nossa transformação global atual. Embora estejamos testemunhando o surgimento de várias formas espontâneas de recursos comuns colaborativos e posse distribuída, não podemos ignorar o profundo impacto dos três divisores que atingirá as nossas sociedades nas próximas décadas. Eles levarão a grandes disrupções que nos forçarão a repensar o design, desde as bases, dos direitos de propriedade nas nossas instituições e sistemas de mainstream. Não bastará realizar experimentos com novas formas de direitos de posse nas periferias do sistema; precisaremos repensar e reconceber os direitos de propriedade em todos os sistemas de mainstream que afetam a capacidade de regeneração dos nossos recursos comuns.

A crise atual do capitalismo é uma crise das nossas estruturas 2.0 e 3.0 de pensamento econômico, que concebem a natureza, o trabalho e o capital como commodities. A nossa crença nessa ficção da commodity nos permitiu acumular capital e organizar a mão de obra industrial e, em menos de 200 anos, queimar praticamente todo o combustível fóssil que o nosso planeta acumulou em milhões de anos.

Se tudo for uma commodity, posso pegá-la, vendê-la, usá-la, descartá-la e comprar outra. E é exatamente o que acontece. Os direitos de propriedade privada são extremamente eficazes para as commodities e os sistemas menos distribuídos. No entanto, o conceito não se aplica bem a recursos comuns complexos e distribuídos.

O divisor ecológico (esgotamento), o divisor social (desigualdade e pobreza) e o divisor espiritual-cultural (depressão) emergem diretamente do modelo de pensamento econômico que considera commodities, o planeta, os seres humanos e o dinheiro. Entretanto, o planeta e os seres humanos não são commodities. Não criamos a Terra; ela nos foi dada. Em vez de apenas "pegar, fazer, vender, usar e descartar", nosso papel é atuarmos como administradores responsáveis e éticos voltados a passar o que nos foi dado à próxima geração na mesma condição ou em condições melhores do que recebemos.

Estamos num momento decisivo da história, no qual as externalidades negativas continuadas que geramos coletivamente não têm mais como ser absorvidas pelos nossos ecossistemas ecológicos, sociais e espirituais.

Estamos nos aproximando de um beco sem saída e vemos isso quando constatamos as crescentes disrupções que enfrentamos como uma sociedade global. A atualidade constitui um momento profundo do nosso caminho evolucionário: podemos despertar e nos redirecionar ou podemos ignorar a realidade e nos manter em uma rota de colisão que provocará fracassos catastróficos que afetarão bilhões de pessoas já na presente geração.

É isso que está em risco quando consideramos a evolução da nossa economia e do nosso pensamento econômico.

Conclusão e práticas

Este capítulo se concentrou em lançar luz no ponto cego que fundamenta as oito desconexões estruturais discutidas no Capítulo 2. O que nos mantém reencenando essas desconexões estruturais? São as referências e paradigmas obsoletos do pensamento econômico com base nos quais os tomadores de decisão continuam operando.

Investigamos a evolução dos oito conceitos-chave do pensamento econômico que subjaz as desconexões discutidas no Capítulo 2: natureza, trabalho, capital, tecnologia, liderança, consumo, governança e posse. O que descobrimos com essa reconstrução do pensamento econômico é que cada um desses conceitos centrais percorreu a mesma jornada (veja a Tabela 3). Trata-se de uma jornada que redefine a essência desses conceitos básicos de acordo com a metajornada do pensamento econômico, percorrendo os paradigmas do pensamento comunal (0.0), centrado no Estado (1.0), de livre mercado (2.0) e centrado nos stakeholders ou social de mercado (3.0) e que pode evoluir para uma economia ecossistêmica intencional voltada para criar o bem-estar para todos (4.0). Essa jornada pelos vários paradigmas econômicos pode ser contada como uma história do movimento da consciência humana, da conscientização tradicional (1.0) e egossistêmica (2.0) à conscientização centrada nos stakeholders (3.0) e à conscientização ecossistêmica (4.0).

Em resumo, a evolução do pensamento econômico e da nossa economia acompanha a evolução da consciência. A essência da nova economia é transformar o pensamento econômico da conscientização egossistêmica à conscientização ecossistêmica. Neste capítulo, exemplificamos essa transformação das nossas oito áreas problemáticas, ou, para usar outro termo, nossos pontos de acupuntura. A história desses pontos de acupuntura é basicamente uma história de transcender a ficção da commodity da terra, trabalho e capital para desenvolver maneiras melhores e mais inteligentes de administrar com responsabilidade e ética os recursos comuns e redirecionar o capital financeiro às verdadeiras fontes de empreendedorismo, criatividade e bem-estar individual e coletivo.

QUESTÕES PARA O JOURNALING

Use a Tabela 6 como uma miniversão da Matriz da Evolução Econômica (apresentada na Tabela 3) para avaliar a sua organização seguindo os cinco passos a seguir.

1. Em cada linha, marque um quadro (1.0, 2.0, 3.0 ou 4.0) que representa melhor o modelo operacional dominante da sua organização e contexto atuais.
2. Feito isso, trace uma *linha da realidade atual* unindo todos os quadros marcados.
3. Qual modelo operacional mais apropriado para o trabalho futuro precisa ser implementado para lidar com os grandes desafios daqui a 10 ou 20 anos? Em cada linha, marque um quadro, dessa vez usando uma cor diferente.
4. Agora trace a *linha do futuro que emerge* ligando o segundo conjunto de quadros marcados com a segunda cor.
5. Compare as duas linhas, a da realidade atual e a do futuro que emerge. Elas são diferentes e, se forem, em que pontos e quais são as implicações disso?

CONVERSA EM CÍRCULO

1. Depois realizar as tarefas acima individualmente, proponha que cada membro explique ao grupo quais respostas poderiam significar um avanço.
2. Quais seriam os protótipos interessantes possíveis para explorar os tipos 4.0 de modelos operacionais no contexto da sua vida pessoal e profissional neste exato momento?

TABELA 6 Avaliação organizacional

	Natureza	Trabalho	Capital	Tecnologia	Liderança	Consumo	Coordenação	Posse
1.0	Recursos	Servidão	Humano	Ferramentas	Autoritária	Tradicional	Planejamento central	Pública
2.0	Commodity	Commodity	Industrial	Máquinas	Incentivos	Consumismo	Mercados e competição	Privada
3.0	Commodity regulada	Commodity regulada	Financeiro	Automação centrada no sistema	Participativa	Consumo consciente seletivo	Redes e negociação	Mista
4.0	Ecossistema, recursos comuns	Empreendedorismo	Cultural, criativo	Centrada no ser humano	Cocriativa	Consumo consciente colaborativo	ACC: ação coletiva baseada na conscientização	Recursos comuns: acesso compartilhado

4

Fonte: conectando-se com a intenção e a conscientização

Este capítulo aborda o nível mais profundo do "iceberg da realidade atual", que chamamos de nível da Fonte, ou nível da intenção e da conscientização. O nível visível de um iceberg é a área acima da linha d'água. Equiparamos esse nível com os "sintomas de superfície" de uma sociedade (veja o Capítulo 1). Abaixo desses sintomas visíveis temos desconexões estruturais que levam aos limites do sistema com os quais a civilização global está se deparando atualmente (veja o Capítulo 2). No Capítulo 3, analisamos os paradigmas do pensamento econômico que levam a esses problemas estruturais, que resumimos na Matriz da Evolução Econômica (veja a Tabela 3). Este capítulo explora o nível da fonte da criação da realidade social - como nos conectar à fonte do futuro que emerge.

O ponto cego III: a fonte

Em 1996, Peter Senge, nosso amigo e colega do MIT, nos contou sobre uma conversa que teve com o mestre zen chinês Huai-Chin Nan, também chamado de Mestre Nan, em Hong Kong:

> Na China ele é considerado um acadêmico extraordinário devido à integração que faz entre o budismo, o taoísmo e o confucionismo. Perguntei se ele achava que a Era Industrial criaria problemas ambientais tão graves a ponto de a humanidade se autodestruir e se não precisaríamos encontrar um jeito de entender esses problemas e mudar as nossas instituições industriais. Ele não concordou totalmente com a ideia. Não era assim que ele via a situação. Ele enxergava o mundo em um nível mais profundo, e disse: "*Só há um problema no mundo. É a reintegração da mente e da matéria.*" Foi exatamente o que ele me disse: "a reintegração da mente e da matéria".[1]

Quando essas palavras penetraram na minha mente, eu (Otto) senti que elas perfuraram um véu que me impedia de ver a realidade com mais profundidade. Em um lampejo, visualizei um campo social que, na superfície, exibia os sintomas atuais da nossa patologia social e que, abaixo da superfície, continha as fontes mais profundas das quais esses sintomas surgiam.

E se todos os sintomas do nível da superfície fossem o resultado de uma cisão em um nível mais profundo que, por enquanto, chamaremos de "a fonte"?

O que "reintegração da mente e da matéria" significa quando falamos do campo social, dos níveis de comportamento coletivo que exibimos como uma comunidade global? Será que isso significa reintegrar "ação" e "conscientização" para lidar com os desafios da nossa era? Será que significa que precisamos fechar o ciclo de feedback entre resultado, ação e pensamento no nível dos sistemas como um todo?

Uma conversa sobre mente e matéria

Três anos mais tarde, no outono de 1999, tive a oportunidade de entrevistar o Mestre Nan em Hong Kong. Ele disse que o século XX não tinha um pensamento cultural central que unisse a sociedade e a vida, e que via o mundo afundando cada vez mais em um materialismo orientado pela tecnologia e pelo dinheiro. Ele também via o princípio de uma nova espiritualidade. E disse: "O mundo definitivamente seguirá o caminho espiritual. Mas esse caminho será diferente do caminho espiritual do passado, tanto no Oriente quanto no Ocidente. Será um novo caminho espiritual, uma combinação de ciências naturais e filosofias." Mesmo assim, ele acreditava que essa nova espiritualidade ainda seria profundamente conectada com as dimensões mais profundas da nossa humanidade: "Ela [a espiritualidade] sempre retomará algumas destas questões: Qual é o sentido da vida? Qual é o valor da vida? Por que existimos?"

Os estudantes do Mestre Nan me contaram que ele tinha acabado de publicar uma reinterpretação do "Grande Ensinamento" de Confúcio, um dos dois textos centrais do confucionismo. Em seu comentário, o Mestre Nan observa que os líderes, para realizar o melhor trabalho possível, precisam aprender a acessar os sete estados da conscientização da liderança. A seção central do "Grande Ensinamento" lembra um processo do "U em ação", de macro a micro e de volta ao macro:

Os patriarcas que desejam mostrar suas boas virtudes ao mundo devem, em primeiro lugar, ordenar o próprio Estado.
Aqueles que desejam pôr ordem em seu Estado devem, primeiro, arrumar suas casas.
Aqueles que desejam harmonizar sua família devem, antes de tudo, cultivar sua pessoa.
Aqueles que desejam cultivar sua pessoa devem, primeiro, retificar seu coração.
Aqueles que desejam retificar seu coração devem, antes, alcançar a sinceridade de seus pensamentos.
Aqueles que desejam alcançar a sinceridade de seus pensamentos devem, primeiro, ampliar ao máximo sua conscientização.
Tal extensão da conscientização depende da investigação da matriz fundamental de mente e matéria.
Quando a matriz fundamental de mente e matéria é investigada, a conscientização é completa.
Quando a conscientização é completa, os pensamentos podem se tornar sinceros.
Quando os pensamentos são sinceros, o coração pode ser retificado.
Quando o coração é retificado, a pessoa é cultivada.
Quando a pessoa é cultivada, a família se harmoniza.
Quando a família se harmoniza, o Estado é governado com retidão.
Quando o Estado é governado com retidão tudo sob o céu entra em equilíbrio.[2]

Apesar de normalmente considerar-se que o confucionismo enfatiza a subserviência e o não questionamento da autoridade, o Mestre Nan afirma que não é assim que o "Grande Ensinamento" deveria ser interpretado. "O importante é efetivamente conhecer a si mesmo, conhecer seu processo de abertura."

O Tao da liderança

Mais tarde, naquele mesmo dia, nos reunimos ao redor de uma grande mesa de jantar, com uma dúzia de seus estudantes. A comida estava deliciosa e as pessoas entoaram cânticos, meditaram, riram, fumaram, beberam e conversaram sobre práticas de cultivo, sobre a ciência e tópicos excêntricos, como pesquisas sobre os sentimentos das plantas.

Com a ajuda do meu tradutor, o Professor Zhao, eu quis saber com o Mestre Nan se realmente havia entendido o que ele dissera naquela tarde. Resumi e em parte estendi o que ele me disse, afirmando que o ponto cego do século XX estava relacionado com a nossa incapacidade de enxergar o processo de *vir a ser* da realidade social ou, em outras palavras, nossa incapacidade de entender as origens das nossas ações. Normalmente percebemos a realidade social que nos cerca como uma coisa, algo externo a nós e separado de nós. O ponto cego significa que não vemos a *nós mesmos* produzindo a realidade social de forma que não entendemos como a nossa conscientização individual e as nossas intenções afetam a realidade social que nos cerca. Para lançar luz nesse ponto cego, precisamos praticar os sete estados meditativos de liderança identificados pelo Mestre Nan em sua nova interpretação do "Grande Ensinamento". Mestre Nan concordou com essa interpretação. Depois, continuei com versões diferentes da mesma pergunta: "Qual é a verdadeira origem desse fluxo de criação da realidade social?" Mestre Nan respondeu que a fonte é "a mente e o pensamento", mas continuei inquirindo: "Onde a mente e o pensamento se originam?", e ele respondeu discorrendo sobre os diferentes níveis de consciência e o "eu". Por fim, perguntei sobre as fontes do eu: "Onde o eu e o Eu se originam?" – sendo que o Eu, com E maiúsculo, denota o nosso mais elevado potencial.

"O pequeno eu e o grande Eu vêm da mesma fonte", foi a resposta do Mestre Nan, que explicou:

> Uma origem para os dois. O universo todo é apenas um grande Eu. Os religiosos o chamam de Deus. Os filósofos o chamam de natureza fundamental. Os cientistas o chamam de energia. Os budistas o chamam de Atma. Os chineses o chamam de Tao. Os árabes o chamam de Alá. Então, cada cultura, em certo sentido, sabe que há algo lá, um algo definitivo. Os religiosos só personalizam essa ideia. Fazem dela uma pessoa, como um Deus. Tudo bem, então esse Deus é supernatural, tem todas essas supercapacidades etc. Isso é religião. Os filósofos usam a lógica para analisar o conceito. Os cientistas querem revelá-lo ou tentam encontrar o grande Eu em tudo isso, com pesquisas físicas etc. Se realmente analisarmos a cultura humana, dizem que ela começa com a religião, depois as pessoas começam a duvidar das religiões, e então elas começam a pesquisar as religiões. Então chegamos à filosofia. E

as dúvidas permanecem. Tudo se baseia em razão e lógica. É abstrato demais, não é real. Então eles querem fazer experimentos e é assim que a ciência evoluiu, emergiu. Esse é o desenvolvimento da civilização ocidental. Partindo das religiões, passando pela filosofia até chegar às ciências naturais. Religião, ciência, filosofia são todas maneiras de encontrar esse grande Eu, essa origem da vida. Esse grande Eu originalmente era apenas um corpo, tudo junto em um só.

Dito isso, o Mestre Nan explicou a diferença entre o pequeno eu e o grande Eu. "Então, para o cultivo, ao aprender o budismo, a primeira coisa que se faz é tentar se livrar dessa visão do [pequeno] eu. Uma vez que se atinge o estado do não eu [deixando ir o pequeno eu], atingimos o estado do grande Eu. Compaixão, amor etc., tudo isso se origina do grande Eu. Nesse grande Eu, não há mais egoísmo."[3]

Saí desse encontro com o Mestre Nan e seu círculo de alunos profundamente tocado e inspirado. Percebi que o ponto de alavancagem para superar a cisão entre mente e matéria deve se relacionar com as fontes do Eu. Então, como podemos saber mais sobre essas fontes?

O ponto cego da ciência cognitiva

Essa questão me levou a um encontro em 2000 no escritório de Paris com o cientista cognitivo Francisco Varela, falecido em 2001, um dos cientistas e pensadores mais brilhantes de sua geração. Se tivéssemos que identificar as duas ou três entrevistas mais importantes que levaram ao desenvolvimento da Teoria U, as minhas (de Otto) conversas com Varela sem dúvida estariam entre elas.

Na minha primeira entrevista com Varela, em 1996, ele expressou um importante insight: "O problema não é que não sabemos o suficiente sobre o cérebro ou sobre a biologia; o problema é que não sabemos o suficiente sobre a experiência... Temos um ponto cego no Ocidente para esse tipo de abordagem metódica, que hoje eu descreveria como um método fenomenológico mais direto. Todo mundo acha que sabe sobre a experiência e eu afirmo que não é verdade."[4]

Na entrevista de 2000, comecei perguntando a Varela se ele tinha mais alguma reflexão sobre o tópico. Ele respondeu que essa questão foi o foco primário de seu trabalho desde o nosso encontro de 1996. Ele tirou de uma prateleira uma edição especial do *Journal of Consciousness*, apontou para ela e disse: "Este seria um livro impensável três ou quatro anos atrás." Ele explicou que vinha estudando e sintetizando as três principais metodologias que, em sua opinião, se voltavam ao ponto cego da investigação da experiência: a fenomenologia, a introspecção psicológica e as práticas contemplativas. Ele descobriu que todas as três abordagens conduzem o indivíduo pelo mesmo processo fundamental de conscientização. Ele resumiu esse processo fundamental de se conscientizar como uma sequência de cruzamentos de três limiares: *suspender, redirecionar e deixar ir.*[5]

Quando ele descreveu esses três limiares e explicou como o ato de cruzá-los transforma o modo como prestamos atenção, eu os reconheci imediatamente. Afinal, eu já tinha visto as mesmas mudanças de conscientização e atenção em grupos e equipes em workshops e retiros. Sempre que o objetivo do trabalho de equipes e organizações é confrontar desafios complexos que requerem reações inovadoras e criatividade coletiva, os seguintes estágios emergem:

1. *Suspender:* parar e suspender antigos hábitos de julgamento e pensamento é um pré-requisito para a primeira fase do trabalho. Esse estágio requer romper os padrões habituais e começar a prestar atenção.
2. *Redirecionar:* depois de suspender os padrões do passado e o hábito da recuperação (downloading), é necessário começar a ver a realidade de um ângulo diferente. Isso requer escutar as opiniões e experiências dos outros, desenvolvendo a capacidade de enxergar a realidade atual de uma variedade de pontos de vista.
3. *Deixar ir:* em seguida, se tivermos sorte, passaremos por um profundo momento de "quietude" que nos permite deixar ir nosso antigo eu e nos conectar com outro estado de ser, um estado que nos ajuda a nos conscientizar de quem realmente somos e por que estamos aqui. Isso requer abrir mão de tudo o que não é essencial e deixar ir a nossa bagagem diante do buraco da agulha. Entrar nesse estado mais profundo nos permite operar a partir de um fluxo cocriativo.

Essa conversa com Varela foi algo como uma semente ou um presente. Hoje, olhando para trás, diríamos que o que nasceu dessa semente foi a estrutura sintetizadora da Teoria U, que chamamos de "Matriz da Evolução Social" e que vincula a essência da Teoria U – conectar-se com a fonte – com a máxima do Mestre Nan – reintegrar mente e matéria.

A Matriz da Evolução Social

Uma das ideias essenciais da Teoria U é que a forma segue a atenção ou a consciência. Podemos alterar a realidade mudando o lugar interior a partir do qual operamos. A Matriz da Evolução Social (e o restante deste livro) volta-se a explicar as implicações disso para um indivíduo (atenção), um grupo (conversa), uma instituição (organização) e um sistema global (coordenação). A Tabela 7 mostra como esses diferentes campos sociais (micro, meso, macro, mundo) se transformam de acordo com o lugar interior – ou a qualidade da conscientização – a partir do qual operamos.

O primeiro passo para compreender o impacto da atenção sobre a realidade é analisar o modo como operamos no nível individual. Vejamos o exemplo do ato da escuta.

No nível 1, a qualidade de escuta é chamada de recuperação (downloading). É sempre a mesma velha história! O ouvinte absorve as ideias que meramente confirmam o que ele já sabe. Não faltam exemplos disso: (1) não enxergar os novos desafios por persistir em antigas teorias; e (2) não perceber as oportunidades futuras por se apegar aos antigos modelos ou experiências do passado.

No nível 2, ela é denominada escuta factual, que é o que os bons cientistas fazem. Eles não se apegam a interpretações existentes da realidade, mas permitem que os dados se expressem. Eles tentam ouvir os fatos mesmo se esses fatos contradizem suas teorias ou ideias. A escuta factual conecta as pessoas com as particularidades do mundo.

No entanto, a escuta factual não inclui a complexidade social. Isso ocorre no nível 3, que chamamos de escuta empática. A escuta empática permite que a pessoa veja a realidade da perspectiva do outro e perceba as circunstâncias do outro. Isso não implica que os dois lados concordem entre si, mas as pessoas se tornam capazes de reconhecer e respeitar a perspectiva um do outro. A escuta empática significa ver do ponto de vista de outro stakeholder.

O nível 4 é a escuta gerativa, que implica formar um espaço de profunda atenção que permite que uma futura possibilidade emergente se manifeste.

É o que os melhores orientadores fazem: eles escutam profundamente de uma maneira que permita a conexão com o seu futuro eu emergente. Algumas vezes também utilizamos o exemplo de uma banda de jazz que está "no *groove*" para ilustrar essa capacidade. Quando os membros individuais conseguem ouvir o todo e simultaneamente harmonizar o próprio instrumento com um padrão emergente, eles são capazes de cocriar algo novo juntos.

À medida que a escuta passa do nível 1 (superficial) ao nível 4 (profundo), o campo de atenção do ouvinte avança por vários pontos de virada, da suspensão (a passagem de acesso para o nível 2) para o redirecionamento (a passagem para a escuta empática) e, na sequência, o deixar ir (a passagem para a escuta gerativa).

As colunas de 3 a 5 ilustram como esse processo de abertura se desenrola em grupos (conversa), instituições (organização) e ecossistemas ou sociedades (coordenação).

Cruzando o limiar para as sociedades 4.0

Mesmo assim, levar os sistemas social e econômico a um estado 4.0 de operação permanece sendo um enorme desafio. Isso requer cruzar um limiar de metaconscientização autorreflexiva em vários níveis. Como indivíduos, devemos começar a prestar atenção à nossa atenção (autoconscientização); como equipes, devemos começar a conversar sobre as nossas conversas (diálogo); como empreendimentos, devemos começar a organizar a nossa organização (redes de redes: ecossistemas); e, como ecossistemas, devemos começar a coordenar a nossa coordenação (sistemas de Ação Coletiva baseada na Conscientização – ACC).

Em cada um desses níveis, o limiar requer uma ação autorreflexiva. *Atentar à sua atenção* implica inverter o foco da observação para si mesmo a fim de se enxergar. *Conversas sobre as nossas conversas* implica inverter a nós mesmos o foco da conversa para ajudar o grupo a se ver. *Organizar a nossa organização* implica criar condições que tornam a auto-organização no nível do ecossistema mais intencional, fluida e autoconsciente. *Coordenar a nossa coordenação* implica criar um metanível que permita que uma comunidade de players veja a si mesma e ajuste o portfólio de mecanismos de coordenação existentes conforme o necessário – por exemplo, reconfigurando as fronteiras entre cooperação e competição em um setor.

TABELA 7 A Matriz da Evolução Econômica

Micro: *Atenção* (Individual)	Meso: *Conversa* (Grupo)	Macro: *Organização* (Instituição)	Mundo: *Coordenação* (Sistema global)
Escuta 1: Recuperação de hábitos de pensamento	Recuperação: falar a partir de uma atitude de conformar-se	Controle centralizado: organização centrada na hierarquia	Hierarquia: comando
Suspensão Escuta 2: Factual, de mente aberta	Debate: falar de uma atitude de diferenciação	Divisionalizado: organização centrada na diferenciação	Mercado: competição
Redirecionamento Escuta 3: Empática, de coração aberto	Diálogo: falar de uma atitude de investigar aos outros e a si mesmo	Distribuído/em rede: organização centrada em grupos de interesse	Diálogo negociado: cooperação
Deixar ir Escuta 4: Gerativa, de presença aberta	Criatividade coletiva: falar a partir do que está se movendo	Ecossistema: organização centrada no que emerge	Ação coletiva baseada na conscientização: cocriação

Cruzar esse limiar requer tecnologias sociais, ferramentas, métodos e práticas de liderança que nos permitam evoluir a conscientização e a consciência do nível egossistêmico ao ecossistêmico.

Conclusão e práticas: reintegrando a matriz

Os capítulos a seguir apresentarão tecnologias sociais que explicarão em mais detalhes as colunas da Tabela 7 aplicadas à transformação:

1. do indivíduo: de eu ao nós (Capítulo 5);
2. dos relacionamentos: do ego ao eco (Capítulo 6);
3. das instituições: da hierarquia ao ecossistema (Capítulo 7); e
4. do reforço da capacidade: das antigas formas à criação de uma escola de liderança de ação global (Capítulo 8).

Cada jornada é um processo de profunda abertura. A essência dessa jornada nos leva de volta à nova interpretação de Confúcio proposta pelo Mestre Nan. De acordo com o texto, trata-se de uma jornada dos campos externos (o mundo, o Estado, a família) aos campos internos: o coração, os pensamentos e a conscientização da pessoa que se estende à investigação da matriz subjacente de mente e matéria.

Essa investigação leva a outro novo impulso, canalizado de volta à realidade por meio da renovação da conscientização, pensamentos, corações e famílias até se estender a nações renovadas e, finalmente, um novo mundo renovado.

O Mestre Nan e outros nos convidam a analisar com mais atenção o modo como a mente e a matéria se relacionam uma com a outra – como a nossa conscientização e a nossa consciência afetam os meios de encenar as formas sociais, como eles afetam e moldam nossas maneiras de concretizar o mundo. Nos níveis 1 e 2 da Matriz da Evolução Social, o campo social se fundamenta em uma separação entre matéria e mente; no nível 4, essas fronteiras são derrubadas, abrindo um novo campo de possibilidades cocriativas. É nesse campo que a presença do futuro tem início...

QUESTÕES PARA O JOURNALING

Use a forma resumida da Matriz da Evolução Social apresentada na Tabela 8 para avaliar a sua situação atual respondendo as perguntas a seguir:

1. Qual porcentagem do tempo você passa em cada nível de escuta? Anote a porcentagem.
2. Qual porcentagem do tempo você passa em cada nível de conversa?
3. Qual porcentagem do tempo a sua instituição o impele a se organizar em torno de estruturas centralizadas, divisionalizadas, em rede ou ecossistêmicas?
4. Qual porcentagem do tempo você passa se conectando com o todo pelos mecanismos da hierarquia, competição, negociação com stakeholders ou ACC (conscientização compartilhada do todo)?
5. Com uma caneta de cor diferente, indique na Tabela 8 como você gostaria que o futuro fosse (utilizando porcentagens).
6. Compare os dois conjuntos de porcentagens, observe as diferenças e pense em maneiras de fechar as lacunas.

TABELA 8 Avaliação pessoal

Conscientização	Micro: escuta	Meso: conversa	Macro: organização	Mundo: coordenação
1.0: Habitual	Nível 1: recuperação	Recuperação	Controle centralizado	Planejamento central
2.0: Egossistema	Nível 2: factual	Debate	Divisionalizado	Mercados e competição
3.0: Stakeholders	Nível 3: empático	Diálogo	Em rede	Negociação e diálogo
4.0: Ecossistema	Nível 4: gerativo	Criatividade coletiva	Ecossistema	ACC: ver/agir a partir do todo

CONVERSAS EM CÍRCULO

1. Depois de responder as seis questões acima individualmente, peça que cada membro do seu círculo apresente insights, proponha perguntas e compartilhe intenções em relação ao perfil pessoal de cada um.
2. Quais pequenos protótipos interessantes vocês poderiam utilizar para explorar os tipos 4.0 de operação capazes de levar seu perfil de real a desejado?

5

Liderando a inversão pessoal: do eu ao nós

Entrar no campo do futuro começa atentando à abertura de uma fissura interna. Seguir essa fenda requer deixar ir o antigo e "deixar crescer" algo que podemos sentir, mas que não temos como conhecer completamente antes de vê-lo emergir. Esse momento, que requer que avancemos embora ainda não possamos enxergar completamente o novo, é como tentar cruzar um abismo. No momento do salto, não temos ideia se conseguiremos chegar ao outro lado.

Como seres humanos, estamos em uma jornada para nos tornar quem verdadeiramente somos. Essa jornada a caminho de nós mesmos – do nosso Eu – tem várias trajetórias possíveis e é repleta de disrupções, confusão e quedas, mas também grande saltos. Trata-se basicamente de uma jornada para acessar as fontes profundas do Eu.

O homem é uma corda

O filósofo do século XIX, Friedrich Nietzsche, identificou a tensão entre a realidade atual e o futuro estado possível do ser humano.[1] Em 1883, ele escreveu *Assim falou Zaratustra*:*

> O homem é corda estendida entre o animal e o Super-homem: uma corda sobre um abismo; perigosa travessia, perigoso caminhar, perigoso olhar para trás, perigoso tremer e parar.
>
> A grandeza do homem é ele ser uma ponte, e não uma meta; o que se pode amar no homem é ele ser uma passagem e um acabamento.
>
> Eu só amo aqueles que sabem viver como se extinguindo, porque são esses os que atravessam de um para outro lado.[2]**

---

* *Nota da Tradução*: Adaptado da tradução de José Mendes de Souza.

** *Nota da Revisão Técnica*: Assim Falava Zaratustra, p.16; www.ebooksbrasil.org/adobeebook/zara.pdf.

Somos uma corda sobre um abismo. Uma ponte, não um fim – uma corporificação viva do ato de cruzar. Quando Nietzsche escreveu esses versos, nenhum de seus leitores, colegas ou amigos entendeu a crise existencial mais profunda da qual ele estava falando. Ninguém entendeu o que ele estava tentando dizer. Sem dúvida os nazistas não entenderam quando utilizaram inapropriadamente seus textos mais de 30 anos depois de sua morte. Os textos de Nietzsche marcam o início de uma significativa disrupção ou abertura da consciência humana. Ele viu o abismo e, em sua jornada, não conseguiu cruzá-lo.

Atualmente a presença do abismo não é mais uma experiência singular de um filósofo individual que, 130 anos atrás, previu e semeou as grandes reviravoltas da filosofia do século XX levando o pensamento humano às fronteiras da morte e do renascimento. No início do século XXI, provavelmente pela primeira vez na história da humanidade, a *presença viva do abismo* – ou seja, a existência simultânea do mundo que está morrendo e do mundo que está nascendo – é uma experiência amplamente compartilhada de milhões de pessoas em diferentes culturas, setores e gerações. Ela é vivenciada em comunidades bem como em ministérios, empresas multinacionais, ONGs e órgãos das Nações Unidas – onde quer que as pessoas estejam olhando para o verdadeiro cenário.

É um sentimento que se aplica a relacionamentos, instituições e sistemas, mas ainda mais ao nível pessoal da nossa jornada do eu ao Eu.

A fenda no muro

Outro dia vimos, no chão de um estacionamento, um minúsculo broto que tinha acabado de atravessar a camada de asfalto que o recobria. Quando vemos algo tão improvável, não podemos deixar de nos perguntar como isso pôde acontecer.

Essa imagem consegue representar a essência do que vemos tantas pessoas fazendo hoje. Para onde quer que olhemos, vemos indivíduos e comunidades notáveis que conseguiram romper os muros do trauma e da tirania para se conectar com suas fontes profundas de humanidade. Quais são as condições que possibilitam tantos avanços revolucionários e permitem que “milagres” aconteçam vez após vez?

Condições de possibilidade

É impossível saber quem somos enquanto não tirarmos o foco da nossa observação de nós mesmos e o direcionarmos ao mundo externo que nos cerca. Para atingir o verdadeiro autoconhecimento, precisamos *inverter o foco da observação científica de volta* ao eu que observa – isto é, de volta à sua *fonte*. Francisco Varela descreveu isso como o "processo essencial de se conscientizar": seus três gestos de suspender, redirecionar e deixar ir que marcam a descida do processo U.

Acompanhamos o movimento de inverter o foco da observação nos próximos capítulos deste livro: a transformação do indivíduo (este capítulo), dos relacionamentos (Capítulo 6) das instituições (Capítulo 7) e da sociedade (Capítulo 8). Descreveremos um novo metapadrão de transformação que chamamos de inversão (*Umstülpung*, em alemão), um profundo processo de abertura envolvendo transformar completamente um campo social de dentro para fora e de fora para dentro, subvertendo as coisas.

Na nossa discussão da Matriz da Evolução Social, no Capítulo 4, traçamos a diferenciação entre quatro tipos de escuta:

Escuta 1 (habitual): projeção de antigos julgamentos
Escuta 2 (factual): direcionamento do foco da observação ao mundo que nos cerca
Escuta 3 (empática): adoção da perspectiva do outro e, dessa forma, ver a nós mesmos pelos olhos do outro (inverter o foco)
Escuta 4 (gerativa): escuta a partir do todo e do novo emergente, que redireciona ainda mais o foco da observação às fontes profundas do Eu.

INVERTENDO O FOCO DA ATENÇÃO EM BERLIM

Um exemplo dessas qualidades de escuta ocorreu no programa avançado que conduzimos no Presencing Institute. No último módulo de um programa de dois anos, 72 participantes de 19 países se reuniram em Berlim em junho de 2012. Nossa colega Dayna Cunningham lembra de uma experiência particularmente intensa que demonstra o poder de inverter o foco da atenção:

Vários membros do nosso grupo eram de origem judia e tinham perdido a família no Holocausto, enquanto outros participantes do grupo eram de origem alemã. Passar uma semana juntos em Berlim, visitando, entre outros lugares, o Memorial do Holocausto, trouxe à tona memórias dolorosas porém importantes para muitos. Um grupo composto de alemãs, judias americanas e uma afro-americana (eu), todas mulheres, saiu para jantar e se pôs a conversar sobre o sentido de estar em Berlim. Uma querida amiga alemã começou a descrever a dor que os alemães vivenciaram, uma sensação de que o mundo inteiro os vê de maneira extremamente negativa. Ela falou sobre a resolução da sociedade alemã de lidar com o passado de frente. Com base no horror que ela mesma vivenciou na infância, exposta a aulas de história bastante vívidas, minha amiga questionou se parte dessa exposição toda não seria precoce demais para algumas crianças alemãs que talvez não estivessem prontas para conhecer todo o horror daquela história.

Enquanto ela contava essas histórias, pude sentir a raiva se formando dentro de mim. Eu só podia pensar nas crianças judias que não têm como evitar confrontar o horror do Holocausto desde a infância devido à história da própria família. Aquilo me fez pensar nas inúmeras conversas que tive com meus amigos americanos brancos que sentiam que precisavam proteger os filhos da dura verdade sobre o racismo nos Estados Unidos até as crianças estarem prontas para isso, enquanto eu era forçada a conversar com meus filhos pequenos sobre as implicações de ser negro dirigindo um carro, por exemplo, para que eles não achassem que o pai deles, que era regularmente parado por policiais, fosse algum tipo de criminoso. Desde os meus primeiros contatos com o ódio aleatório do racismo, aprendi a cultivar a raiva como uma forma de proteção.

Então, não consegui mais ouvir em silêncio o relato da experiência da minha amiga. “É mesmo?”, disse em um tom estridente, revelando minha raiva. “Com quantos anos você acha que as crianças judias começam a ser expostas a essa horrível verdade? Talvez desde o momento em que nascem.” Dito isso, me pus a contar minhas histórias de experiências dolorosas conversando com meus filhos sobre o racismo. Passei um bom tempo falando antes de olhar para ela para ver o impacto das minhas palavras. Quando finalmente olhei para ela, a expressão dela era de uma tristeza tão profunda que imediatamente parei de falar.

Foi então que entendi que a minha falta de curiosidade tinha visivelmente magoado minha amiga. Eu me senti péssima, arrependida de não ter ouvido com a mente aberta e pedi desculpas pela falta de sensibilidade. Perguntei se ela tinha alguma sugestão de uma maneira melhor de lidar com o dilema de enfrentar a dor dessa história. A resposta dela foi sagaz e compassiva: criar um modo de diálogo que possibilitasse a todos se curar.

Nesse diálogo, nossa conversa passou rapidamente do nível 1 (cortesia e conformidade) ao nível 2 (culpa e confrontação) e ao nível 3 (reflexão e conexão), quando minha amiga e eu conseguimos superar a culpa e o afastamento instintivos. Mas a história não terminou por aí. Naquela noite, quando cheguei em casa, liguei para o meu filho e descrevi o que tinha acontecido. Eu ainda estava me sentindo mal com a conversa. Não conseguia esquecer a imagem de tristeza no rosto da minha amiga; algo começou a se movimentar dentro de mim e eu ainda não sabia o quê.

Tudo ficou claro no dia seguinte. Nosso grupo todo, composto de 72 agentes de mudança, vivenciou uma profunda transformação do campo que permitia que judeus, alemães, americanos, asiáticos, africanos, latino-americanos e australianos se conectassem uns com os outros e consigo mesmos em um nível muito mais profundo, menos elaborado e mais vulnerável e essencial do que qualquer um de nós já tinha sentido antes em um grupo como aquele.

Otto deu início ao diálogo remontando à experiência de estar em Berlim. Foi um momento emotivo para ele, e sua disposição de se colocar em uma posição de abertura e vulnerabilidade abriu uma fenda. De repente, muitas pessoas se viram revelando a própria história pessoal. Uma história, contada por Gail Jacob, uma judia americana, me tocou profundamente. A mãe dela, sobrevivente de um campo de concentração, vivera horrores indizíveis, mas a única memória que compartilhou com os filhos foi ver os alemães aos prantos nas ruas do lado de fora do campo de concentração quando os portões foram abertos [no fim da guerra]. Para mim, foi de tirar o fôlego saber que ela escolheu enfatizar apenas o lado humano dos cidadãos de um país que cometeu tamanhas atrocidades contra ela.

À medida que as histórias se revelavam, a escuta na sala foi se aprofundando cada vez mais e uma conversa incrível começou a se

> desenrolar – uma transformação do campo que permitia que cada um de nós visse a jornada da nossa vida de um ponto de vista diferente e mais coletivo. Houve um fluxo de experiência de falar a partir do centro, de falar do meu não-saber, de falar do que se move através de mim e através de nós. Muitas das histórias foram relatos de intenso sofrimento pessoal, mas, naquela sala, acolhida pela escuta coletiva, elas foram transformadas em momentos de enorme cura.

Outro participante, Yishai Yuval, de Israel, lembra:

> No dia anterior, visitamos o Museu do Holocausto e nosso pequeno grupo compartilhou experiências emotivas. Depois, à noite, nosso pequeno grupo de coaching saiu para jantar. Cada um de nós revelou os próprios sentimentos aos outros. Aquela seria a última oportunidade de nos encontrarmos, pessoalmente, naquela semana. Estávamos muito abertos uns aos outros.
>
> Na manhã seguinte, Otto se levantou e sugeriu que voltássemos a nos abrir para o significado daquele encontro em Berlim, de ter colegas judeus, até sobreviventes do Holocausto, entre nós. As pessoas se levantaram e falaram por mais de uma hora sobre sofrimento, crueldade e a necessidade de lembrar. Olhei para meus colegas judeus presentes na sala, esperando que eles se unissem à conversa. No início, ninguém falou. Percebi que esse tipo de discussão não pode continuar sem a participação da voz das vítimas. Então fiz uma coisa que não costumo fazer: levantei a mão para pedir acesso ao microfone. Os dez passos a partir do canto onde eu estava sentado no círculo do grupo foram uma jornada muito, muito longa...
>
> O que aconteceu foi um momento definidor pessoal. Tudo desacelerou ao meu redor. Não precisei lutar com palavras e frases. Elas simplesmente vieram, uma por uma, na ordem certa. Senti os rostos ao meu redor ouvindo, irradiando uma profunda empatia, uma profunda compreensão e amor. Ficou fácil expressar ao grupo a noção de que, antes de serem exterminadas, as vítimas do Holocausto lutaram dia após dia para manter sua dignidade como seres humanos em meio aos horrores que as cercavam. Muitas delas perceberam que humanidade e amor não as salvariam, concluindo que a raiva, a agressividade e até o ódio poderiam ser soluções melhores na luta diária

pela sobrevivência. Sou um israelense e essa é a herança com a qual nasci. Só dá para contar consigo mesmo para ser forte e desconfiado. Fui um soldado orgulhoso, treinado para matar se necessário, me sentindo abençoado pela oportunidade de proteger a minha família e o meu povo; abençoado por não ser impotente; abençoado por não estar à mercê de assassinos brutais como os pais e a irmã da minha mãe. Mas o tempo passou e de repente nós, os israelenses, nos vimos com poder sobre outros povos, forçados a enfrentar algumas questões perturbadoras: Seremos fortes o suficiente para não impor nosso poder e ainda permanecermos em segurança? Será chegada a hora de deixar de lado a desconfiança e o ódio, abrir o nosso coração e oferecer a verdadeira paz ao nosso inimigo? Ou seria ingênuo, até perigoso, expor a nossa humanidade ao adversário?

Enquanto eu falava, passando os olhos pelo círculo, senti que pertencia ao grupo e estava conectado ao todo. A profunda escuta e empatia continuaram irradiando ao meu redor muito tempo depois que saí do círculo. Pouco tempo depois, uma jovem judia americana se levantou no canto oposto do amplo salão, pedindo para cantar uma canção composta por uma jovem e corajosa judia que saiu da Palestina em 1944, pousou de paraquedas na Hungria em uma missão de resgate e foi pega pelos nazistas, torturada e morta:

Ah, meu Deus, meu Deus
Que nunca cessem
a areia e o mar
O lamento da água
O brilho do céu
Oração do Homem...[3]

Yishai prosseguiu:

Ouvindo sua voz delicada cantando com tanta emoção, não pude resistir e me levantei, no outro lado do salão, e me uni a ela. Desde então, sempre que ouço aquela canção, sinto um tremor por dentro. Ela me toca em um espaço desconhecido, de uma maneira que eu nunca tinha reconhecido antes. Jamais me esquecerei daquele momento precioso de conexão com aquela maravilhosa jovem e com o grupo todo.[4]

Antoinette Klatzky, de Nova York, a jovem que cantou a canção, se lembra dos acontecimentos de seu próprio ponto de vista:

> Aos 12 anos de idade, eu frequentava a escola judia e aprendi a história de Hannah Senesh, uma jovem que foi morta pelos nazistas aos 23 anos resgatando judeus da Hungria ocupada pelo nazismo. Aos 26 anos, naquele salão com 72 agentes de mudança, ouvi profundamente enquanto cada voz contava uma história pessoal e senti uma fenda se abrindo dentro de mim. A cada vez que alguém falava, eu sentia a fenda aumentar, meu coração bater mais forte, dando pancadas no meu peito a cada gota de dor ou raio de cura. Senti o hino, a oração de Hannah, subindo, vinda de raízes que eu nem sabia que tinha. Senti as palavras saltarem para dentro do meu coração, o compasso da melodia pulsando pelas minhas veias e, como um terremoto, meu corpo se levantou. O mundo estava naquela sala – o passado, o presente, o futuro – e foi como se eu tivesse vivido todos os momentos da minha vida para cantar aquela canção. A letra, em uma língua que passei anos sem falar, começou a fluir com minhas lágrimas à medida que cada palavra ganhava força e vida própria. Vozes pareciam entrar voando pelas janelas para se unir a nós e a sala se encheu de raios de luz e som e pude sentir que Hannah estava conosco em Berlim. A canção chegou ao fim. A canção me percorreu como uma corrente elétrica. Voltei a me sentar na cadeira, me sentindo completamente acolhida.[5]

Logo depois, Tho Ha Vinh, do Vietnã e Butão, se levantou e recitou um poema de Thich Nhat Hanh. "O poema é intitulado 'Por favor, me chame pelos meus verdadeiros nomes'", anunciou Tho enquanto tirava do bolso um pequeno diário que o ajudava a manter o poema sempre perto do coração. Tho começou a ler:

> Não diga que amanhã partirei...
> porque ainda hoje estou chegando.
> Olhe profundamente:
> eu chego a cada segundo
> para ser o botão no ramo de primavera,
> para ser o pequeno pássaro, de frágeis asas,

aprendendo a cantar em seu novo ninho,
para ser a lagarta no coração da flor,
para ser a joia escondendo-se numa pedra.

Eu sempre chego para rir e chorar,
para ter medo e esperança.
o ritmo de meu coração é o nascimento e a morte
de tudo o que é vivo.

Eu sou a mosca d'água metamorfoseando-se
na superfície do rio,
e sou o pássaro que, chegada a primavera,
surge a tempo para engolir a mosca d'água.

Eu sou o sapo nadando alegremente
na água clara do poço,
e sou também a cobra cascavel que,
aproximando-se em silêncio, engole o sapo.

Eu sou a criança de Uganda, só pele e ossos,
minhas pernas finas como palitos de bambu,
e sou o negociante, vendendo armas mortíferas, a Uganda.

Eu sou a menina de 12 anos,
refugiada no pequeno barco,
que se atira no oceano
depois de ser violentada pelo pirata do mar,
e eu sou o pirata,
meu coração ainda incapaz
de ver e amar.

Eu sou um membro do politburo,
com muitos poderes nas mãos,
e sou o homem que tem de pagar sua
"dívida de sangue" a seu povo,
morrendo lentamente num campo de trabalho forçado.

Minha alegria é como a primavera, que tão calorosa faz
flores desabrocharem em todos os campos da vida.
Minha dor é como um rio de lágrimas,
tão cheio que enche os quatro oceanos.

Por favor, me chame pelos meus verdadeiros nomes,
de tal forma que eu possa ouvir todos os meus prantos e risos de uma só vez,
de tal forma que eu veja minha alegria e minha dor como sendo uma só.

Por favor, me chame pelos meus verdadeiros nomes,
de tal forma que eu possa acordar,
e a porta de meu coração seja mantida aberta,
a porta da compaixão.[6]

Silêncio. Tho se sentou. Todos sentimos os muros entre nós se desfazendo. O tempo desacelerou e elevou nossa própria experiência daquele momento. Começamos a vivenciar a situação de variados ângulos. Eu sou a menina. O pirata. A criança. O vendedor de armas. Sou a vítima e o perpetrador do Holocausto. Estou em você. Você está em mim. Começo a sentir o nós. O nós é algo em mim que não sou eu. O que nos levou a nascer juntos aqui nesta Terra? Por que estamos aqui? "O que mais me impressionou", lembra Dayna,

> foi o grau de conexão e compaixão que as pessoas expressaram em relação a oponentes de vida e morte ou que lhes infligiram algum tipo de violência: os soldados, os sobreviventes de agressões e negligência, os descendentes de sobreviventes do Holocausto e, sim, os jovens alemães que enfrentam o olhar crítico do mundo. Pude ver que na noite anterior eu fora incapaz de abrir meu coração, não só a minha mente. Gail expressou exatamente o que se movia em mim naquele momento: "Tenho 63 anos. Sou uma judia que passou a vida inteira achando que estava sozinha neste mundo, achando que, se alguma coisa acontecesse a mim ou ao meu povo, ninguém ajudaria. Agora, nesta sala em Berlim, entendi que não estou sozinha."[7]

Condição 1: Inverter o foco da observação

Quais são as condições de possibilidade que abrem o espaço para uma profunda transformação coletiva como a que ocorreu em Berlim? O que possibilita que um broto perfure o asfalto ou um movimento derrube o Muro de Berlim?

Provavelmente a primeira e mais importante condição tenha relação com a inversão do foco da observação. Foi o que aconteceu com Dayna quando viu o rosto triste da amiga e percebeu que provocou aquela tristeza reagindo de um modo que lhe era habitual. Foi o que aconteceu a Yishai quando decidiu participar do diálogo e as palavras fluíram de maneira inesperada. E foi o que aconteceu a Antoinette, que foi levada a se levantar e cantar uma canção que tinha passado anos sem ouvir e sem pensar a respeito.

Cada uma dessas pessoas descreveu a mesma experiência social de abertura, de fissura da barreira de asfalto que as separava umas das outras e dos níveis profundos de sua humanidade. Cada uma dessas pessoas conta a história de inverter o foco da atenção de volta à sua fonte. O foco se direcionava primeiro ao mundo externo (nível 2), depois foi invertido de volta ao eu (nível 3) e em seguida encontrou as fontes do eu, da presença no momento, no agora (nível 4). Essa é a primeira condição para a transformação do campo: inverter o foco da atenção de volta à sua fonte.

Condição 2: Um espaço acolhedor para receber a sombra

A segunda condição de possibilidade diz respeito ao espaço acolhedor. A inversão do foco ocorre em um espaço acolhedor constituído pela verdadeira escuta a partir do coração. Dayna voltou o foco da atenção de volta a si mesma no momento em que sentiu a dor da amiga. Quando Yishai, em suas palavras, sentiu "os rostos ao meu redor ouvindo, irradiando uma profunda empatia, uma profunda compreensão e amor", ele tomou coragem de se expressar. Naquele ponto, Antoinette se lembrou de "sentir a verdadeira presença daquilo que cada coração acolhe".

O cultivo de um espaço acolhedor permite uma transformação do campo social e a mente e o coração começam a se abrir. O espaço acolhedor criado em Berlim tinha começado a se formar seis meses antes, em um pequeno encontro; cada um dos 72 participantes se reuniu mensalmente nesse pequeno círculo de coaching durante dois anos. O propósito do círculo de coaching foi proporcionar um ambiente de escuta de nível 4 para a jornada pessoal e profissional de cada participante. Gail lembra:

> Quando nos encontramos no nosso grupo de coaching seis meses antes, falei sobre a minha apreensão em ir [a Berlim] e usar a experiência como uma oportunidade de visitar o local onde nasci – o campo de fugitivos perto de Dachau, do qual meus pais foram libertados.
>
> Antes mesmo de saber o que iria dizer, me vi falando sobre ir a Berlim e levar a minha família ao local onde nasci. Comecei a chorar e o grupo passou um bom tempo chorando junto e houve um grande senso de cura no grupo – não só eu, mas também o entendimento de como o mundo precisa se curar do nosso trauma coletivo provocado pela guerra e pelo genocídio.
>
> Lá estava eu, sentada ao lado de Otto, um alemão, e dois budistas: Tho, um vietnamita; Julia, descendente de coreanos; e também Yishai, um judeu ortodoxo israelense; Jim, um ex-militar; e Antoinette, a próxima geração... Eles foram meu espaço acolhedor... Senti a terra tremer. Carreguei as feridas do Holocausto no meu DNA e no meu ser todos os dias da minha vida. De algum modo, pela primeira vez, comecei a ver a possibilidade de transformar essa energia em alguma outra coisa.[8]

Depois daquela experiência no nosso grupo de coaching, todos nós levamos conosco aquele momento de conexão transcendental quando chegamos a Berlim seis meses depois. Quando eu (Otto) senti que algo queria acontecer, foi devido àquele círculo de coaching. Quando me levantei para me abrir e sustentar o espaço naquela manhã, foi devido à presença do nosso círculo na sala – de sentir diretamente a conexão de Gail, Yishai e dos outros.

"O campo se transformou naquela manhã junto com o grupo", lembra Gail, se referindo à qualidade do espaço acolhedor. "Estávamos abertos uns aos outros e éramos um só. Foi como se, *coletivamente, precisássemos acolher a sombra para vislumbrar o que é necessário para curar o mundo.* E, para mim, o medo se foi."[9]

As palavras em inglês *healing, health* e *holy* (cura, saúde e sagrado, respectivamente) têm a mesma raiz em comum, *hal*, que significa "restaurar a completude". A experiência em Berlim proporcionou um espaço acolhedor para restaurar a completude em um nível coletivo que antes desconhecíamos. Como diz Gail, precisávamos coletivamente acolher a sombra para vislumbrar o que é necessário para curar o mundo.

Condição 3: Ir até a beira do "deixar ir"

A terceira condição de possibilidade diz respeito à disposição de ir até a beira do abismo, deixar ir, aceitar o desconhecido... e dar o salto. Quando Yishai, contra a sua natureza, pediu o microfone para falar, ele deu esse salto. O mesmo aconteceu a Antoinette e Gail e muitos outros. O espaço acolhedor nos permitiu ir até a beira do abismo sem recuar.

A condição de ir até a beira vem em duas formas diferentes. Algumas vezes isso implica que você deve dar o salto, pular do abismo, saltar do conhecido ao desconhecido. Outras vezes, quando você sente que algo está começando a emergir, isso também implica não saltar para fugir, mas ficar com aquilo que quer emergir. Nos dois casos, lidamos com uma profunda confiança na realidade e no eu, na conexão com os níveis profundos do campo. Ir à beira do abismo significa ter a coragem de não se apegar ao antigo, de deixar ir e aceitar o que quer emergir por meio de nós. E então, nas belas palavras de Martin Buber, "trazê-lo [o novo] à realidade como *ele* deseja".[10]

A história do grupo em Berlim é só um exemplo de pessoas se conectando em pequenos círculos de coaching na presença do deixar ir e do deixar vir, do morrer e do renascer. É um movimento que está começando a ocorrer no mundo e se mostra em muitas facetas, formas e práticas diferentes. Vamos dar uma olhada em outro exemplo inspirador.

REDUÇÃO DE ESTRESSE BASEADA EM ATENÇÃO PLENA

Jon Kabat-Zinn é professor emérito de Medicina e fundador da Stress Reduction Clinic e do Center for Mindfulness in Medicine, Health Care, and Society da Faculdade de Medicina da University of Massachusetts. É também o desenvolvedor da redução de estresse baseada em atenção plena (MBSR – Mindfulness-Based Stress Reduction), o programa no qual a Stress Reduction Clinic se fundamenta. Desde a sua fundação em 1979, a clínica treinou mais de 20 mil pacientes médicos. O programa MBSR foi replicado e institucionalizado em mais de 720 faculdades de medicina, hospitais, sistemas de saúde e clínicas independentes ao redor do mundo e inspirou uma série de outras intervenções baseadas na atenção plena customizadas para tratar de problemas médicos, psiquiátricos e sociais específicos. O sucesso do MBSR foi um dos principais impulsionadores do crescente interesse da ciência médica e da ciência cognitiva pela atenção plena no início do século XXI (veja a Figura 9).

E de onde vem o sucesso do MBSR? Quais são as origens desse movimento que está tocando a vida de centenas de milhares de pessoas hoje e do qual, 30 anos atrás, ninguém tinha ouvido falar?

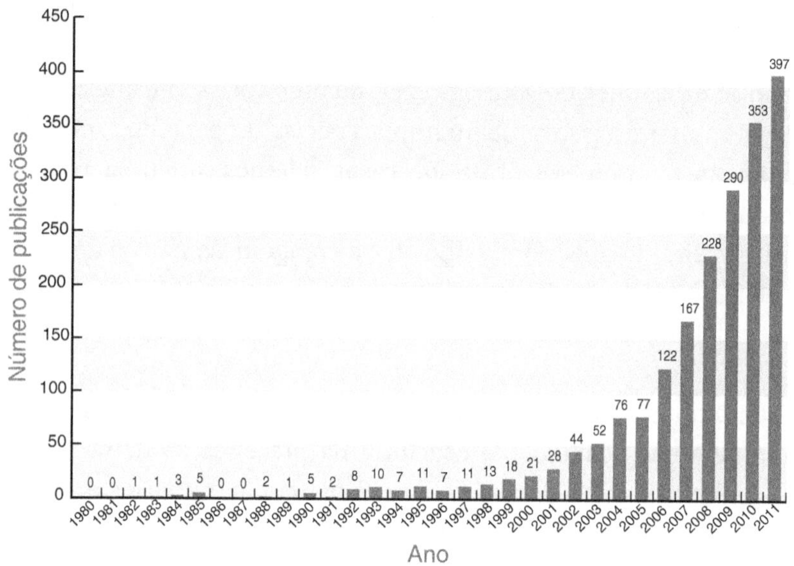

FIGURA 9 Pesquisas publicadas sobre a atenção plena, 1980-2011. Dados da figura proporcionados por: David Black, MPH, PhD, Cousins Center for Psychoneuroimmunology, Semel Institute for Neuroscience and Human Behavior, University of California, Los Angeles.

Fonte: J.M.G. Williams e J. Kabat-Zinn, eds., *Mindfulness: Diverse Perspectives on Its Meaning, Origins, and Applications* (Londres: Routledge, 2013), 2.

As forças que têm impulsionado o rápido aumento do interesse na atenção plena incluem (1) a crise do antigo paradigma; (2) o sucesso de intervenções como o MBSR, que lançaram uma nova abordagem à medicina, combinando a ciência médica, a aplicação clínica e a atenção plena; (3)

o programa de treinamento em MBSR para profissionais de saúde que semearam o campo no decorrer de muitos anos; e (4) a criação do Center for Mindfulness bem como um programa de pesquisa contínua que ajudou a transformar essas condições iniciais em estudos científicos publicados e cultivar um novo campo nas ciências médicas e uma nova e vibrante comunidade de pesquisa. Jon lembra:

> Em 2000, em um encontro em Dharamsala, Índia, organizado pelo Mind and Life Institute, no qual o Dalai Lama e um grupo de psicólogos, neurocientistas, acadêmicos e meditadores exploraram juntos o tema das emoções destrutivas e o que poderia ser feito para mitigar os enormes danos pessoais e sociais que com frequência resultam delas, o Dalai Lama, de maneira surpreendente porém característica, desafiou os cientistas a se sair com métodos seculares, não budistas, para trabalhar com as energias dessas emoções e transformá-las. Ele reconheceu que o budismo pode ter muito a oferecer, em termos de sua elaborada e detalhada compreensão do que ele chamou de *emoções aflitivas*, inclusive uma variedade de práticas meditativas que têm sido utilizadas durante séculos e milênios em contextos monásticos para trabalhar com elas com habilidade. Ao mesmo tempo, ele estava dizendo que a verdadeira esperança deve ser encontrada em uma abordagem não budista, verdadeiramente universal e secular, que se utilizaria dos elementos provenientes dos métodos e da compreensão budistas considerados proveitosos, mas apenas combinados e integrados à cultura ocidental, a seu entendimento da psique e, em particular, a seu entendimento científico das emoções, da expressão emocional e do controle das emoções...
>
> Também foi observado naquele encontro que já existia uma abordagem que vinha fazendo grande parte do que o Dalai Lama propunha em contextos clínicos, principalmente hospitais, há 21 anos – isto é, a redução de estresse baseada em atenção plena e toda a série de intervenções baseadas na atenção plena inspiradas pela abordagem.
>
> É claro que muitos participantes daquele encontro já sabiam que o programa do MBSR e outras intervenções baseadas na atenção plena têm profundas raízes em uma expressão universal do Buddhadharma [os ensinamentos de base do Buda] e que o programa abrange o cultivo da conscientização de estados mentais e estados do corpo, inclusive a

conscientização de emoções reativas e como aplicar estratégias específicas para reagir de maneira consciente e não reflexivamente quando essas emoções são acionadas.[11]

Relatando uma parte de sua jornada pessoal, desde a época em que ele era um estudante, Jon diz: "Mesmo quando ainda estudava no MIT, passei anos ponderando: 'Qual é o meu Trabalho, com T maiúsculo', a minha 'missão cármica' no planeta, por assim dizer, sem nunca encontrar uma resposta clara. Aquilo foi um koan* pessoal para mim e se tornou um fio condutor cada vez mais constante na minha vida, dia e noite, no decorrer daqueles anos todos. 'O que devo fazer da minha vida?' Eu ficava me perguntando. 'O que eu gosto tanto que pagaria para fazer?'"

Ele sabia que uma carreira em biologia molecular não era seu destino, apesar de amar a ciência e saber que decepcionaria seu orientador no MIT, o ganhador do Prêmio Nobel Salvador Luria, e que desapontaria seu pai, também um consumado cientista. Em 1979, ainda procurando o caminho para vincular seu ganha-pão (seu trabalho) com seu senso de propósito essencial (seu Trabalho) em alinhamento com as necessidades da época, ele entrou em um retiro de meditação de duas semanas. Jon conta:

> Sentado no meu quarto numa tarde, mais ou menos no décimo dia do retiro, tive uma "visão" que durou talvez uns 10 segundos. Não sei direito que termo usar para aquilo, então uso o termo "visão". Foi algo rico em detalhes e mais como um vislumbre instantâneo de conexões vívidas, quase inevitáveis, e suas implicações. Não me veio como um devaneio ou um fluxo de pensamento, mas foi algo bastante diferente, que até hoje não sei explicar e também não vejo necessidade.
>
> Vi em um lampejo não apenas um modelo que poderia ser implementado mas também as implicações do que poderia acontecer no futuro se a ideia básica fosse sólida e pudesse ser implementada em um ambiente experimental; em outras palavras, vi que aquilo poderia desencadear a abertura de novos campos de investigação científica e

---

* *Nota da Editora*: Narrativa, diálogo, questão ou afirmação no zen budismo que contém aspectos inacessíveis à razão. O *koan* tem, como objetivo, propiciar a iluminação espiritual do praticante de zen budismo pela interrupção do seu fluxo de pensamentos.

clínica e poderia ser replicado em hospitais, centros médicos e clínicas por todo o país e por todo o mundo e proporcionar um meio de vida correto para milhares de praticantes. Foi tão estranho que raramente relatei essa experiência aos outros. Mas depois daquele retiro, tive uma ideia melhor de qual poderia ser a minha missão cármica. Foi tão intenso que decidi me entregar o máximo que pudesse à ideia.

Depois daquele retiro de meditação, Jon voltou ao hospital e conversou individualmente com três médicos, os diretores de clínica geral, controle da dor e ortopedia, para descobrir como eles viam o trabalho, quais foram os maiores sucessos com os pacientes e o que poderia estar faltando na experiência do hospital.

Quando perguntei a porcentagem de pacientes que eles achavam que conseguiam ajudar, as respostas ficaram entre 10% e 20%. Fiquei estupefato e perguntei o que acontecia aos outros pacientes. Fui informado de que eles melhoravam por conta própria ou nunca melhoravam.

Perguntei se eles estariam abertos a encaminhar os pacientes, quando apropriado, a um programa que os ensinaria a se cuidar melhor para complementar o que o sistema de saúde era capaz de lhes oferecer. O programa se basearia em um treinamento relativamente intensivo em meditação budista, sem o budismo, como gosto de dizer, e ioga. Eles receberam a proposta com uma atitude bastante positiva. Com base nessas reuniões, propus montar um programa, sob os auspícios do atendimento ambulatorial do hospital, que assumiria a forma de um curso de oito semanas ao qual os médicos encaminhariam os pacientes quando percebessem que eles não estavam reagindo ao tratamento e, em certo sentido, estavam fora do alcance do sistema de saúde. Assim nasceu o MBSR no outono de 1979.[12]

Durante muitos anos, Jon e sua equipe trabalharam com grupos de pacientes em uma sala sem janelas no subsolo do hospital. Inicialmente pouco notado, o trabalho deles no hospital se transformou em um espaço acolhedor que deu origem a um paradigma diferente no campo da medicina. “Apesar da variedade de problemas, diagnósticos e enfermidades dos pacientes”, Jon explica, com a abordagem MBSR, “fazemos de tudo para apreender a completude intrínseca deles. Costumamos dizer que, da nossa perspectiva, enquanto estiver respirando, você tem mais coisas 'certas' do que 'erradas', não importa o que estiver errado. Nesse processo, nos empenhamos em tratar cada participante como um ser humano integral e não como um paciente, um diagnóstico ou alguém que tem um problema que precisa ser consertado".

A história de Jon é um exemplo incrível do que um pequeno grupo de cidadãos comprometidos é capaz de fazer e também apresenta algumas das condições capacitadoras que testemunhamos na história do grupo de Berlim. A inversão do foco da observação, naturalmente, é o que acontece em todas as práticas de atenção plena. Mas qual foi o espaço acolhedor que permitiu a Jon aceitar a fenda e dar o salto depois de voltar do retiro de meditação? "A minha decisão de saltar", Jon recorda, "em parte se fundamentou em anos de prática de meditação e investigação por um lado, e no meu treinamento científico [por outro lado], de forma que eu estava bem familiarizado com o jargão e a mentalidade da medicina e da ciência médica".[13] Assim, também nesse caso, as sementes para aquele momento vinham germinando há vários anos.

Transformando-se em um veículo para o futuro

A história de Jon exemplifica a presença do abismo (qual é o meu Trabalho?), o deixar ir (uma carreira na ciência) e cruzar o abismo (seguir o coração). Sua experiência no retiro e as conversas com os três médicos o ajudaram a ver a abertura, ou a fenda, e a seguir aquele caminho emergente. Os vários anos de prática da atenção plena e na ciência lhe deram a confiança necessária para perceber e concretizar o momento de oportunidade. Os vários anos de trabalho com sua equipe em uma sala sem janelas no subsolo de um hospital estabeleceram o espaço acolhedor para a cocriação das sementes de uma profunda revolução que, alguns anos depois, viria a se espalhar pelo mundo.

A experiência em Berlim e a história de Jon têm um elemento em comum: o espírito humano rompendo a estrutura endurecida da superfície da ação e do pensamento habituais. Nesses momentos de ruptura, o novo começa a se formar. Ao testemunhar esse processo de originação, é interessante ver como o campo entra no espaço primeiramente por meio de certos indivíduos – como se o campo da possibilidade escolhesse essas pessoas como portais para se originar. Jon é uma dessas pessoas. Ele abriu o portal, ele se tornou o veículo. E isso possibilitou que o próximo círculo de pessoas também se conectasse. E assim por diante. Estamos aprendendo como nos tornar um veículo para o que está emergindo do outro lado do abismo.

Neste capítulo, descrevemos uma maneira diferente de se conectar com uma fonte profunda de criatividade, humanidade e eu. Apesar de termos apresentado apenas alguns poucos exemplos concretos, sabemos que as profundas condições de possibilidade exploradas aqui – inverter o foco da atenção, cultivar um espaço acolhedor, ir até a beira do abismo da morte e transformar-se em um veículo para o futuro que emerge – podem ser observadas no trabalho desenvolvido em muitos outros locais do planeta. Essa é a estrutura social da emergência, do que quer emergir. É o que sentimos ao conversar com agentes de mudança como Jon. É o que vivenciamos em Berlim, quando, nas palavras de Gail, acolhemos coletivamente a sombra para atuar como um veículo pelo qual a cura pode emergir no mundo.

Conclusão e práticas: 12 princípios

Um avanço interessante ao longo das últimas décadas tem sido uma transformação sutil no equilíbrio de poder entre indivíduos e instituições a favor dos indivíduos. Como explica o empreendedor Nick Hanauer:

> Uma das minhas máximas favoritas, atribuída a Margaret Mead, é: "Nunca duvide de que um pequeno grupo de cidadãos comprometidos é capaz de mudar o mundo. Na verdade, é só assim que a mudança acontece." Acredito piamente nisso. É possível fazer praticamente qualquer coisa só com cinco pessoas. É difícil com uma pessoa só, mas quando você coloca essa pessoa com quatro ou cinco outras, consegue uma grande força. De repente, você tem condições iniciais suficientes para concretizar qualquer coisa imanente, ou ao seu alcance. Acho que essa é a essência do empreendedorismo: criar essa visão e essa força irresistível.[14]

Hanauer identifica uma importante transformação no mundo que ajuda pequenos grupos de cidadãos a ter um grande impacto no futuro da humanidade. Pense no impacto de Jon e sua equipe e em todas as suas reverberações. A boa notícia é que o mundo possui um enorme potencial inexplorado na forma do empreendedorismo inspirado, intencional e coletivo. No entanto, precisaremos ser muito mais metódicos na exploração dessa força dormente para viabilizar efetivamente os movimentos globais.

Concluímos este capítulo com 12 princípios e práticas que podem ajudar no progresso da nossa jornada individual do eu ao Eu, do eu ao Nós, como exemplificam as histórias apresentadas anteriormente. Esses princípios refletem várias experiências, tanto nossas quanto dos nossos colegas, ao longo dos últimos anos.

1. *Coloque o discurso em prática.* Aplique o U colocando-o em prática em vez de se limitar a falar a respeito. Comece ouvindo. Ouça os outros, a si mesmo e o todo. Ouça o que a vida o impele a fazer. Conecte-se com as pessoas onde elas estão, procure fendas ou aberturas da perspectiva delas e dedique-se a ajudá-las.
2. *Observe, observe, observe: transforme-se em um mestre da observação e da escuta.* O processo U estende o trabalho central da ciência – isto é, "Permitir que os dados se expressem" – a partir do domínio exterior (a visão de terceira pessoa) até os níveis mais sutis da experiência humana (a visão de segunda e de primeira pessoa). Dessa forma, a prática de deixar os dados se expressarem se aplica não apenas aos dados objetivos, exteriores (por meio da mente aberta), mas também aos dados empáticos, intersubjetivos (por meio do coração aberto) e ao domínio transubjetivo do autoconhecimento (por meio da vontade aberta). Atentar a todos esses três tipos de dados requer um poder de observação e habilidades de escuta refinadas. É grande o impacto dos níveis mais profundos de escuta: eles atuam como uma chama no processo de criação da realidade social, podendo derreter os muros da interação habitual que nos mantêm separados do mundo, uns dos outros e de nós mesmos.
3. *Seja um instrumento e conecte a sua intenção.* Brian Arthur, economista do Santa Fe Institute, disse em uma das nossas entrevistas de pesquisa: "A intenção não é uma força poderosa."[15] Conectar-se com a intenção da jornada da nossa vida cria um alinhamento vertical:

"Quem sou eu?", "Para que estou aqui?", "Como posso vincular o meu trabalho com o meu Trabalho?". Quanto mais pudermos nos conectar com esse lugar – com o que é essencial para nós – e quanto mais pudermos esclarecer a nossa missão, mais poderemos agir como um instrumento para concretizar esse futuro que emerge.

4. *Quando a fenda se abrir, fique com ela – conecte-se e aja a partir do agora.* Aplicar os dois últimos princípios (observe, observe; intenção) nos conecta tanto horizontal quanto verticalmente com um nível mais elevado de presença e prontidão. Quando a oportunidade se apresenta, a sensação muitas vezes é de desaceleração do tempo e de uma fenda se abrindo para uma possibilidade futura. Esses momentos exigem uma dose de coragem, mas, principalmente, a plena atenção. Quando um momento como esse ocorrer, fique com ele, conecte-se a ele e depois aja a partir do agora – isto é, a partir daquilo que quer emergir. Dito de outra forma, quando você se vir começando a se conectar com uma oportunidade futura significativa, primeiro diga sim, depois faça e só então pergunte se é possível.
5. *Siga o seu coração – faça o que ama, ame o que faça.* Como observamos anteriormente, Steve Jobs disse que o único jeito de fazer o melhor trabalho possível é fazer o que amamos e amar o que fazemos. É a única maneira confiável de nos conectar com o nosso caminho do futuro que emerge. Certifique-se de que pelo menos alguns dos projetos e atividades do seu portfólio sejam coisas que você adora fazer. Na ausência desse elemento, você corre o risco de perder o caminho ou viver a vida de outra pessoa.
6. *Mantenha-se em diálogo constante com o universo.* Nas palavras de Alan Webber, "o universo é um lugar generoso". Esse é um importante princípio orientador e significa que o universo – ou, em outras palavras, o contexto mais amplo que nos cerca – nos proporciona um feedback proveitoso. Esse feedback assume formas diferentes. Algumas vezes é horrível. Mas precisamos aprender a ouvir e identificar os elementos do feedback que nos ajudam a desenvolver a nossa ideia.
7. *Crie um espaço acolhedor de escuta profunda que dê suporte à sua jornada.* A ferramenta de liderança mais importante é o seu Eu – sua capacidade de acessar sua possibilidade futura mais elevada. Dois dos mecanismos mais eficazes para fortalecer a sua capacidade de

acessar o seu Eu emergente são as práticas de cultivo e o trabalho do círculo com base na escuta profunda. Uma prática de cultivo diário – um momento de quietude ou contemplação no qual todos os ruídos de fora são filtrados e você se concentra no que é essencial para a sua vida – pode ser realizada de vários modos diferentes, com base no que mais se adequar a você. O importante é praticar todos os dias. Uma prática de círculo normalmente envolve um pequeno grupo de até sete participantes que se encontra algumas vezes por ano para se ajudar por meio da escuta profunda, voltando-se para a missão e a jornada da vida pessoal e profissional de cada um.[16]

8. *Repita, repita, repita.* O que "observe, observe, observe" é para o lado esquerdo do U, "itere, itere, itere" é para o lado direito do U. Essa iteração é uma questão de praticar e nos adaptar ao que vemos emergindo. Onde, na sua vida, está a sala sem janelas do subsolo que lhe permite praticar, praticar, praticar para explorar o novo pela ação?
9. *Observe a fenda que dá para o campo do futuro.* Toda mudança ocorre em um contexto. Ela pode ser pessoal, relacional, institucional ou global. Atentar para a abertura de uma fenda requer explorar as margens do sistema e do eu. Nessa periferia, se tivermos sorte, podemos sentir um campo de possibilidades futuras que desejam emergir.
10. *Use um vocabulário diferente para dialogar com diferentes stakeholders.* Inovar em sistemas complexos requer que sejamos poliglotas, que nos conectemos com os vários stakeholders com base nas questões que mais importam para eles. Problemas complexos requerem soluções complexas. Isso significa que abordagens de foco único quase certamente fracassarão. Em vez disso, precisamos dominar a arte de estender e aprofundar a definição do problema para garantir a participação de todos os grupos relevantes – que precisam uns dos outros para mudar qualquer sistema.
11. *Se quiser mudar os outros (outros stakeholders), você precisa estar disposto a mudar a si mesmo primeiro.* Se você precisa mudar o sistema, mas não pode usar a hierarquia para fazer isso, o maior alavancador que tem é a qualidade do seu relacionamento com os outros stakeholders. É isso que você deve desenvolver e fortalecer, o que implica estar aberto a mudar a si mesmo primeiro.
12. *Jamais desista. Jamais desista. Você não está sozinho.* Toda jornada profunda de inovação e renovação requer uma enorme perseverança.

Ideias importantes muitas vezes levam muitos anos de fracassos – ou prática – antes de produzir algo concreto no mundo real. A chave é nunca desistir. Sempre descubra o que você pode aprender com o fracasso, levante-se, sacuda a poeira e tente novamente. Deixar-se desanimar pelos fracassos é um desperdício de energia, nos aprisionando na nossa própria Voz do Julgamento, Voz do Cinismo e Voz do Medo (e nas vozes alheias). Encabeçar a mudança requer, acima de tudo, coragem: a coragem de ir até a beira do abismo e saltar no desconhecido. Essa coragem é uma importante condição que nos conecta com as dimensões profundas do nosso ser – com quem realmente somos. A coragem se fundamenta na confiança de que não estamos sozinhos. Ou, nas palavras de um experiente agente de mudança: "O coletivo sempre dá resultado".

QUESTÕES PARA O JOURNALING

Reserve um momento tranquilo para responder as 16 perguntas propostas a seguir. Passe cerca de um ou dois minutos em cada pergunta.

1. Que fator na sua vida ou no seu trabalho está morrendo ou chegando ao fim e o que quer nascer?
2. Quem foram os seus "anjos da guarda", as pessoas que o ajudaram a atingir seu mais elevado potencial?
3. Onde, neste exato momento, você consegue sentir uma possibilidade futura se abrindo?
4. O que mais o frustra na sua vida profissional e/ou pessoal agora?
5. Quais são suas fontes mais importantes de energia? O que você ama?
6. Observe a si mesmo de cima, como se estivesse em um helicóptero. O que você está tentando fazer nesse estágio da sua jornada profissional e pessoal?
7. Observe a jornada da sua comunidade/organização/movimento coletivo de cima. O que vocês estão tentando fazer no presente estágio da sua jornada coletiva?
8. Considerando as respostas às perguntas anteriores, quais perguntas você precisa fazer a si mesmo agora?

9. Observe a sua situação atual do ponto de vista de si mesmo na juventude, no início da sua jornada. O que esse jovem teria a lhe dizer?
10. Imagine que você pudesse avançar aos últimos momentos da sua vida. Agora olhe para trás e veja a jornada da sua vida como um todo. O que você gostaria de ver? Qual marca você gostaria de deixar neste planeta?
11. Desse ponto de vista futuro, que conselho o Eu futuro daria ao seu eu atual?
12. Agora volte ao presente e elabore o que você deseja criar: a sua visão e intenção para os próximos três a cinco anos. Qual visão e intenção você estabeleceu para si mesmo e para o seu trabalho? Quais são os elementos centrais do futuro que deseja criar na sua vida pessoal, profissional e social? Descreva as imagens e elementos que lhe ocorrerem. Quanto mais concreto, melhor.
13. Do que você precisaria abrir mão (deixar ir) para concretizar a sua visão? Quais elementos antigos devem morrer? Quais comportamentos, processos mentais etc. você precisa abandonar?
14. Nos próximos três meses, se fosse prototipar um microcosmo do futuro pretendido no qual você pudesse encontrar "o novo" fazendo algo, como seria esse protótipo?
15. Quem pode ajudá-lo a concretizar suas mais elevadas possibilidades futuras? Quais poderiam ser seus principais auxiliares e parceiros?
16. Se você fosse se dedicar ao projeto de concretizar sua intenção mais elevada, quais primeiros passos práticos deveria dar nos próximos três dias?

CONVERSA EM CÍRCULO

Convide cada integrante do seu grupo a contar as respostas mais significativas que vieram à tona nessa experiência de journaling de 16 passos. Ouça profundamente e siga o fluxo da conversa.

6

Liderando a inversão relacional: do ego ao eco

A próxima revolução deve ser relacional, revolucionando a qualidade da ação comunicativa nos sistemas sociais e econômicos como um todo. Para realizar essa transformação, precisamos inverter o foco da atenção conversacional de volta à sua fonte. Em vez de apenas ver os outros, precisamos aprender como ver a nós mesmos pelos olhos dos outros e do todo.

Um dos maiores desafios que enfrentamos no nosso progresso em direção a uma economia ecossistêmica é agir coletivamente de maneiras intencionais, eficazes e cocriativas. Ao longo dos últimos anos, eu (Otto) observei executivos participando de um jogo de simulação de mudanças climáticas no MIT, concebido e conduzido pelo professor do MIT John Sterman. Ele divide os participantes em pequenas equipes, com cada equipe representando um grupo de países em negociações organizadas pelas Nações Unidas relativas às emissões de carbono. Os acordos dos negociadores são inseridos num modelo de simulação que utiliza dados reais do clima. Depois de o modelo calcular os prováveis resultados em termos de mudanças climáticas, os negociadores realizam uma segunda rodada. Depois de três ou quatro rodadas, eles são apresentados ao impacto inevitavelmente devastador e desestabilizador de suas decisões coletivas sobre o clima do planeta.[1] Munido dessas informações, o grupo reflete sobre o que aprendeu.

Três obstáculos: negação, cinismo e depressão

Na seção de reflexão pós-negociações, notei que os participantes costumavam apresentar três reações de evasão que os impediam de compreender profundamente as consequências de suas ações: (1) negação, (2) cinismo e (3) depressão.

A estratégia mais comum de fuga da realidade é a negação. Permanecemos tão ocupados com questões "urgentes" que não temos tempo de nos concentrar naquilo que na verdade pode ser mais premente. Ficamos ocupados demais organizando as cadeiras no convés do *Titanic*...

A segunda reação é o cinismo. Uma vez que os resultados de um acordo se evidenciam, o cinismo é uma saída fácil. Uma pessoa cínica se distancia das consequências de suas ações dizendo: "Ei, o mundo está indo para o brejo de qualquer jeito; o que *eu* faço não vai fazer muita diferença."

Entretanto, mesmo se conseguirmos lidar com as duas primeiras estratégias de fuga da realidade, uma terceira estratégia de fuga nos aguarda: a depressão. A depressão nos nega o poder de transformar coletivamente a realidade com uma maneira diferente de operar. A depressão cria uma desconexão entre o eu e o Eu no nível da vontade – da mesma forma como o cinismo cria uma desconexão no nível do coração e a negação cria uma desconexão no nível da mente. E por esse vazio entram a dúvida, a raiva e o medo. O medo nos inibe de deixar ir o conhecido, mesmo quando sabemos que ele não funciona e está nos puxando para trás.

As conversas criam o mundo

Aprender como lidar com esses três tipos de evasão da realidade requer autorreflexão e uma conversa que inverte o foco da atenção de volta a nós mesmos. Chamamos esse diálogo de conversa 4.0, o que permite acolher a sombra coletiva, como vimos na experiência em Berlim no Capítulo 5, e para liberar nossas reservas inexploradas de criatividade, como discutiremos mais adiante neste capítulo.

O maior problema que enfrentamos hoje é tentar resolver problemas complexos, como mudanças climáticas, com tipos tradicionais de conversa, o que leva a resultados previsíveis. O fracasso das discussões sobre o clima em Copenhague em 2011 e do jogo de simulação do MIT são apenas dois de inúmeros exemplos.

Todos os sistemas modernos complexos – saúde, educação, energia, sustentabilidade – lidam com entidades tanto individuais quanto coletivas, sendo que as últimas muitas vezes são tratadas por meio do governo. Dessa maneira, a Figura 10, que mostra como os stakeholders se comunicam com os sistemas da nossa sociedade, traça a diferenciação entre entidades

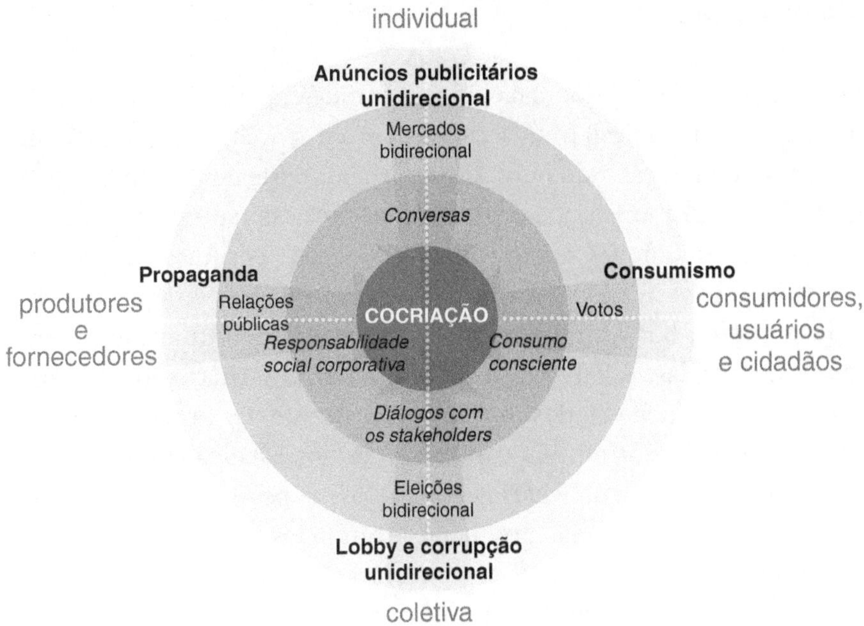

FIGURA 10 Os quatro níveis de comunicação dos stakeholders em sistemas econômicos.

individuais e coletivas, por um lado, e fornecedores e consumidores, por outro. Os quatro níveis de conversa são representados por quatro anéis.

Os tipos mais comuns de conversa, representados no anel mais externo, são:

1. unilateral e linear;
2. baixo nível de inclusão e transparência; e
3. centradas na intenção de promover o bem-estar da minoria.

No centro estão os tipos mais raros e mais preciosos de conversa, que oferecem um importante ponto de acupuntura para a mudança futura:

1. multilateral e cíclica;
2. alto nível de inclusão e transparência; e
3. centradas na intenção de promover o bem-estar de todos.

NÍVEL 1: UNILATERAL, RECUPERAÇÃO UNIDIRECIONAL E MANIPULAÇÃO

A comunicação de nível 1 dos stakeholders é unilateral e caracterizada pela recuperação (downloading) unidirecional com a intenção de manipular em vez de servir ao bem-estar do outro lado. A maior parte do que chamamos de estratégia de comunicação corporativa ou profissional nos negócios e em campanhas eleitorais é organizada dessa forma. Pesquisas de mercado segmentam comunidades de cidadãos e consumidores em grupos-alvo específicos que são bombardeados com estratégias de comunicação e mensagens customizadas. A enxurrada de anúncios publicitários que atinge consumidores e cidadãos todos os dias é estonteante. De acordo com um levantamento conduzido em 1993, uma criança nos Estados Unidos vê em média 20 mil anúncios publicitários por ano. Uma pessoa de 65 anos nos Estados Unidos viu em média 2 milhões de anúncios publicitários.

A comunicação unidirecional se concentra em "vender", em fazer o "alvo" comprar algo ou votar de determinada maneira. O "alvo", contudo, não tem nenhuma oportunidade de se expressar. Os lobistas e grupos de interesse operam da mesma forma. A influência desses grupos muitas vezes baseia-se em um acesso privilegiado que exclui outros grupos relevantes da conversa.

NÍVEL 2: BILATERAL, DISCUSSÕES BIDIRECIONAIS E TROCA DE PONTOS DE VISTA

A comunicação de nível 2 dos stakeholders é uma discussão bilateral e bidirecional com a intenção de expressar e receber informações e inclui um mecanismo de feedback ou resposta. Nos mercados, o comprador responde com o dinheiro. Em eleições democráticas, o eleitor responde com o voto. Ambos são excelentes exemplos de comunicação bidirecional.

NÍVEL 3: DIÁLOGO MULTILATERAL DOS STAKEHOLDERS: VER-SE PELOS OLHOS DO OUTRO

A comunicação de nível 3 dos stakeholders é uma conversa multilateral caracterizada pela reflexão, pelo aprendizado e pelo diálogo.[2] O diálogo é uma conversa na qual você se vê pelos olhos do outro e no contexto do todo. Os exemplos são variados, desde mesas-redondas e "*world cafes*"* até a mídia social interativa. As necessidades precisam de uma forma, um processo e um espaço acolhedor para serem eficazes. Algumas empresas, como a Natura, a Nike e a Unilever, estão se beneficiando da internalização da comunicação de nível 3.

Por exemplo, a Eosta, distribuidora global de frutas e vegetais orgânicos da Holanda e uma das primeiras empresas a garantir a neutralidade das emissões de carbono e a utilizar embalagens biodegradáveis, quer que seus clientes possam ver os processos "invisíveis" por trás de seus produtos. Um código de três dígitos em cada um dos produtos da empresa permite que, com uma consulta no site da Eosta, os consumidores saibam quem foi o produtor e até se comuniquem com ele. Por exemplo, o código 565 em uma manga leva ao Senhor Zongo em Burkina Faso, que responde aos comentários dos consumidores em seu mural na internet. Esse mecanismo é um excelente exemplo de comunicação de nível 3 por permitir que os consumidores se vejam no contexto da cadeia de valor com um todo.

Exemplos de comunicação multilateral com os stakeholders também incluem reuniões de câmara municipal na região americana da Nova Inglaterra, onde os cidadãos discutem questões locais, e iniciativas das Nações Unidas, como a Convenção-Quadro sobre a Mudança Climática. Para serem eficazes, essas comunicações entre os stakeholders requerem tecnologias capacitadoras e facilitação.

No fim, todas essas abordagens levam ao mesmo resultado: elas ajudam os stakeholders de um sistema a se verem no contexto dos outros stakeholders e do todo mais amplo. Elas invertem o foco da atenção de maneira que ajudam essas comunidades distribuídas a *se verem* como uma parte do cenário mais amplo.

NÍVEL 4: INOVAÇÃO ECOSSISTÊMICA COCRIATIVA: DISSOLVENDO AS FRONTEIRAS DO EGO E DO ECO

A comunicação de nível 4 dos stakeholders é uma conversa ecossistêmica coletivamente criativa e multilateral que ajuda grupos diversificados de

---

* *Nota da Revisão Técnica*: World cafe é uma tecnologia social criada com base no pensamento sistêmico para envolver as pessoas em conversas que fazem a diferença, oferecendo um antídoto eficaz para a dispersão e falta de conexão no mundo de hoje.

players a cossentir e cocriar o futuro, transformando a conscientização de ego a eco. Exemplos incluem processos transformativos envolvendo variados stakeholders, como a World Commission on Dams e o Sustainable Food Lab, que descreveremos em mais detalhes mais adiante neste livro.[3] Os resultados desses processos levam não apenas a impressionantes resultados revolucionários como também a uma transformação da mentalidade e da consciência, partindo da conscientização egossistêmica até a conscientização ecossistêmica – de uma mentalidade que só valoriza o próprio bem-estar a uma mentalidade que também valoriza o bem-estar dos parceiros e do todo.

PONTOS DE ALAVANCAGEM

Já temos alguns exemplos inspiradores de inovações de nível 4 e é possível saber com relativa clareza onde estão, atualmente, os principais pontos de alavancagem para incorporar ao sistema maneiras melhores de operação:

1. Precisamos nos livrar da camada tóxica da comunicação de nível 1 (propinas, doações a partidos políticos, anúncios publicitários e outras formas de propaganda e manipulação que continuam a intoxicar os canais de comunicação da nossa sociedade atual).
2. E precisamos desenvolver novas esferas de relacionamentos cocriativos de nível 4 com os stakeholders, nos quais os parceiros de um ecossistema possam se reunir para cossentir, prototipar e cocriar o futuro do ecossistema.

A questão é como fazer isso. Como criar as profundas competências que nos permitirão construir e estender essas arenas de cocriação de nível 4? Vejamos três histórias inspiradoras.

As Bandeirantes do Arizona Cactus Pine Council (ACPC)

A CEO do ACPC, Tamara Woodbury, vê as Bandeirantes como uma parte do movimento global mais amplo que reconhece a importância da liderança feminina na transformação de questões sociais de difícil solução. Desde 2005, ela, Beth Jandernoa, facilitadora do Presencing Institute, e sua colega Glennifer Gillespie, vêm testando um processo chamado Circle of Wholeness – algo como círculo da completude –, concebido para mergulhar profundamente na prática qualitativa da completude e do bem-estar no conselho e na comunidade do estado do Arizona como um todo. O círculo, um grupo de 18 pessoas, é composto do staff das Bandeirantes e de voluntários, bem como líderes cívicos, líderes de empresas e de Organizações Não Governamentais (ONGs), homens e mulheres, jovens e idosos (de jovens saindo da adolescência a pessoas entrando na faixa dos 80 anos), com variados históricos e formações sociais e étnicas.

Em outubro de 2012, depois de um dia de imersão em experiências e pesquisas voltadas ao bem-estar e à completude, o grupo deu início a uma rodada de "check-in", entrando em contato com o próprio processo de aprendizado das pessoas. Beth e Glennifer sentiram a tensão do grupo entre o ímpeto de agir e a necessidade de desacelerar e escutar internamente o que está querendo emergir. Houve um momento decisivo quando John, ex-CEO de uma empresa global de equipamentos de construção, transformou o ímpeto voltado para a ação. Ele falou pausadamente sobre suas dificuldades iniciais de se tornar um filantropo. A qualidade do discurso de John abriu a escuta do grupo e evocou um senso de curiosidade e amplitude palpável.

Pouco depois, Carol Ackerson, uma executiva do ACPC, começou a falar. Carol é conhecida por sua capacidade de conceitualizar e articular questões complexas de forma que sejam facilmente compreendidas pelos outros. No entanto, em vez de assumir a abordagem racional, ela pausou e disse: "Sei que normalmente falo com a cabeça, mas, desta vez, apesar de não me sentir muito à vontade com isso, acho que é importante para mim e para todos nós diminuir o ritmo, escutar e falar com o coração. Sinto uma nova sensação no meu corpo, e diante disso entendo que, se pudermos ser pacientes e não partir direto para a ação, perceberemos uma nova possibilidade."

Um profundo silêncio caiu sobre o grupo. Com todos juntos em silêncio, alguém disse: "Isso é incrível. O que está acontecendo?" Glennifer respondeu calmamente: "No início do encontro de um grupo, o silêncio costuma ser embaraçoso. À medida que mergulhamos juntos num espaço mais profundo, podemos ter essa rara experiência coletiva de que 'o silêncio vale ouro'. Vamos continuar nesse espaço e deixar que ele aja sobre nós." Beth descreve aquele momento como uma experiência na qual "tanto eu quanto o coletivo estávamos sendo *rearranjados* internamente

– transformados de algum jeito". Mais tarde, Carol disse: "Senti como se Juliette Gordon Low, a fundadora das Bandeirantes, estivesse na sala com a gente."

A qualidade da conversa que se seguiu a esse silêncio foi vívida e original, com ideias que o grupo nunca tinha considerado antes. Eles começaram a explorar como poderiam definir a conversa característica do ACPC (o clima e o processo) e a narrativa característica (o conteúdo de seus princípios e práticas sem igual). Naquele encontro, eles identificaram "criação de conversas que geram a experiência do amor" como uma das competências futuras diferenciadas do ACPC.

Transformando as conversas sobre as mudanças climáticas

Martin Kalungu-Banda, cofundador do Presencing Institute Africa, conta a história a seguir:

> Depois da Conferência das Nações Unidas sobre as Mudanças Climáticas em Copenhague em dezembro de 2009, parecia que o mundo tinha desapontado a si mesmo por não ter conseguido atingir o tipo de acordo e compromisso internacional para atacar, de maneira significativa e com urgência, as questões das mudanças climáticas. Para muitas pessoas e organizações, Copenhague também expôs uma desconexão entre o diálogo das mudanças climáticas e o pensamento e a prática voltados ao desenvolvimento.
>
> Em meados de 2010, a Climate and Development Knowledge Network (CDKN)* começou a pensar em maneiras de fortalecer o ponto de conexão entre as mudanças climáticas e o desenvolvimento. Um consórcio de organizações foi reunido para criar um evento que traria uma nova vida à conexão entre clima e desenvolvimento. Essa forma de pensar culminou no Action Lab Event da CDKN, realizado em Oxford em abril de 2011.
>
> Os preparativos para o evento foram liderados por um grupo intersetorial de facilitadores e designers de processos. A intenção foi criar um evento no qual 200 participantes de mais de 70 países, cobrindo setores públicos, privados e da sociedade civil, pudessem pensar e

* *Nota da Revisão Técnica:* No Brasil, Rede de Conhecimento para o Clima e Desenvolvimento.

interagir para gerar ideias práticas no ponto de conexão entre as mudanças climáticas e o desenvolvimento. A experiência e a expertise dos participantes foram reunidas utilizando ferramentas online. Palestrantes convidados foram identificados para esclarecer aspectos centrais do problema. Encontros semanais foram conduzidos entre os facilitadores na internet ao longo de quatro meses para conceber e testar o processo de sediar e conduzir o evento.

O local do evento, a Oxford University, foi meticulosamente escolhido por sua capacidade de proporcionar tanto o espaço quanto a atmosfera necessários para promover um pensamento revolucionário. As melhores práticas em interação humana e pensamento sistêmico foram identificadas e incorporadas ao design. O processo todo foi uma combinação de conversas em plenário, discussões em pequenos grupos e momentos de reflexão individual. Para maximizar a criatividade dos participantes, várias ferramentas e técnicas, como escultura, desenho, pintura, jogos e journaling, entre outras, foram utilizadas.

A conferência teve início com três dias de "sentir o campo", buscando entender e divulgar o máximo possível sobre a verdade nua e crua das mudanças climáticas. Em seguida, os participantes saíram para uma hora de reflexão profunda no Jardim Botânico de Oxford. As duas questões que orientaram a reflexão foram: "Se eu suspendesse tudo o que não é essencial, como seria o meu melhor Eu futuro?" e "O que a vida me/nos impele a fazer para criar um futuro diferente para o mundo?". Ao final do período de reflexão, os 200 participantes voltaram à plenária. Esse grupo passou a se sentir como um grupo intimista que já vinha buscando soluções para um desafio em comum por um bom tempo.

Com rara facilidade, eles ouviram os insights que emergiram da hora de reflexão silenciosa. Grande parte dos insights soou como pessoas cantando o mesmo hino. Formamos uma unidade, desenvolvendo um olhar unificado em tudo o que estava em risco e, mesmo sem precisar dizer isso abertamente, parecia que tínhamos vislumbrado um futuro em comum com aquele período de reflexão de uma hora. A experiência levou a um sentimento renovado de esperança depois da decepção de Copenhague. Um participante de Gana, Winfred, disse: "Copenhague derrubou o meu espírito. Mas agora sei que não preciso ser um político para fazer a diferença. É a nossa vez de proporcionar a liderança aos políticos."

> Trabalhando em pequenos grupos formados com base em interesses e foco profissional/de interesse, os participantes elaboraram juntos 26 protótipos para criar as pistas de aterrissagem do futuro em comum que antevemos juntos. Igualmente profundos foram os diferentes relacionamentos e redes colaborativas que se formaram naquele evento de quatro dias.[4]

O interessante na história de Martin é que as vozes de negação, cinismo e depressão parecem ter sido, de alguma maneira, transformadas. As redes constituídas no evento implementaram algumas iniciativas de vanguarda para combater os problemas relativos às mudanças climáticas, que você pode conferir no site da CDKN, http://cdkn.org/.

Uma linha de ação promissora que se originou no encontro em Oxford foi um evento similar conduzido em 2012 com os importantes líderes nacionais de Gana, inclusive o vice-presidente, ministros, membros do Parlamento e muitos outros. Esses líderes foram convidados a refletir sobre as implicações das mudanças climáticas para eles, pessoalmente. Eles assistiram uma peça de teatro produzida por estudantes locais que demonstrava os impactos das mudanças climáticas e um documentário com cidadãos ganenses pedindo que os líderes fizessem alguma coisa. O secretário do gabinete refletiu: "Passamos esse tempo todo vendo as mudanças climáticas como uma questão distante do nosso cotidiano. Precisamos usar os instrumentos do governo para criar um futuro diferente para os nossos filhos. Como deixamos isso acontecer por tanto tempo?" Até o momento, mais de 400 representantes adicionais do governo foram convidados a participar de um processo similar e se comprometeram a promover mudanças em suas regiões.[5]

ELIAS: Emerging Leaders Innovate Across Sectors

Uma terceira história inspiradora nos leva a Cambridge, Massachusetts. Mais ou menos em 2004 começamos a nos sentir frustrados. Refletindo sobre o cenário mais amplo, percebemos que, apesar do nosso modesto progresso neste ou naquele projeto, não estávamos fazendo qualquer grande diferença nos três grandes divisores. Também percebemos que a maior parte do nosso trabalho estava focada no que acontecia dentro de organizações individuais, enquanto os maiores problemas sociais tendiam a residir no espaço entre instituições e indivíduos, entre setores, sistemas e seus cidadãos.

Um dia, em uma conversa a respeito disto com nossos amigos Peter Senge e Dayna Cunningham, finalmente decidimos fazer alguma coisa a respeito. Otto daria palestras em algumas das principais organizações com as quais vínhamos trabalhando ao longo dos anos. A partir de 2005, Otto começou a se encontrar com alguns stakeholders-chave dessas organizações e, visando recrutá-los como parceiros fundadores da nossa ideia para o ELIAS, apresentou a questão nos seguintes termos:

> Tudo bem, não sabemos o que o futuro trará, mas sabemos de uma coisa: estamos entrando numa era na qual os líderes do futuro enfrentarão uma série de disrupções, crises e turbulências sem comparação com nada que já aconteceu no passado. Então o que interessa agora é como prepararemos as pessoas que acabarão em posições-chave de liderança daqui a 10 ou 20 anos, em que extensão elas estarão unidas em rede a diferentes sistemas e setores, até que ponto elas serão capazes de escutar e qual será seu nível de criatividade para transformar problemas em oportunidades. E considerando que nenhuma organização individual poderá desenvolver essas competências cruciais sozinha, será que vocês estarão dispostos a participar de uma experiência? Estarão dispostos a alocar cinco ou seis semanas, ao longo de 12 meses, de alguns dos seus líderes de mais alto potencial para que eles se unam a um grupo global de jovens líderes do setor público, privado e do terceiro setor na exploração das margens tanto do sistema deles quanto eu do deles?

Para nossa surpresa, com apenas uma exceção, todos concordaram.

Em março de 2006, 27 jovens líderes de alto potencial das organizações parceiras do ELIAS, inclusive a Oxfam, o WWF, a Unilever, a BASF, a Nissan, a Unicef, a InWEnt (do Brasil) e o Ministério da Fazenda da Indonésia, deram início a uma jornada de aprendizagem e inovação que seguiu o processo U de cossensibilização, coinspiração e cocriação. Paralelamente a seu trabalho normal, eles se uniram a nós para desenvolver e aprender a utilizar um novo conjunto de ferramentas de inovação, inclusive jornadas de profunda sensibilização, diálogos com stakeholders, retiros de elaboração de estratégias, estúdios de design e prototipagem de ciclo rápido para suas ideias visando a explorar o futuro pela ação. Ao final da jornada, constatamos os resultados a seguir:

1. uma profunda mudança pessoal;
2. uma profunda mudança relacional dentro do grupo e além dele;
3. protótipos demonstrando uma variedade de novas abordagens. Alguns deles foram realmente inspiradores. Outros pareceram, na época, experiências de aprendizado valiosas para todos.

No entanto, o que ninguém esperava foi o fato de que esse miniecossistema de pequenos brotos, ou miniprotótipos, continuasse a crescer nos anos que se seguiram até se transformar em uma ecologia global de inovação no mínimo espantosa. Sem alarde, essas iniciativas foram se replicando organicamente inúmeras vezes e hoje envolvem dezenas de instituições e milhares de pessoas que continuam a coiniciar novas plataformas de colaboração. Veja alguns exemplos.

Os protótipos do ELIAS: uma ecologia global de inovação

- Participantes da África do Sul, a "equipe do cinturão do Sol", queriam explorar métodos para levar a energia solar e eólica a comunidades marginalizadas utilizando um modelo descentralizado e democrático de geração de energia para reduzir as emissões de CO_2 e promover o crescimento econômico e o bem-estar das comunidades rurais. O projeto mudou as prioridades estratégicas de uma ONG global e resultou na formação de uma empresa chamada Just Energy, com operações na África do Sul e que ajuda as comunidades locais a participarem do mercado de energia renovável em rápido crescimento.[6]
- Na Indonésia, um participante do ELIAS e funcionário do Ministério do Comércio da Indonésia aplicou o processo U para estabelecer novas políticas públicas voltadas para a produção sustentável de açúcar. A ideia era envolver todos os stakeholders mais importantes no processo de elaboração das políticas. Os resultados foram impressionantes: pela primeira vez na história do país, as decisões legislativas do ministério não resultaram em violentos protestos ou tumultos por parte dos lavradores ou outros participantes da cadeia de valor. Diante desse sucesso, a abordagem foi adotada por diferentes ministérios para outras commodities e para o estabelecimento de padrões de produção sustentáveis.

- Também na Indonésia, um programa de liderança trissetorial fundamentado no processo U foi lançado com base no modelo ELIAS (hoje chamado IDEAS), envolvendo 30 líderes de todos os setores. Eles estão trabalhando em várias iniciativas de prototipagem, sendo que uma delas é o caso Bojonegoro, que discutiremos adiante. O IDEAS Indonésia hoje tem cerca de 100 formandos e iniciou seu quarto programa na primavera de 2013.
- Um participante do ELIAS e membro do GIZ (o Ministério de Cooperação Econômica e de Desenvolvimento da Alemanha) desenvolveu e lançou um laboratório para combater as mudanças climáticas em colaboração com líderes emergentes da África do Sul e da Indonésia.
- Utilizando o modelo do ELIAS e do IDEAS, em 2012 o primeiro programa IDEAS da China foi lançado, envolvendo representantes seniores do governo e executivos de empresas estatais chinesas. O segundo programa IDEAS da China lançado neste ano (2013) trabalha com algumas das maiores empresas estatais do planeta.
- No MIT, dois membros do ELIAS se uniram para criar um empreendimento de pesquisa colaborativa que resultou na fundação do MIT CoLab (Community Innovators Lab). Desde então, o CoLab se destacou como uma incubadora de inovação no campo de aprendizagem pela ação (*action learning*) para estudantes do Departamento de Estudos e Planejamento Urbano do MIT, colocando em prática a Teoria U e metodologias relacionadas.

Também fomos informados de iniciativas inspiradas no ELIAS, inclusive a Iniciativa de Saúde Materna na Namíbia e a Iniciativa do Triângulo dos Corais (ITC), que levou a um tratado entre seis países vinculando práticas de pesca sustentável com o compartilhamento de receita e oportunidades econômicas.[7] O interessante na rede ELIAS é que ela continua a gerar um fluxo constante de ideias e iniciativas.[8]

Então, o que aprendemos com o projeto ELIAS sobre a criação de plataformas de presencing para iniciativas empreendedoras cocriativas?

Cinco experiências de aprendizado

O ELIAS questionou muitas das nossas premissas profundamente enraizadas. Para começar, agora percebemos que, apesar de ter sido a nossa iniciativa mais poderosa e influente até agora, o ELIAS não nasceu de um relacionamento orientado pelo cliente. Ninguém nos pediu para conceber e organizar o projeto, que nasceu da nossa profunda frustração e desejos.

Em segundo lugar, aprendemos que a abordagem de "resolução de problemas" que fundamenta grande parte do trabalho com variados stakeholders pode ser restrita. O princípio profundo deve ser "A energia segue a atenção". Uma mentalidade focada apenas em resolver um problema ou fechar uma lacuna restringe a criatividade. No nosso caso, bastou reunir jovens agentes de mudança de alto potencial vindos de diversos sistemas, setores e culturas, expô-los a uma ampla variedade de experiências não filtradas e não elaboradas na margem de seus sistemas, equipá-los com boas práticas de contemplação e reflexão, e deixar que eles interpretassem o que viram e vivenciaram juntos. Nesse contexto, novas ideias interessantes sem dúvida emergiriam. Com uma infraestrutura de apoio, o resultado de um processo como esse será poderoso – se os líderes tiverem a chance de prototipar suas crenças.

Em terceiro lugar, aprendemos que ferramentas e habilidades individuais costumam ser valorizadas em demasia. Apesar de métodos e ferramentas terem constituído uma parte bastante importante da jornada do ELIAS e de os projetos não poderem ter tido sucesso sem eles, nossa profunda jornada fez toda a diferença. Indivíduos isolados passaram a fazer parte de uma rede cocriativa de agentes de mudança. A nossa jornada parece ter acionado um *campo de conexões inspiradas* que ajuda as pessoas a operarem a partir de um lugar diferente, um lugar mais descontraído, mais tranquilo, mais inspirado e focado. Acender essa chama de conexões inspiradas é o coração e a essência de toda a educação e toda a liderança hoje. Todo resto é secundário. No caso do ELIAS, a chama se manteve acesa muito tempo depois do fim do programa e a vemos se acendendo em muitas outras áreas. Em geral parece que tocamos numa fonte de poder coletivamente criativo – e de conexões cárdicas – que até hoje não entendemos plenamente.

A quarta lição que aprendemos é que as plataformas intersetoriais de inovação, liderança e aprendizado requerem um espaço acolhedor de alta qualidade. Esse espaço acolhedor é constituído do processo, das pessoas, do lugar e do propósito. No entanto, o ingrediente mais importante é sempre o mesmo: muitas pessoas totalmente comprometidas que dariam tudo pelo sucesso da iniciativa. Por vezes, são apenas uma ou duas pessoas, mas se você tiver quatro ou cinco, será capaz de mover montanhas.

Em quinto lugar, aprendemos a atentar para a fenda – uma abertura para uma possibilidade futura em que todos podem se apoiar. Todas as plataformas intersetoriais sofrem do mesmo problema: as pessoas necessárias já estão sobrecarregadas em suas instituições, o que explica por que a maioria das plataformas de diversos stakeholders é caracterizada por muita conversa e pouca ação. Assim, a única chance de construir uma plataforma de sucesso para a inovação intersetorial e interinstitucional é escolher um tópico altamente valorizado por todos os indivíduos participantes e suas instituições.

Desenvolvendo a economia cocriativa

O ELIAS, o Action Lab Event da CDKN e o Círculo de Liderança das Bandeirantes do ACPC também nos ensinam outras lições.

Em primeiro lugar, reconfigurar as fronteiras entre cooperação e competição. O capitalismo 2.0 se fundamenta na lógica da competição e, além disso, a economia 3.0 acrescenta a ação governamental (um exemplo é o Estado previdenciário). Atualmente, enfrentamos desafios caracterizados pelos fracassos simultâneos do governo e do mercado. Esses problemas nos convidam a reconfigurar as fronteiras da competição e da cooperação, incluindo arenas de cooperação pré-mercado entre todos os setores.

Em segundo lugar, a maneira mais eficiente de reconfigurar as fronteiras entre competição e cooperação é criar arenas ou plataformas de cocriação dentro dos ecossistemas existentes nas empresas e na sociedade. Os ecossistemas são os sistemas sociais acrescidos de seu contexto capacitador social, ecológico e cultural. Exemplos incluem sistemas educacionais, sistemas de saúde, sistemas alimentares, sistemas de energia e sistemas de negócio específicos. Os stakeholders de um ecossistema compartilham alguns recursos escassos (os recursos comuns) que todos os parceiros têm um interesse material em preservar e sustentar, em vez de exaurir.

Em terceiro lugar, as plataformas e arenas da inovação ecossistêmica requerem novas tecnologias sociais que ajudem os stakeholders a transformarem sua colaboração de uma lógica e conscientização egossistêmicas em uma lógica e conscientização ecossistêmicas. Uma dessas tecnologias sociais é a Teoria U. Da perspectiva da Teoria U, seria fundamental criar os cinco tipos de infraestruturas de inovação a seguir:

1. *Infraestruturas para coiniciar*. O sucesso dos projetos envolvendo variados stakeholders se fundamenta na mesma moeda: o comprometimento incondicional de um ou alguns líderes locais que contam com a confiança das respectivas comunidades. Se o ecossistema for altamente fragmentado, o grupo central coiniciador do projeto deve refletir a diversidade do ecossistema em geral.
2. *Infraestruturas para cossensibilização*. O mecanismo mais simples e mais eficaz para mudar a nossa mentalidade da conscientização egossistêmica à conscientização ecossistêmica é levar as pessoas em jornadas de sensibilização até as margens do sistema, onde elas podem ver o sistema da perspectiva dos outros, particularmente do ponto de vista daqueles mais marginalizados. As práticas de *shadowing* (aprendizado pela observação) e entrevistas com stakeholders são outras atividades que ajudam os participantes a aprender a ver o sistema do ponto de vista de diversos stakeholders e da perspectiva do todo.[9] As infraestruturas de cossensibilização eficazes são as menos numerosas no presente momento e as mais necessárias.
3. *Infraestruturas para coinspirar*. Outro ponto de alavancagem cada vez mais potente na área da liderança distribuída diz respeito à utilização de práticas de atenção plena e presencing que ajudam os tomadores de decisão a se conectarem com suas fontes profundas de conhecimento, tanto individual quanto coletivamente.
4. *Infraestruturas para prototipar e explorar o futuro pela ação*. Prototipar é um processo. Você para de se preocupar com tudo o que não sabe e começa a agir com base no que sabe. Um bom processo de prototipagem requer um grupo central alinhado em torno da mesma intenção; uma rede de stakeholders e usuários favoráveis; um "protótipo 0.8" concreto (um protótipo incompleto, porém concreto o suficiente para obter o feedback de parceiros espalhados por todo o sistema); uma decisão firme, por parte do grupo central, de avançar ao mesmo tempo que integra o feedback dos stakeholders; e sessões para avaliar todos os protótipos, concluir o que foi aprendido, remover o que não está adequado e fortalecer o que está dando certo.
5. *Infraestruturas para coevoluir*. Iniciativas de prototipagem micro e de linha de frente são sementes que os líderes podem plantar e cultivar em partes selecionadas do sistema. Cultivar, sustentar, expandir e

evoluir essas iniciativas no contexto do sistema mais amplo requer um aprendizado de liderança interfuncional, internível e interinstitucional e iniciativas de inovação de orientação prática. Para proporcionar esse apoio, a equipe de alta liderança também precisa de uma infraestrutura para avançar na própria jornada de liderança da conscientização egossistêmica à conscientização ecossistêmica.

Conclusão e práticas

O nosso trabalho com o processo U nos ensinou que romper os padrões de recuperação (downloading) e conectar cada indivíduo ao seu Eu (com E maiúsculo) é fundamental para um processo aberto de cocriação. Conduzir um grupo diversificado de stakeholders pela jornada U inverte o foco da atenção nos seguintes estágios da conversa:

Nível 1: Conformidade, ou projetar e confirmar nossas opiniões (julgamentos) existentes sobre os outros.
Nível 2: Confrontação, ou trazer à tona as diferenças sustentadas pelos stakeholders quando veem a questão de ângulos muito diferentes.
Nível 3: Conexão, ou sustentar simultaneamente essas visões diferentes, invertendo, dessa forma, o foco da atenção de volta ao eu observador – e ajudando um sistema a se ver (diálogo).
Nível 4: Fluxo cocriativo, ou inverter o foco da atenção de volta às fontes de criatividade e do eu – ajudando um sistema a se conectar com seu Eu futuro que emerge.

FERRAMENTA: ENTREVISTAS COM OS STAKEHOLDERS

No final dos capítulos anteriores, propusemos perguntas de journaling como ferramentas para explorar a relevância do conteúdo dos capítulos para a sua própria vida pessoal e profissional. Neste capítulo, sugerimos uma ferramenta diferente: entrevistas com os stakeholders. O propósito de uma entrevista com um stakeholder é desenvolver a capacidade de ver o seu trabalho da perspectiva dos seus stakeholders mais importantes. É um exemplo das ferramentas de sensibilização que enfatizamos tanto neste capítulo. Você poderá encontrar a descrição completa da ferramenta, em inglês, no site www.presencing.com/tools/u-browser.

Veja um breve resumo do exercício:

Identifique três a cinco stakeholders realmente importantes na sua vida pessoal e/ou profissional. Convide cada um deles para uma conversa na qual você fará as sete perguntas a seguir (altere-as de acordo com a sua situação específica):

1. O que você busca realizar no seu trabalho e qual é a minha contribuição para esse trabalho?
2. Pode me dar um exemplo de uma ocasião na qual a minha contribuição foi proveitosa para você?
3. Quais critérios você utiliza para avaliar se a minha contribuição para o seu trabalho teve ou não sucesso?
4. Quais duas possíveis alterações na minha arena de influência ou responsabilidade nos próximos três ou quatro meses criariam maior valor para você?
5. Quais problemas dificultaram o nosso trabalho juntos no passado?
6. Qual é o melhor futuro possível que você gostaria de ver no que se refere à nossa colaboração?
7. Qual poderia ser um primeiro próximo passo prático para avançarmos nessa trajetória de possibilidade futura desejada?

CONVERSA EM CÍRCULO

1. Convide cada pessoa a compartilhar alguns dos principais insights provenientes das entrevistas com os stakeholders.
2. Reflitam juntos sobre os temas que surgirem.
3. Proponha que os membros contem a história de um momento no qual eles vivenciaram uma transformação do campo social, como a experiência em Berlim ou a experiência relatada por Beth Jandernoa, neste capítulo. Relate uma ocasião em que você viu um campo social se transformando de um estado a outro. Quais mudanças você notou no modo como as pessoas interagiam? Quais mudanças você notou em si mesmo?

7

Liderando a inversão institucional: na direção das economias ecossistêmicas

A próxima revolução social deve ser institucional. Uma revolução que nos ajude a inverter o foco da atenção institucional de volta à fonte - isto é, a um local onde o sistema institucional pode se ver e se renovar.

Deslocando o *locus* da liderança

O que você faz quando participa de um sistema cujos componentes vitais operam em silos separados? Resposta: você os conecta. *Você desloca o* locus *da liderança do centro até a periferia* – isto é, de um único local a muitos locais. Você conecta esses locais para facilitar a criação de sentido de maneiras mais distribuídas, diretas e dialógicas.

Testemunhamos esse processo de deslocamento do *locus* da liderança de um lugar no centro a muitos lugares na periferia em inúmeras instituições. O processo é impulsionado pela globalização, a ascensão da World Wide Web e a combinação de novas informações e novas tecnologias de comunicação que possibilitam modos distribuídos e descentralizados de organização. Observamos uma primeira onda desse processo quando empresas e organizações globais começaram a descentralizar seus processos decisórios de acordo com funções, divisões e localização geográfica.

Atualmente, vemos uma segunda onda deslocando ainda mais o *locus* da liderança. O processo decisório está sendo empurrado cada vez mais para fora, para além das fronteiras da organização. Diferentes termos são utilizados para descrever o processo: empreendimento estendido, ecossistema de inovação, *crowdsourcing*,* inteligência coletiva. O que acontece

---

* *Nota da Revisão Técnica*: Modelo de produção que utiliza a inteligência e o conhecimento coletivos e voluntários, geralmente espalhados pela internet para criar conteúdos, gerar fluxo de informação, resolver problemas, buscar soluções ou desenvolver novas tecnologias.

hoje nas organizações é o mesmo que aconteceu antes com os Estados-nação em um mundo globalizado: os dois se tornaram *pequenos demais para os grandes problemas* e *grandes demais para os pequenos problemas.*

O resultado é uma inversão do antigo modelo. A pirâmide foi virada de cabeça para baixo de forma que o cultivo de *relacionamentos cocriativos* entre stakeholders se coloca no centro do novo modelo ecossistêmico de organização.

Inversão institucional

Antes de entramos nos exemplos de inversão institucional, vamos rever rapidamente as quatro principais lógicas do poder institucional e da organização.

Acompanharemos a jornada de 1.0 a 4.0 por meio do conceito da "inversão", uma tradução do termo alemão *Umstülpung* (inverter e revirar). Otto descobriu o conceito de *Umstülpung* ao estudar o trabalho do artista *avant-garde* alemão Joseph Beuys. O exemplo mais simples de inversão é: segure uma meia com uma mão, enfie a outra mão até o fim e puxe os fundos de volta até virar a meia do avesso. A conclusão desse movimento é a inversão, ou o *Umstülpung.*

O mesmo princípio se aplica à transformação da estrutura do campo de uma instituição. Nesse caso, o termo implica inverter a geometria do poder. As quatro figuras a seguir mostram uma representação gráfica desse processo: a fonte de poder se desloca do alto e do centro da pirâmide (1.0), se aproximando da base (2.0), depois se movendo para a periferia (3.0) e para a esfera circundante de um sistema (4.0). A jornada estrutural de transformação resultante é marcada por uma completa inversão.

Em estruturas 1.0, o poder se localiza no topo da pirâmide. A estrutura organizacional é centralizada e de baixo para cima (*bottom-up*). A coordenação é realizada pela hierarquia e pela regulamentação ou planejamento centralizado. As estruturas 1.0 são eficazes contanto que o grupo central do topo seja muito bom e a organização seja relativamente pequena. Quando as organizações ou empresas começam a crescer, elas precisam se descentralizar para aproximar o processo decisório dos mercados ou cidadãos. As estruturas 2.0 resultantes são definidas tanto pela hierarquia quanto pela competição.

Em uma estrutura 2.0, a descentralização possibilita que a fonte de poder se aproxime do verdadeiro trabalho realizado na periferia. A coordenação

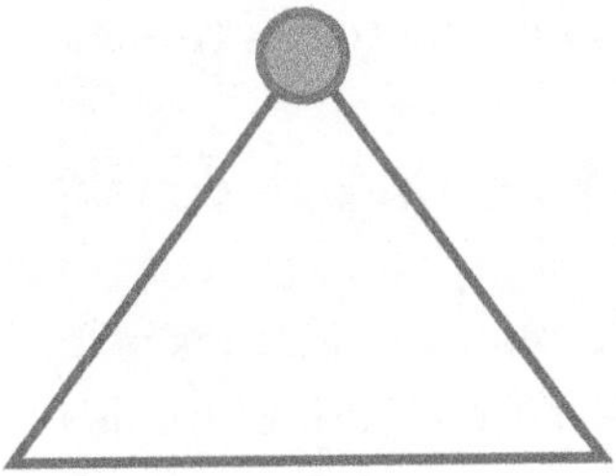

FIGURA 11 Estrutura 1.0: pirâmide. O poder é centralizado e se localiza no topo. As linhas cheias indicam estruturas de liderança verticais tradicionais.

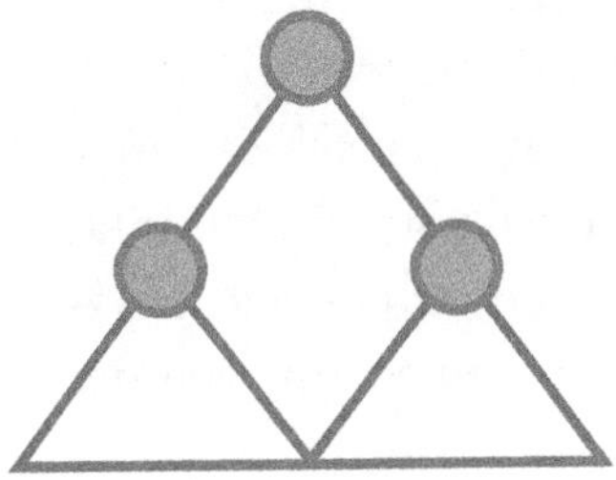

FIGURA 12 Estrutura 2.0: descentralizada. A fonte de poder se aproxima da base.

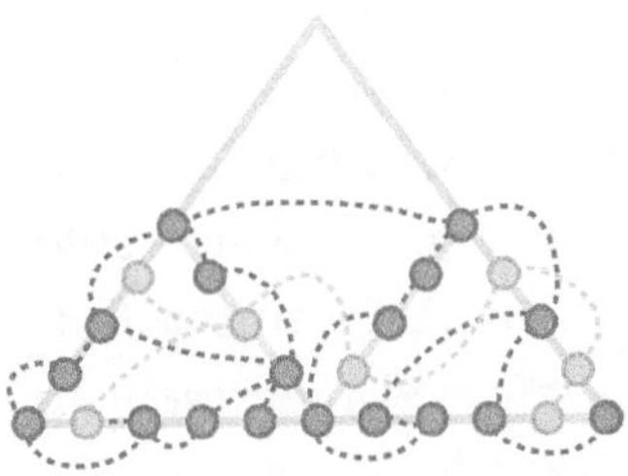

FIGURA 13 Estrutura 3.0: em rede. As fontes de poder passam a ser relacionais. As linhas pontilhadas aqui e nas figuras a seguir indicam uma liderança em rede e relacional em vez de estruturas hierárquicas.

funciona por meio dos mercados e da competição. O foco se desloca de inputs a outputs (resultados). Isso leva a uma estrutura funcional divisionalmente diferenciada, em que as decisões são tomadas em maior proximidade com os mercados, os consumidores ou as comunidades e os cidadãos (Figura 12). A vantagem das estruturas 2.0 é a independência empreendedora de todas as suas divisões ou unidades. A desvantagem é que ninguém administra o espaço entre as unidades.

Isso nos leva às estruturas 3.0, nas quais a fonte de poder se distancia ainda mais do topo e se origina *além* das fronteiras tradicionais da organização. O resultado é um achatamento das estruturas e um tipo de organização em rede. A coordenação funciona por meio da negociação e do diálogo entre os stakeholders e grupos de interesse organizados. O poder emerge dos relacionamentos entre os players cruzando diferentes fronteiras (Figura 13).

A vantagem das estruturas 3.0 está nas conexões em rede. A desvantagem é o aumento dos interesses estabelecidos. Os grupos de interesse usam suas conexões em rede para beneficiar os interesses motivados pelo ego ao mesmo tempo que comprometem o bem-estar do todo. Exemplos incluem Wall Street (forçando os contribuintes a pagar por seu comportamento de risco), a Monsanto (privando os agricultores indianos de seus direitos de propriedade), grandes companhias de energia (financiando uma pseudociência voltada para confundir o público em relação às mudanças climáticas), a indústria da saúde (que mantém os custos da saúde em níveis escancaradamente altos), os sindicatos trabalhistas (que muitas vezes negligenciam o bem-estar dos não membros desempregados) e as organizações ambientais (que muitas vezes negligenciam o bem-estar das comunidades em áreas protegidas).[1]

Em estruturas 4.0, a fonte de poder passa para a *esfera circundante* dos relacionamentos cocriativos entre indivíduos e instituições espalhados por todo o ecossistema. A coordenação funciona por meio da atenção compartilhada voltada ao todo emergente. No 4.0, o poder emerge da presença desse todo (nós em mim) e não da mera egopresença de seus membros (eu em mim) em um dado ecossistema. A Figura 14 mostra que o achatamento da hierarquia de 1.0 a 3.0 continua abaixo da linha de base. O território em formato de U abaixo da linha de base da pirâmide invertida representa o espaço relacional transformado pela abertura da mente, do coração e da vontade.

A jornada de 1.0 a 4.0 é uma história de inversão em dois aspectos. Para começar, trata-se de uma inversão da fonte de poder, do topo e do centro (1.0), para a base/periferia (2.0), para além das fronteiras organizacionais (3.0) e para o ecossistema circundante (4.0). Essa jornada constitui um profundo processo de abertura de uma pirâmide fechada (1.0) até sua completa subversão e inversão (4.0). Em segundo lugar, trata-se de uma inversão que diz respeito à reintegração da mente e da matéria. No 1.0, a cisão entre mente e matéria é a característica determinante do sistema: o poder da liderança se origina no topo e há um distanciamento máximo entre o topo e a base da pirâmide – isto é, entre a mente (o governo, a liderança) e a matéria (o trabalho realizado na linha de frente). O restante da jornada reduz e transforma a distância entre o topo e a base do sistema (a

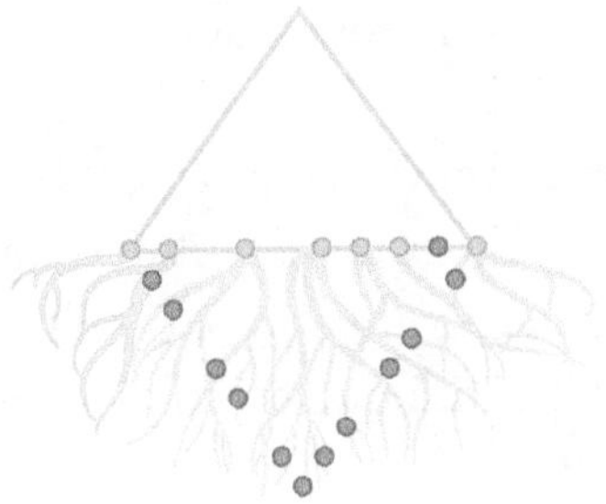

FIGURA 14 Estrutura 4.0: pirâmide invertida. A transformação de relacionamentos do ego (eu em mim) ao eco (nós em mim).

pirâmide), como se segue. Nas estruturas 2.0, a cisão vertical é um pouco reduzida pela descentralização e divisionalização. Nas estruturas 3.0, a cisão vertical é reduzida ainda mais por meio da organização horizontal em rede na base do sistema. A organização em rede é eficaz na redução da distância vertical, mas é menos eficaz na transformação de formas de pensar habituais. A transformação final, para o 4.0, é um deslocamento da base do que costumava ser uma pirâmide a um "espaço negativo" abaixo da antiga base da pirâmide – isto é, a um espaço que permite que o sistema se veja para facilitar a transição da conscientização egossistêmica à conscientização ecossistêmica. Qualquer sistema ou comunidade que deseje se conscientizar de si mesmo deve cultivar esse espaço negativo abaixo da antiga base – em outras palavras, precisa cultivar o solo do campo social, o sistema-raiz dos novos tipos 4.0 emergentes de organização.

Dessa forma, a inversão institucional pode ser descrita como um processo de profunda abertura que desloca a fonte de poder do topo/centro à esfera circundante. O processo também pode ser contado como uma história de superação da cisão vertical mente/espírito entre a liderança e o trabalho nas linhas de frente em um sistema invertendo a estrutura piramidal até transformá-la em um espaço acolhedor em forma de U que cultiva os processos que enraízam o campo social: atentando, conversando, organizando e integrando.

Liderando a revolução 4.0 em diferentes setores

Apesar da importância da transformação pessoal e relacional, sabemos que nenhuma das iniciativas de mudança discutidas nos capítulos anteriores fará qualquer diferença nos desafios globais que enfrentamos a menos que consigamos transformar as instituições-chave que constituem os sistemas da nossa sociedade.

Isso é feito ajudando essas instituições a avançar ao estágio 4.0, o que requer um processo de inversão institucional capaz de substituir e complementar os antigos mecanismos de hierarquia e competição. O cultivo dos relacionamentos dialógicos e cocriativos permitirá que os stakeholders de cada ecossistema inovem no âmbito do todo.

Este capítulo apresenta um roteiro para a transformação institucional que a nossa geração está sendo convocada a realizar. Podemos fazer isso proativamente ou podemos deixar a tarefa aos nossos filhos depois de uma longa série de dolorosas disrupções e choques externos. Trata-se de uma transformação que vem se formando há muitos anos. A jornada ao 4.0 é o próximo estágio de um processo que vem se desenrolando ao longo de vários séculos e cuja forma difere de acordo com o local, o setor e a cultura. A revolução 4.0 assumirá uma forma diferente na China, na América do Sul e na África em relação aos países desenvolvidos. E também será, de certo modo, diferente nos sistemas de saúde, educação, energia e agricultura. No entanto, de acordo com a nossa experiência, todos os setores e sistemas lidam fundamentalmente com o mesmo desafio: desenvolver a capacidade de agir a partir do todo.

A Tabela 9 apresenta uma visão geral deste capítulo, mostrando como todos os sistemas da sociedade vêm avançando em caminhos paralelos desde o 1.0 até a possibilidade emergente do 4.0. O restante do capítulo se concentra em como conduzir cada sistema da conscientização egossistêmica à conscientização ecossistêmica – isto é, da organização centrada em interesses especiais à organização centrada na intenção comum. Os muros dos silos que passaram tanto tempo contendo esses sistemas inevitavelmente se abrirão à medida que progredimos na nossa jornada em direção ao 4.0.

GOVERNO E DEMOCRACIA 4.0: DIRETOS, DISTRIBUÍDOS, DIGITAIS E DIALÓGICOS

A jornada para o governo 4.0 é uma transformação institucional de:

1.0: um sistema centralizado centrado no governante (*l'état cest moi* – "o Estado sou eu"); a

TABELA 9 Os setores da transformação institucional atual

Estágio	Governo	Saúde	Educação	Empresas	ONGs	Bancos
Conscientização tradicional 1.0: *hierarquia*	Estado dominante	Centrada na autoridade e nos inputs: *orientada pela instituição*	Centrada em inputs e na autoridade: *orientada pelos professores*	Centralizadas: hierarquia: *orientadas pelo proprietário*	Focadas no programa: *orientadas pela reatividade*	Setor bancário tradicional: *orientado pelo proprietário*
Conscientização egossistêmica 2.0: *mercados e competição*	Estado dormente	Centrada nos resultados: *orientada pela assistência gerenciada*	Centrada nos resultados: *orientada por exames*	Descentralizadas: divisões: *orientadas pelos shareholders e por metas*	Focadas nas políticas: *orientadas por grupos de defesa e campanhas*	Setor bancário de cassino: *orientado pela especulação*
Conscientização dos stakeholders 3.0: *redes e negociação*	Estado previdenciário	Centrada no paciente: *patogênese orientada pelas necessidades*	Centrada no estudante: *orientada pelo aprendizado*	Em matriz ou rede: *orientadas pelos stakeholders*	Focadas na iniciativa estratégica: *orientadas pelos stakeholders*	Setor bancário socialmente responsável: *orientado pelos stakeholders*
Conscientização ecossistêmica 4.0: *ação coletiva baseada na conscientização (ACC)*	4 Ds: direto, distribuído, democrático, dialógico	Centrada no cidadão: *salutogênese* orientada pelo bem-estar*	Centrada no empreendedorismo: *orientada pela cossensibilização e pela cocriação*	Ecossistema cocriativo: *orientadas pela intenção*	Focadas no ecossistema: *orientadas pela intenção*	Setor bancário ecossistêmico transformativo: *orientado pela intenção*

* *Nota da Revisão Técnica*: Conceito criado pelo pesquisador Aaron Antonovsky, em 1979, para designar as forças que geram saúde, e se opõem à patogênese, ou seja, às influências que causam a doença.

2.0: uma máquina burocrática abstrata e diferenciada (à la Max Weber); a
3.0: um governo em rede que dá mais atenção aos cidadãos; a
4.0: um sistema distribuído, direto, dialógico que opera conectando-se a seus cidadãos e dotando-os de *empowerment* para comodelar o todo.

Essa jornada ao governo 4.0 está altamente inter-relacionada com a jornada à democracia 4.0, que passa de:

1.0: democracia unipartidária (centralizada); a
2.0: democracia indireta multipartidária (parlamentar); a
3.0: democracia indireta participativa (parlamentar); a
4.0: democracia participativa direta, distribuída, digital e dialógica (4-D).

A transformação para a democracia 4.0 implica deslocar a fonte de poder das ações habituais do centro às verdadeiras necessidades e aspirações das comunidades da periferia – de uma liderança top-down (de cima para baixo) a um processo compartilhado de cossensibilização e comodelagem do novo.

Vejamos dois exemplos que nos oferecem alguns vislumbres desse futuro que emerge.

Bojonegoro, Java Oriental, Indonésia: conduzindo o campo da democracia ao estágio 4.0

O programa IDEIAS Indonésia que Otto preside no MIT é uma jornada de inovação de nove meses baseada no pensamento sistêmico e no presencing que orienta grupos diversificados de líderes de alto potencial do setor público, privado e do terceiro setor por meio de uma profunda jornada de imersão às margens da sociedade e do eu. Na segunda metade do programa, os participantes desenvolvem iniciativas de prototipagem para explorar o futuro pela ação. Um protótipo criado em um dos programas recentes se voltou à questão da corrupção no governo.

Liderado por Bupati Suyoto, o regente de Bojonegoro, a meta do protótipo foi reduzir a corrupção e melhorar a qualidade dos serviços públicos no distrito. Em uma transição de governo 1.0 a 2.0 realizada em 2005, a Indonésia passou de um processo decisório governamental centralizado a um modelo mais descentralizado que dotou de *empowerment* as 400 regências do país e seus bupatis (regentes) nomeados por meio de eleições diretas.

Bojonegoro, uma dessas regências na Java Oriental, era famosa pelos altos níveis de corrupção e baixa qualidade dos serviços públicos. No entanto, em 2011 e 2012, Bojonegoro foi nomeada uma das *10 melhores* regências da nação de acordo com várias avaliações de qualidade e recebeu inúmeros prêmios prestigiosos pelos baixos níveis de corrupção e altos níveis de qualidade do atendimento. O que aconteceu?

Bupati Suyoto, um formando do programa IDEAS Indonésia do MIT de 2010, foi eleito sem qualquer apoio de grupos de interesse tradicionais. Sem dinheiro e sem verba para sua campanha eleitoral, no início ninguém acreditou que ele pudesse ser eleito. Mas ele fez a única coisa que podia: ele foi às vilas e ouviu os cidadãos. Em uma vitória surpreendente, ele derrubou do cargo o bupati que tentava se reeleger. Em 2012, ele foi reeleito por uma margem ainda maior, apesar de outros candidatos contarem com o apoio de poderosos interesses industriais (a região tem um dos maiores reservatórios de petróleo do país) e o atacarem com campanhas publicitárias altamente dispendiosas. Como isso pôde acontecer? Como uma única pessoa sem o apoio de qualquer grande corporação pôde concorrer com poderosos interesses estabelecidos, como os da indústria petrolífera, e ainda vencê-los?

No primeiro dia no cargo, Bupati Suyoto convocou em uma assembleia geral todos os empregados de sua regência. Muitos empregados seniores esperavam perder o emprego por terem atuado ativamente contra ele durante a campanha. Em seu discurso, Suyoto comunicou duas mensagens principais. Primeiro: ninguém seria demitido. Ele disse que não queria olhar para trás, mas sim para a frente, construindo um futuro que seria diferente do passado. A outra mensagem consistia nas três coisas que ele queria que fizessem: (1) não roubar; (2) não reclamar do trabalho; e (3) não dizer: "Isso não é da minha alçada" ou "Não é responsabilidade minha".

As pessoas se surpreenderam com as mensagens. Elas ouviram educadamente, mas quase ninguém acreditou que ele estivesse falando sério. De acordo com alguns participantes, provavelmente 80% deles permaneceram céticos. Afinal, a maioria dos funcionários públicos e dos políticos teve de tomar dinheiro emprestado para "comprar" o cargo e precisava de propinas para saldar a dívida.

Como o bupati conseguiu mudar a mentalidade dos céticos que o rodeavam apesar de todas as forças econômicas atuando contra ele? No começo, ele tomou três principais providências.

Em primeiro lugar, ele continuou a comunicar as três coisas a evitar e incorporou esses princípios ao próprio comportamento cotidiano. Por exemplo, em sua residência oficial, ele optou por alocar a pequena ala de hóspedes a si mesmo e sua família oferecendo a seus hóspedes oficiais (e às vezes a seu motorista) a ala maior. Com essa atitude surpreendente, ele demonstrou que a residência oficial não lhe pertencia pessoalmente, já que ele estava lá só como um hóspede, como todos que o precederam e todos que se seguirão a ele.

Em segundo lugar, ele conduziu uma série de intensos retiros de liderança com sua equipe central. Os retiros facilitaram a tarefa de "deixar ir" antigas mentalidades e se sintonizar com novas inspirações, intenções e identidades.

Em terceiro lugar, ele começou a fechar o ciclo de feedback entre as pessoas e seus representantes do governo. Como? Ativando quatro mecanismos simples:

1. *Mensagens de texto:* ele deu seu número de celular aos cidadãos e lhes disse que podiam lhe enviar mensagens de texto quando quisessem. Desde então, ele recebe centenas de mensagens de texto por dia. Ele responde muitas delas pessoalmente e muitas outras ele encaminha a seus diretores e chefes de departamento. Espera-se que todos os membros de sua administração respondam uma mensagem de um cidadão dentro de um ou dois dias.
2. *Portas abertas:* qualquer pessoa pode entrar em seu escritório a qualquer momento.
3. *Fóruns:* toda sexta-feira à tarde ele conduz uma reunião comunitária na câmara municipal à qual todos os cidadãos são convidados e da qual todos os seus altos empregados devem obrigatoriamente participar. Eu (Otto) participei de um desses encontros. Um lavrador apresentou seu problema: ele não tinha acesso a fertilizantes. Quando ele terminou de falar, o microfone foi entregue ao líder do Departamento de Agricultura, que explicou a questão e disse o que poderia ser feito para resolvê-la. O líder do departamento estava um pouco na defensiva, mas também sabia que na semana

seguinte estaria de volta ao fórum, diante das mesmas pessoas e do bupati. Dessa forma, ele tinha todo o incentivo para resolver o problema dentro de uma semana. Em seguida uma mulher na faixa dos 20 anos usando um *hijab*, o véu muçulmano, disse que era uma educadora e precisava de livros para ensinar nas vilas. As aulas que ela queria dar incluíam educação sexual para as meninas e não havia material didático disponível. Ela fez sua solicitação sem qualquer sinal de medo ou hesitação (eu precisei me lembrar de que estava observando uma reunião em uma câmara municipal do maior país muçulmano do planeta). O bupati informou à mulher como encontrar o material de que ela precisava. Ele disse que uma das grandes empresas petrolíferas americanas o procurou em seu escritório naquele mesmo dia perguntando o que eles poderiam fazer para ajudar a comunidade. O bupati disse à professora para lhe apresentar um resumo do programa e encaminhar sua solicitação diretamente à empresa petrolífera. Ela sem dúvida obteria o que precisava. Mesmo assim, se ela se deparasse com atrasos inesperados por parte da empresa petrolífera ou do próprio staff do bupati, ela deveria voltar a procurá-lo. Todas as pessoas da comunidade testemunharam a conversa entre a jovem da vila e o bupati e essa escuta compartilhada transformou a iniciativa dela em um projeto comunitário legítimo.

4. *Visitas a vilas*: em quarto lugar, *todos os dias* o bupati leva seus principais oficiais a vilas onde então eles conduzem um diálogo similar em nível local.

Esses quatro mecanismos resultam em um elemento importantíssimo: a escuta. Os representantes do governo ouvem as experiências cotidianas dos cidadãos. Diferentes grupos de cidadãos ouvem uns aos outros. E a comunidade ouve a si mesma (diálogo).

Quando vi esses diferentes tipos de escuta fechando todos os ciclos de feedback, pensei: "Caramba, é exatamente isso que está faltando nas nossas instituições democráticas dos países desenvolvidos e outras partes do mundo." Nos países desenvolvidos, os oficiais eleitos passam o tempo todo ouvindo os lobistas e grupos de interesse organizados que financiam suas campanhas eleitorais. Por exemplo, nos Estados Unidos, os membros do Congresso passam cerca de 50% do tempo levantando fundos para sua *próxima* campanha eleitoral. O sistema funciona distanciando os legisladores da atividade de escutar as verdadeiras necessidades dos cidadãos. Por sua vez, a história de Bojonegoro funcionava interrompendo esse ciclo tóxico (as "três coisas a evitar") e estabelecendo quatro ciclos de feedback diretos. A promulgação da Lei 23/2011, aprovada em 2011, evidenciou que os quatro ciclos de feedback direto podem ser consolidados e aplicados não apenas em Bojonegoro, mas também podem ter implicações mais amplas na Indonésia como um todo. Esse é outro excelente exemplo de como os líderes podem escutar seus eleitores com eficiência. E a história também prova que os partidos de fato podem ser geridos com um líder independente, idôneo e confiável.

Em resumo, o que vimos em Bojonegoro foi uma profunda transformação no campo do governo e da democracia, basicamente do estágio 1.0 ao que pode ser considerado um estágio 3.0 com os primeiros elementos do estágio 4.0. Essa transformação aprofundou as formas democráticas desenvolvendo um governo mais direto, distribuído, digital e dialógico. Senti a presença daquela comunidade quando fui solicitado, ao final do encontro da câmara municipal, a falar ao grupo. Foi uma experiência amigável e elementar. Por um momento, senti todo o poder da comunidade, um poder que na maioria dos lugares é terrivelmente subutilizado.

Sem um expressivo fortalecimento das conexões 4-D com os cidadãos, a democracia dos países desenvolvidos logo se verá na mesma situação que um coronel americano enfrentou em 1975 em um debate com um coronel norte-vietnamita. "Você sabe que vocês nunca nos derrotaram no campo de batalha", disse o coronel americano. O coronel norte-vietnamita parou por um momento para refletir sobre a observação. "Pode ser", ele respondeu, "mas isso também é irrelevante".[2]

Para nos mantermos relevantes aos desafios da nossa era, precisamos conduzir nossas instituições de democracia e governo ao estágio 4.0. Exemplos como o de Bojonegoro podem nos proporcionar algumas sementes de inspiração para isso. Outra semente de inspiração para o governo 4.0 vem do Brasil.

Brasil: transformando a Secretaria de Patrimônio da União

Alexandra Reschke liderou o Secretariado do Patrimônio da União (SPU) brasileiro durante o mandato do Presidente Lula. Ao assumir o cargo, ela viu que a organização estava se tornando obsoleta, um resultado da negligência por parte das administrações anteriores. Reschke também notou que o modo como as pessoas se comunicavam dentro da organização estava prejudicando os relacionamentos. Ela viu esse problema como um ponto de alavancagem para desencadear a mudança na organização. Essa estratégia se provou um sucesso tão grande que, oito anos depois, as mudanças promovidas por Reschke ainda são visíveis e sentidas. O que ela fez e como?

Na qualidade de uma mulher em posição de grande poder, ela intencionalmente escolheu o que chamou de "um estilo de liderança feminino" e recomendou que o processo decisório fosse conduzido em círculos de conversa. Assim nasceu uma nova era na SPU.

A ideia era estimular as pessoas a expressarem o que sentiam e pensavam e promover um modo de conversa no qual a própria conversa se tornaria um campo de colaboração e ação gerativa. Ela implementou um processo para mudar os hábitos de comunicação existentes, incluindo momentos de quietude e retiro antes dos círculos. Ela se pôs imediatamente a organizar a primeira Gestão Estratégica Nacional da SPU, conduzida no início de 2004 e reunindo todos os líderes de Brasília e vários parceiros da SPU pela primeira vez em seus 150 anos de existência.

Com o passar dos anos, a SPU conseguiu mudar a própria estrutura da organização, de um modelo autoritário e em pirâmide, a círculos de conversa. Em 2007, a SPU já tinha passado de "obsoleta" a reconhecida como um excelente órgão público. A Secretaria reuniu diferentes setores da sociedade para criar uma maneira participativa inovadora e legal para assegurar a regularização da terra de milhares de comunidades ribeirinhas no Amazonas.[3]

Reschke resume sua jornada com três lições: (1) ousar ser diferente; (2) acreditar nas pessoas; e (3) investir na cooperação. "Nós avançamos juntos [como pessoas] e a instituição acompanhou".[4] Para ela, o aprendizado se originou da disposição do pessoal da SPU de exercitar os valores da conversa autêntica e da escuta empática como uma nova maneira de comoldar seu futuro coletivo.

Outro exemplo interessante é o modelo de orçamentação participativa lançado pelo município de Porto Alegre em 1989. O modelo permite que seus cidadãos discutam, identifiquem e priorizem projetos de gastos públicos. O modelo tem servido de inspiração para muitos e já foi replicado em mais de 140 municípios do Brasil. De acordo com um estudo conduzido pelo Banco Mundial, o processo levou a uma melhor correspondência dos serviços sociais com as necessidades da comunidade. No entanto, o modelo também tem sido criticado por não envolver o suficiente os grupos mais marginalizados (pessoas vivendo na pobreza, bem como os jovens) e pela suscetibilidade do processo à dominância de interesses estabelecidos existentes.[5]

As duas regiões com os governos e serviços públicos mais eficientes do mundo são a esfera cultural confuciana da Ásia Oriental e o Sudeste da Ásia (Cingapura, Coreia, Japão, China, Taiwan e Vietnã) e o Norte da Europa. Os países nórdicos (Dinamarca, Suécia, Finlândia e, em certa extensão, a Noruega) e Cingapura estão no topo dos rankings de eficiência do governo, da educação, da saúde, da competitividade e do bem-estar. Os países nórdicos se viram diante de uma tempestade perfeita nos anos 90, quando todos os seus mercados orientais desapareceram com o colapso da União Soviética e seu modelo 3.0 de estado previdenciário enfrentou uma grave crise financeira. Mesmo assim, desde então, esses países e seus setores públicos voltaram a emergir com um modelo mais enxuto, melhor e mais transparente de governo focado em dotar os cidadãos de *empowerment* para uma atuação empreendedora e inventiva (para mais detalhes, veja a história sobre o sistema de saúde dinamarquês mais adiante, neste capítulo).[6]

SAÚDE 4.0

A transformação institucional do sistema de saúde segue, de certa maneira, a mesma jornada de 1.0 a 4.0 que descrevemos para outras áreas. É uma jornada de:

1.0: assistência institucional centrada em inputs e autoridade; a
2.0: assistência gerenciada centrada nos resultados; a
3.0: assistência integrativa centrada no paciente; a
4.0: assistência integral e holística centrada no cidadão.

Dois exemplos podem ajudar a esclarecer o processo de transformação de um sistema de saúde à luz do quadro de referência apresentado anteriormente.

Namíbia

O nosso trabalho no sistema de saúde da Namíbia começou com uma parceria entre o Synergos Institute, a McKinsey and Company e o Presencing Institute. Nos estágios iniciais do processo, no outono de 2010, Otto conduziu um workshop de três dias com o gabinete ministerial da Namíbia. No primeiro dia, o primeiro-ministro explicou como via o problema essencial do país: "Precisamos reconectar nosso processo político às verdadeiras necessidades das comunidades. Atualmente o nosso processo político é em grande parte desconectado das verdadeiras necessidades nas vilas."[7]

Um dos ministros acrescentou: "Nossa situação é assim... Vocês precisam entender que temos todas essas rotinas de planejamento. Temos a nossa visão para 2030. Temos o nosso plano quinquenal e os nossos planos estratégicos. E temos nossos planos orçamentários anuais. Leva muito tempo elaborar todos esses planos. O problema é que esses planos não estão vinculados uns aos outros e não se conectam com o que realmente está acontecendo." Todos os líderes do governo presentes na sala concordaram que aquele era o maior problema que eles enfrentavam: a desconexão entre suas rotinas no governo e seus serviços públicos por um lado, e as verdadeiras necessidades das comunidades das vilas, por outro lado.

A segunda desconexão que eles descreveram envolvia o topo da pirâmide. "Não temos um verdadeiro diálogo com os empregados de topo", um ministro me explicou; "eles não nos levam a sério. Acham que conseguiram o cargo por qualificações profissionais e que nós, ministros, não passamos de nomeados políticos. Quer dizer, eles acham que estamos aqui só porque temos contatos políticos e não porque somos competentes". Outros ministros presentes na sala concordaram.

Depois, uma ministra explicou uma terceira desconexão, o problema generalizado dos silos que fragmentam o trabalho dos órgãos públicos em muitos lugares. "O problema dos silos começa aqui mesmo, entre nós", ela disse, passando os olhos pelos colegas, "porque não falamos honestamente uns com os outros. O problema começa com a gente e o mesmo comportamento é replicado nos nossos ministérios". O problema dos silos impede a comunicação entre os ministérios e dentro de cada ministério.

O trabalho que desenvolvemos no Ministério da Saúde e Assistência Social confirmou a existência desses divisores. Começamos com uma avaliação colaborativa da situação que identificou uma liderança fraca, processos de trabalho fragmentados em silos, estruturas disfuncionais, nenhum planejamento estratégico, nenhuma coleta adequada de dados e nenhuma meta clara e descobrimos que o ministério estava longe de atingir as Metas de Desenvolvimento do Milênio (MDMs) das Nações Unidas.

Depois de três anos de colaboração, vários desses problemas foram solucionados, apesar de muitos deles ainda precisarem ser trabalhados. Nesse processo, contudo, algo muito importante mudou. Os líderes da Namíbia começaram a reconhecer o próprio papel na perpetuação dos problemas e estão assumindo a iniciativa e a responsabilidade pelo desenvolvimento e pela implementação de soluções inovadoras.

Veja algumas lições que identificamos nessa jornada de transformação do sistema para além do 1.0:

Coiniciação. A primeira fase estabeleceu um território em comum e uma intenção compartilhada entre os principais players do Ministério da Saúde namibiano. Os parceiros internacionais queriam desenvolver plataformas intersetoriais de inovação e liderança, mas os líderes do ministério estavam mais interessados em incentivar seus funcionários públicos a trabalhar em equipe. Diante desse contexto, nós (a equipe de facilitação internacional e namibiana) abandonamos nosso plano original e nos voltamos às necessidades declaradas dos nossos parceiros em campo. Percebemos que, para mudar os outros, é preciso antes estar aberto para mudar a si mesmo.

Cossensibilização. Uma jornada de sensibilização bem-sucedida derruba fronteiras obsoletas e artificiais. Na Namíbia, precisamos abrir os olhos dos líderes do Ministério da Saúde para o modo como os pacientes, os enfermeiros e as comunidades distantes viam o sistema. Esse tipo de jornada de sensibilização é conduzido em pequenos grupos de cinco a sete pessoas (de forma que todos caibam em um carro ou uma van) ao longo de vários dias.

Coinspiração. A mudança mais importante em qualquer jornada de transformação é a mudança de opinião. Isso requer práticas de profunda reflexão e contemplação, além de uma infraestrutura de apoio, inclusive workshops, coaching e peer coaching. Essas atividades se voltam tanto às necessidades individuais quanto à cultura da equipe ou organizacional: reconectar-se com o propósito mais profundo, desenvolver o espírito de equipe, priorizar e encorajar a responsabilidade pessoal.

Cocriação. Todas as profundas mudanças culturais e inovações institucionais requerem o aprendizado pela ação. O estágio de prototipagem do projeto do Ministério da Saúde namibiano resultou na ideia das Unidades de Assistência Regional (UARs). Um pequeno grupo intersetorial de líderes, inclusive enfermeiros, médicos e membros do conselho regional, passou a conduzir reuniões semanais como um modo de aprender pela ação. O objetivo é melhorar a saúde materna. Cada conversa começa com uma avaliação dos dados e acontecimentos da semana. Os encontros permitem que profissionais de diferentes posições se comuniquem, questionem uns aos outros e expressem opiniões em um ambiente propício e imparcial. Em uma dessas reuniões das quais eu (Otto) participei, eles falaram sobre uma situação que preocupava os enfermeiros. Em um ponto da conversa, uma jovem enfermeira júnior se voltou ao líder mais sênior presente na reunião (o diretor da região inteira), que ainda não tinha dito nada. Ela disse: "Pela sua linguagem corporal, vejo que o senhor não concorda com o que está sendo dito aqui." E, com isso, o diretor se pôs a explicar como ele via a situação. Quando vi aquela enfermeira júnior impelindo a participação da pessoa mais sênior do grupo, soube que algo estava dando certo – eles tinham conseguido estabelecer uma cultura de aprendizado e comunicação construtiva.

Hoje (em 2013), esse processo está sendo implementado nas UARs das treze regiões da Namíbia. O trabalho está sendo realizado sob a responsabilidade exclusiva dos namibianos, sem a interferência dos parceiros internacionais. O processo das UARs ajuda os líderes regionais a se concentrarem em prestar contas pelos resultados. Dessa forma, as equipes orientam a implementação das políticas, coordenam o atendimento, administram o progresso do atingimento das metas e resolvem problemas para assegurar a eficácia das intervenções na área da saúde. Descobrir o que leva à eficácia desses grupos é um processo contínuo de aprendizado pela ação.

Coevolução. "Eu costumava achar que o Secretário Permanente de Windhoek deveria assumir a responsabilidade final pela saúde. Mas agora sei que sou o secretário permanente da minha região e preciso assumir a responsabilidade", diz Bertha Katjivena, Diretora de Saúde Regional da região namibiana de Hardap. Ela é uma dos 25 líderes existentes e emergentes que se reúnem regularmente nos Fóruns de

Desenvolvimento de Lideranças (FDLs). O Doutor Norbert Forster, o secretário permanente adjunto, sorriu ao relatar o progresso daquela equipe. "O departamento trabalhava com certa rigidez, com diferentes departamentos fragmentados em silos e uma desconexão entre o nível federal e as 13 regiões", ele contou. "Nosso processo se concentrou em derrubar barreiras com a ajuda de workshops e retiros. As pessoas tiveram a chance de se conhecer. Por meio das práticas colaborativas de criação de sentido e definição de visões, desenvolvemos uma equipe coesa, algo que não tínhamos antes. Ao final desse processo, uma grande mudança será realizada na cultura organizacional, do trabalho em silos ao trabalho em equipes."

Em geral, o processo namibiano ajudou a levar o sistema de 1.0 (cada parte contida no próprio silo) a 2.0 (uma postura mais reativa em relação aos pacientes) e 3.0 (a colaboração entre silos nas UARs).

A transição para o estágio 4.0, um sistema impulsionado pela meta de fortalecer as fontes da saúde da comunidade toda, de todos os cidadãos, ainda é uma tarefa para o futuro. O que nos leva à nossa próxima parada: a Dinamarca.

A transformação da saúde regional na Dinamarca

No outono de 2010, a equipe de liderança de um grande hospital universitário dinamarquês foi a Boston para participar de um workshop de liderança. Com o apoio da nossa colega dinamarquesa Karen Ingerslev, o grupo conduziu entrevistas com stakeholders antes de ir a Boston. As entrevistas com os stakeholders ajudaram os tomadores de decisão a verem seus papéis pelos olhos de seus stakeholders. Um dos principais insights que os líderes aprenderam foi que seu papel como líderes hospitalares não se limitava ao próprio hospital, mas se vinculava à qualidade da saúde de toda a região.

No ano seguinte, o grupo sugeriu um workshop de acompanhamento com a participação de toda a equipe de liderança na região central da Dinamarca, inclusive as equipes gerenciais de todos os hospitais menores da região. Foi um processo bastante interessante que me (Otto) permitiu observar de perto uma rápida transformação da conscientização egossistêmica à conscientização ecossistêmica.

Esses líderes tinham muito em jogo. Hospitais estavam sendo adquiridos e/ou fechados a torto e a direito para reduzir os custos diante de verbas cada vez menores e maiores pressões por parte dos stakeholders para melhorar o desempenho. Como explica Ole Thomsen, o líder do grupo: "O problema é que temos sistemas nos quais não podemos investir mais. O nosso desafio é encontrar um jeito de aumentar a qualidade com menos recursos."[8]

Todos sentiam uma enorme pressão de lutar pela própria organização, agarrando-se a posições, funções e fluxos de financiamento existentes. Como desenvolver a confiança em um ambiente no qual os genes competitivos e de sobrevivência estão em atividade máxima?

Começamos com a sensibilização. Ao longo de várias semanas, o grupo conduziu entrevistas com stakeholders e jornadas de sensibilização. O workshop começou sintetizando os insights que os participantes tiveram com as atividades de sensibilização por meio de conversas informais, modelagem e mapeamento de stakeholders. Posteriormente propusemos que eles utilizassem o Teatro de Presencing Social para representar como viam o sistema atual e como viam o futuro que queria emergir. O Teatro de Presencing Social é um método desenvolvido sob a liderança de Arawana Hayashi no Presencing Institute, combinando elementos de atenção plena, teatro, dança, diálogo, ciências sociais e o "trabalho da constelação".

Quando mapearam a realidade atual – que chamamos de Escultura 1 –, eles rapidamente formaram uma constelação que parecia bastante centrada na instituição, com as equipes gerenciais de cada hospital ocupando a posição de controle no topo. Em seguida, quando pedimos que eles representassem a Escultura 2, uma outra constelação, dessa vez representando o futuro do sistema que eles sentem que está querendo emergir, o grupo transferiu o relacionamento entre paciente e prestador de serviço ao centro do sistema de saúde. Foi interessante notar que a Escultura 2 mostrava duas esferas interconectadas. A primeira esfera se relacionava com o sistema de saúde e colocava o *paciente* no centro; a segunda esfera, adjacente, se relacionava às fontes de saúde e colocava o *cidadão* (não o paciente) no centro, cercado de relacionamentos com a família, organizações cívicas e a comunidade.

Enquanto transformavam a Escultura 1 na Escultura 2, as equipes gerenciais dos hospitais testemunharam a mudança do próprio papel. Na Escultura 1, os gestores do hospital se colocavam entre os chefes de departamento e os enfermeiros e os médicos, bloqueando a conexão direta entre os prestadores de serviço e os cidadãos (não pacientes). Na Escultura 2, uma parte das equipes gerenciais do hospital deixava a posição estabelecida e entrava em contato com cidadãos, comunidades e a sociedade civil, enquanto outros gestores se moviam na direção oposta para formar em colaboração um espaço acolhedor para o novo relacionamento entre os prestadores de serviço, os pacientes e os cidadãos.

Nos termos da Tabela 9, podemos ver a Escultura 1 como uma representação da assistência gerenciada (saúde 2.0), com a experiência do paciente fragmentada por muitos hospitais e entidades concorrentes. A Escultura 2 apresenta elementos da saúde 3.0 (integrando as várias instituições prestadoras de serviços de saúde para otimizar uma jornada ininterrupta para o paciente), bem como a saúde 4.0 (entrando em contato com o espaço e com a jornada dos cidadãos e criando um espaço acolhedor para todo o ecossistema de saúde).

Apesar de o processo ter começado como um exercício, o mais inspirador foi ver esses prestadores de serviço colocando algumas de suas ideias em prática. Eles disseram a seus líderes: "Nós valorizamos a sua liderança, mas vocês poderiam utilizar melhor sua expertise se nos consultassem em vez de se limitar a nos impor soluções. Assim poderíamos cocriar a solução juntos." Depois de ouvir essa sugestão, Ole Thomsen foi inspirado a mudar o modo de operação da equipe de liderança regional, passando a conduzir várias reuniões regulares na forma de casos clínicos.[9]

O workshop terminou com o grupo desenvolvendo cinco iniciativas de prototipagem. Em apenas dois meses eles obtiveram alguns resultados impressionantes, inclusive tomar as primeiras medidas para substituir o modelo financeiro existente baseado em atividades e metas de produtividade ("quanto mais procedimentos realizarmos, mais dinheiro traremos") por um modelo que coloca a saúde dos cidadãos e dos pacientes em primeiro lugar. Isso demandou uma transformação da mentalidade, da conscientização egossistêmica ("quanto mais para nós, melhor") à conscientização ecossistêmica ("quanto melhor para os pacientes e cidadãos, melhor para todos nós").

Quando eu (Otto) vi o mesmo grupo apresentando esse e outros resultados da prototipagem dois meses depois, entendi um pouco melhor por que os dinamarqueses, finlandeses e suecos se colocam no topo dos rankings, como vimos anteriormente. Isso se deve à cultura de liderança deles. Eles não têm medo de se questionar. E, quando questionados, ouvem uns aos outros. Os líderes se mostram dispostos a ouvir os subordinados e stakeholders conflitantes e valorizar pontos de vista proveitosos. Eles se dispõem a colocar o ego de lado só por um momento e ouvir e ponderar propostas que podem beneficiar a região toda. Não é fácil. Dá muito trabalho. Mas é possível. Vi isso acontecer com os meus próprios olhos. E essa pode muito bem ser a mensagem mais importante do Norte da Europa para o resto do mundo hoje. É possível. Basta fazer!

EDUCAÇÃO 4.0

Do mesmo modo como a transformação de um sistema de saúde gira em torno da mudança do relacionamento entre paciente e prestador de serviços centrado no médico (1.0) a cocriativo (4.0), o sistema educacional também passa por um processo transformativo que gira em torno do relacionamento entre aprendiz e educador (veja a Tabela 9).

Assim, a transformação institucional do sistema educacional é uma jornada de

uma forma de organização 1.0: centrada na autoridade e orientada pelos inputs e pelos professores, a
uma organização 2.0: centrada em resultados e orientada por exames, a
uma organização 3.0: centrada nos estudantes e orientada pelo aprendizado, a
uma organização 4.0: centrada no empreendedorismo, cocriativa e orientada pelo presencing.

Viena: reinventando o sistema educacional

Uma das primeiras vezes em que eu (Otto) me reuni com a Ministra da Educação e Cultura da Áustria, Claudia Schmied, e sua equipe ministerial, foi durante um workshop de meio período. Estávamos sentados a uma longa mesa retangular. A ministra e seus jovens e dinâmicos assistentes estavam sentados em frente a mim, na cabeceira da mesa. Ao lado deles, em uma das laterais, estavam todos os chefes de departamento, pessoas que passaram a maior parte da carreira no ministério; em frente a eles, na outra lateral, estava um grupo de inovadores educacionais da Alemanha e da Áustria. Aquele cenário, os inovadores educacionais cara a cara com os chefes de departamento, deu a sensação de um encontro do século XXI com o século XIX, com a ministra e sua equipe no meio. A ministra se mostrou uma mulher cheia de energia e inspiração. Ela assumiu o cargo vinda do setor privado, com experiência em mudança organizacional – uma carreira política nada típica. Desejei em silêncio que suas boas energias nunca se dissipassem.

Um ano depois, eu estava de volta a Viena, dessa vez para um encontro de inovadores educacionais de todo o sistema nacional. Em vez de 10 inovadores, agora tínhamos a presença de 250. O pessoal do ministério era menos numeroso, mas ainda assim visível. De alguma forma todo o sistema educacional parecia estar presente. Naquela reunião, pedimos que todos refletissem sobre três aspectos do sistema educacional: a evolução do relacionamento entre aprendiz e professor; a escola como uma organização que aprende; e o sistema nacional como um todo.

Os inovadores locais levaram apenas uma ou duas horas para determinar que todos concordavam com 80% a 90% das mudanças necessárias, mas nenhuma dessas mudanças se refletiam no discurso político no país. Havia uma completa desconexão entre os inovadores educacionais no nível da escola e o discurso político nacional.

Um ano depois, outro grupo de 250 agentes de mudança se encontrou em Alpbach, na Áustria. Antes da chegada da Ministra Schmied, conduzimos uma primeira sessão na qual perguntamos aos participantes onde eles viam um mundo que estava morrendo e onde eles vivenciavam um mundo que queria nascer. Segundo eles, o que estava morrendo era “o professor que transfere conhecimento, que atua como um player isolado...” O que estava nascendo era “o professor como um orientador e um player em equipe”.

“O que está morrendo é uma pedagogia centrada em técnicas e ‘receitas de bolo’. O que está nascendo é uma pedagogia centrada na sensibilização e na realização do máximo potencial dos estudantes.”

“O que precisamos deixar ir”, acrescentaram outros, é o hábito de “pensar na escola em termos de lições ou períodos” e “uma cultura de regulamentação e controle. O que precisamos desenvolver é uma nova forma de colaboração igualitária entre pais, professores e estudantes”.

Um terceiro grupo de propostas se concentrou no sistema de avaliação. "O sistema tem muitos elementos positivos, mas o foco em padrões e resultados está matando o novo; os antigos padrões de avaliação impõem sua marca no novo."

E um quarto grupo de recomendações se concentrou no sistema como um todo: "Estamos constantemente fazendo ajustes e reformando a escola, substituindo uma janela aqui e uma porta lá, mas o que realmente precisamos é de *uma nova base para a construção toda.*"

Quando ouvi esses comentários, percebi que o empenho da ministra não tinha sido em vão. De alguma maneira ela conseguiu conectar todos os players uns com os outros. Os resultados práticos e as realizações foram no mínimo impressionantes. Lutando contra a resistência combinada do grupo dominante conservador e do sindicato dos professores, a ministra e sua equipe conseguiram primeiro prototipar e depois expandir o conceito do Novo Ensino Fundamental, uma dentre várias iniciativas fundamentais aplicadas para levar o sistema educacional austríaco ao século XXI. A ministra também se concentrou no reforço da capacidade de liderança individual e coletiva em todo o sistema.

Claudia Schmied, que percorre o país em jornadas de escutas regulares, personifica uma nova estirpe de liderança política: independente, profissional, autorreflexiva, inspiradora, corajosa e divertida, empenhada em combater os interesses estabelecidos em seu país. Para mim, ela demonstra que não há limites para o tamanho do nosso impacto se formos capazes de entrar em contato com a profunda intenção da nossa jornada.

A Ministra Schmied reflete sobre a jornada de mudança sistêmica que ela vem testemunhando e liderando:

> O sistema escolar da Áustria ainda possui muitos elementos do sistema 1.0, inclusive uma cultura de regulamentação e controle centralizado. Espera-se que as autoridades resolvam os problemas. Além disso, vemos cada vez mais elementos do sistema 2.0, onde mudanças demográficas (um número menor de estudantes) ou escolhas feitas pelos pais criam uma concorrência saudável entre as escolas. Os elementos do sistema 3.0 são muito desenvolvidos no sistema educacional austríaco, como, por exemplo, no poder político que o sindicato dos professores tem sobre todas as questões educacionais do país.

> Mas a meta deveria ser concretizar as qualidades e os modelos mentais do 4.0. Se conseguirmos, todos os parceiros escolares se concentrarão na criação de uma escola de sucesso; os professores se verão como "Zubin Mehtas", como regentes e orquestradores da mais elevada criatividade de seus alunos, enquanto os alunos vivenciarão a comodelação do sistema. A fundação do sistema 4.0 é a vontade comum. Isso significa levar a dimensão relacional ao centro do palco. É isso que mais importa. É uma questão do que as nossas escolas do futuro serão capazes de fazer para promover o bem-estar individual e comunal.[10]

A reinvenção do sistema educacional para o mundo 4.0 emergente requer mais do que melhorar as notas nos exames ou adicionar algumas disciplinas novas ao currículo. Isso requer uma "vontade comum", nas palavras de Claudia Schmied, de renovar as fundações da casa toda, de todo o nosso sistema educacional. Requer um entendimento de que a essência de toda verdadeira educação é a transformação, explorando nossas competências mais profundas para criar e proporcionar recursos para a "alfabetização transformativa".[11]

Por toda parte, vemos pessoas reclamando que o sistema educacional está em crise. Alguns sistemas enfrentam uma crise de desempenho: as pessoas querem que os estudantes apresentem um desempenho melhor em exames padronizados (educação 2.0). Outras pessoas veem uma crise de processo: elas querem que o aprendizado seja mais centrado no estudante, transformando professores em orientadores, e assim por diante (educação 3.0). E algumas poucas pessoas querem proporcionar aos aprendizes a chance de realizar seu futuro potencial mais elevado como seres humanos, obtendo o acesso às suas melhores fontes de criatividade e empreendedorismo. Elas veem uma crise de profunda transformação humana (educação 4.0), uma jornada transformativa que hoje em dia se faz mais prontamente disponível e mais necessária do que nunca. Nietzsche traduz a essência dessa jornada em algumas poucas e belas palavras em *Assim falou Zaratustra*, quando fala das três metamorfoses do espírito:*

> Três transformações do espírito vos menciono: como o espírito se muda em camelo, e o camelo em leão, e o leão, finalmente, em criança...

---

* *Nota da Tradução*: Adaptado da tradução de José Mendes de Souza.

> O que é pesado? – pergunta o espírito que tanto suporta e ajoelha-se como o camelo que quer que o carreguem. O que há de mais pesado, oh, heróis – pergunta o espírito que tanto suporta – que eu possa carregar e exultar com minha força?
>
> O espírito sólido sobrecarrega-se de todas essas coisas pesadíssimas: e, à semelhança do camelo que corre carregado pelo deserto, assim o espírito corre pelo próprio deserto.
>
> No deserto mais solitário, porém, se efetua a segunda transformação: o espírito torna-se um leão que quer conquistar a liberdade e ser senhor no próprio deserto. Procura então seu último senhor: quer ser seu inimigo e seu último deus; para a vitória definitiva, quer lutar com o grande dragão.
>
> Qual é o grande dragão a que o espírito não quer mais chamar de deus nem senhor? "Tu deves" é o nome do grande dragão. Mas o espírito do leão diz: "Eu quero". O "tu deves" está postado no seu caminho, como animal escamoso de áureo fulgor; e em cada uma de suas escamas brilha em douradas letras: "Tu deves!"
>
> Meus irmãos, que falta faz o leão no espírito? Não bastará a besta de carga que abdica e venera?
>
> Criar valores novos é coisa que o leão ainda não pode; mas criar a liberdade para si e um sagrado "Não" mesmo perante o dever, para isso, meus irmãos, o leão é necessário...
>
> Dizei-me, porém, irmãos, que poderá a criança fazer que não haja podido fazer o leão? Para que será preciso que o altivo leão se transforme em criança? A criança é a inocência e o esquecimento, um novo começar, um brinquedo, uma roda que gira sobre si, um primeiro movimento, um sagrado "Sim". Para o jogo da criação... é preciso um sagrado "Sim".[12]

A crise do nosso sistema é que, na melhor das hipóteses, nossos estudantes são tratados como camelos de carga. Faz-se ausente um entendimento mais profundo da jornada humana, necessária para cocriar ambientes de aprendizado que possibilitem que os aprendizes transformem seu estado de operação de um camelo de carga à "práxis da liberdade", isto é, do "Tu deves" ao "Eu quero" e depois do estado do leão ("liberdade de") ao estado da criança, o sagrado "Sim" ("liberdade para") que nos permite acessar nosso nível mais profundo de criatividade.

Algumas pessoas dizem: "Ah, talvez essa coisa do 4.0, essa transformação do espírito humano, talvez isso seja só para a elite, para os poucos, não para os muitos."

Bem, não é essa a nossa experiência nem a nossa crença. Quando convidamos as pessoas a participarem de momentos de quietude para investigar sua profunda jornada desenvolvimental – seu "eu em desenvolvimento", nas palavras de Robert Kegan, da Harvard[13] – descobrimos que a maioria das pessoas hoje é muito aberta a esse tipo de exploração. Tem sido muito surpreendente constatar em que extensão os líderes mais jovens, em particular, são abertos e interessados em explorar as profundas camadas de conscientização e compreensão. Não deparamos com quase nenhuma resistência ao apresentar esses conceitos, métodos e ferramentas no nosso trabalho com agricultores, professores, profissionais da área da saúde, comunidades, empresas e governos, incluindo diferentes gerações e culturas – apesar de ter sido o primeiro contato da maioria dessas pessoas com os métodos.

E o que tudo isso sugere? Acreditamos que isso sugere que a verdadeira limitação não está "lá fora", no mundo, mas na nossa cabeça, nas nossas premissas do que é, ou não, possível. A vontade comum à qual Claudia Schmied se refere para regenerar toda a fundação do nosso sistema educacional nunca foi mais acessível e possível quanto é hoje.

A Tabela 10 apresenta as semelhanças da transformação dos sistemas de saúde e educacional. Os dois sistemas percorrem uma jornada de uma forma de organização centrada na autoridade e orientada pelos inputs (1.0) a uma organização centrada em exames e orientada pelos resultados (2.0), depois a uma organização centrada nos estudantes e orientada pelo aprendizado (3.0) e a uma organização empreendedora, cocriativa e orientada pelo presencing (4.0). Ao longo dessa jornada, o eixo central do sistema – o eixo entre estudante/paciente/cidadão e professor/médico/enfermeiro – se deslocou de orientado ao professor/médico (1.0), a transacional (2.0), a dialógico (3.0) e a cocriativo (4.0). Nos termos das três transformações do espírito humano de Nietzsche, podemos relacionar o camelo carregado ("Tu deves") aos dois primeiros estágios, enquanto o leão se relaciona ao estágio 3.0 ("Eu quero") e a criança ou a "roda que gira sobre si" pertence ao estágio 4.0 (o sagrado "Sim").

TABELA 10 Semelhanças da transformação do sistema de saúde e educacional

Estágio	Saúde	Educação	Relacionamentos	Aprendiz/paciente	Professor/médico
Conscientização tradicional 1.0: *hierarquia*	Centrada na autoridade e nos inputs: *orientada pela instituição*	Centrada na autoridade e nos inputs: *orientada pelos professores*	Centrados no médico/professor	Receptor	Autoridade
Conscientização egossistêmica 2.0: *mercados e competição*	Centrada nos resultados: *impulsionada pela assistência gerenciada*	Centrada nos resultados: *orientada pelos exames*	Transacional	Cliente	Especialista
Conscientização dos stakeholders 3.0: *redes e negociação*	Centrada no paciente: *patogênese orientada pelas necessidades*	Centrada no estudante: *orientada pelo aprendizado*	Dialógico	Freguês	Orientador
Conscientização ecossistêmica 4.0: *ação coletiva baseada na conscientização (ACC)*	Centrada no cidadão: *salutogênese orientada pelo bem-estar*	Centrada no empreendedorismo: *orientada pela cossensibilização, presencing e cocriação*	Cocriativo	Cocriador	Parteira

Pequim: liderando comunidades que aprendem no governo chinês

A ideia pode soar irremediavelmente idealista e alguns de vocês podem querer revirar os olhos ao ler isso. Mas acreditamos que os poucos exemplos do estágio 4.0 emergente que apresentamos neste livro são apenas modelos exemplares de uma transformação muito mais ampla que está começando a ocorrer no mundo. Essa transformação é basicamente uma revolução da consciência promovida por líderes e agentes de mudança.

A jornada de transformação do sistema educacional liderada pela ministra austríaca Claudia Schmied, a transformação dos sistemas de saúde regionais na Dinamarca e na Namíbia, a transformação da corrupção e dos serviços públicos em Bojonegoro, na Indonésia, e a transformação da Secretaria de Patrimônio da União do governo brasileiro constituem histórias improváveis e exemplos de um padrão mais amplo. Vejamos também o exemplo de um grupo de representantes seniores do governo chinês com quem Otto e Peter Senge começaram a trabalhar em 2012.

O que mais nos sensibilizou no nosso trabalho com eles foi a sinceridade com a qual eles participaram da nossa jornada de seis meses do processo U. A jornada começou com um workshop na China, prosseguiu por duas semanas no MIT e em jornadas de aprendizagem relacionadas nas costas Leste e Oeste dos Estados Unidos e levou os participantes de volta à China para um retiro de uma semana. Na segunda metade do processo, eles trabalharam em pequenas equipes para cocriar cinco iniciativas de prototipagem. Quando exploraram pela primeira vez suas iniciativas de prototipagem pelo método do Teatro de Presencing Social, eles perceberam que precisavam mudar ou desenvolver o papel do governo no sistema. O antigo papel do governo deveria ser colocado no centro e proporcionar soluções que satisfariam as necessidades dos cidadãos. O novo papel do governo, sobre o qual os líderes aprofundaram seu aprendizado no decorrer do trabalho de prototipagem, começou com um espaço de escuta profunda, no qual eles ouviram os interesses e preocupações dos cidadãos e de todos os outros stakeholders relevantes. Nesse espaço cocriativo, os stakeholders poderiam cogerar as soluções que satisfizessem melhor suas necessidades.

Todos se impressionaram quando os líderes chineses apresentaram seus resultados e suas experiências de aprendizado. E ainda mais tocante foi o círculo de três horas no qual eles expressaram seus pensamentos e suas reflexões pessoais e contaram o que aprenderam na jornada de seis meses (durante a qual cada um deles continuou atuando normalmente em seu cargo no governo). Veja algumas afirmações que Peter registrou no círculo de fechamento:

"As mudanças que observo em mim mesmo, uma maior tranquilidade, podem ser sutis, mas são profundas."
"Será que vou mesmo conseguir deixar ir?"
"Será que estou aberto?" "O meu coração está aberto?"
"O que me sensibiliza é este grupo." "Todo mundo é o meu professor aqui."
"O que mais me sensibiliza é a nossa autenticidade interior; os frutos [disso] são a verdadeira comunidade."
"O que me tocou foi a dissolução das fronteiras."
"Posso sentir meu interior mudando. Posso sentir... pensar e sentir a partir do eu interior."
"A lição mais importante para mim é escutar."
"Quanto mais aprendemos aqui, mais questionamos a nós mesmos."
"Não é só aprender algo tangível, é aprender a mudar o nosso estado interior."
"Como cidadãos da Terra, podemos nos sentir impotentes [diante da magnitude dos problemas]. Mas quando estamos conectados com o nosso mundo, nos sentimos fortes."
"Acredito que isso terá um impacto duradouro para o meu país."
"Os problemas que surgem [no nosso trabalho] são uma chance de desenvolver um pensamento mais profundo."

Essas reflexões nos levaram – a nós e a Peter – a explorar com os nossos parceiros chineses como esse tipo de trabalho poderia ser desenvolvido, localizado e expandido de maneira orgânica no contexto chinês, conforme o necessário. Com a possível exceção de empresas globais, provavelmente não existe qualquer outra instituição no planeta além do governo chinês capaz de exercer um significativo impacto positivo na criação pioneira de uma economia sustentável que beneficie a todos.

EMPRESAS 4.0

O que essa mudança emergente no contexto e na consciência implica para a transformação e a revolução do que muitos consideram a instituição mais poderosa do planeta: as empresas? Muitas empresas foram forçadas a fechar as portas por não terem conseguido se adaptar, perdendo a relevância; e muitas outras correm o risco de seguir esse mesmo caminho. Então, como seria a jornada para um possível empreendimento 4.0?

Vejamos uma versão resumida da jornada para o estágio 4.0 nos negócios, que ilustraremos a seguir com exemplos reais. Em geral, o empreendimento passa de:

1.0: orientado pelo proprietário com controle centralizado; a
2.0: orientado pelos shareholders e descentralizado e divisionalizado; a
3.0: orientado pelos acionistas e em rede ou matriz; a
4.0: um ecossistema cocriativo orientado pela intenção.

BALLE: CRIANDO UM MOVIMENTO EM ÂMBITO NACIONAL A PARTIR DO WHITE DOG CAFE

A Business Alliance for Local Living Economies (BALLE) tem 22 mil membros e é a rede de empresas social e ambientalmente responsável de mais rápido crescimento da América do Norte.[14]

As origens da BALLE remontam do White Dog Cafe, na Filadélfia, e sua fundadora e proprietária Judy Wicks, autora do livro de memórias *Good Morning, Beautiful Business*.[15] No decorrer de 25 anos, Wicks implementou uma série de práticas de negócio revolucionárias, inclusive relacionamentos de parceria direta com agricultores locais e o *sourcing* sustentável e local. O White Dog Cafe pagava a todo o seu pessoal um salário justo, levava os clientes em jornadas de aprendizagem nas fazendas que forneciam os ingredientes para preparar a comida servida no café e organizava passeios ecológicos para mostrar aos clientes para onde iam os dejetos do restaurante, de onde vinha a água do município da Filadélfia e onde a energia que eles utilizavam era gerada. O White Dog Cafe foi a primeira empresa do estado da Pensilvânia com 100% da eletricidade utilizada proveniente de energia renovável.[16]

Com a adoção dessas práticas, o White Dog Cafe foi se tornando cada vez mais próspero e bem-sucedido. Mas em vez de descansar sobre os louros do sucesso, Wicks decidiu fazer algo diferente. Ela percebeu que, se realmente se importasse com o bem-estar de sua comunidade e do ambiente, ela precisava divulgar suas práticas de negócio e *ajudar seus concorrentes* a aprender como fazer o que ela já vinha fazendo. Wicks lembra o momento em que percebeu que a empresa 3.0, voltada para ações socialmente responsáveis, não era mais suficiente: "Foi um momento transformacional quando percebi que não existe uma empresa sustentável isolada. Mesmo com boas práticas na minha empresa, mesmo transformando os dejetos em adubo e reciclando-os, mesmo comprando de produtores locais e usando energia [renovável], isso tudo era só uma gota no mar. Eu precisava sair da minha empresa e começar a trabalhar em cooperação com os outros, especialmente com os meus concorrentes, para construir todo um sistema com base nesses valores."[17] Para entrar nesse ambiente 4.0, Wicks criou a White Dog Cafe Foundation, financiada com uma parcela dos lucros do restaurante. A primeira coisa que fez foi perguntar ao criador que fornecia a seu restaurante dois porcos orgânicos por semana do que ele precisaria para abastecer outros restaurantes. Quando ele disse que precisava de um caminhão refrigerado, ela lhe concedeu um empréstimo de US$30 mil (tirados dos lucros de seu próprio restaurante) para comprar o caminhão e poder abastecer todos os concorrentes dela com carne de porco da mesma qualidade.[18] O primeiro projeto da fundação foi o Fair Food (www.fairfoodphilly.org), que tinha o objetivo original de prestar consultoria gratuita aos concorrentes do White Dog – chefs e proprietários de restaurantes locais da Filadélfia – para lhes ensinar como comprar carne de porcos criados de maneira humanitária e orgânica e outros produtos de produtores familiares locais e as razões pelas quais essas práticas eram importantes.[19]

Também sob os auspícios da fundação, Wicks lançou, em 2001, a Sustainable Business Network (SBN) na região da Grande Filadélfia para disseminar as práticas de negócio do White Dog e, naquele mesmo ano, firmou uma parceria com outras empresas para cofundar a Business Alliance for Local Living Economies (BALLE) visando criar uma rede de empresas locais que utilizasse as mesmas práticas e que poderia se transformar em uma alternativa viável à economia corporativa, fundamentada em grandes cadeias de lojas e restaurantes.

O movimento da BALLE demonstra como as empresas locais podem ter sucesso por meio de uma maior cooperação, em vez de uma maior competição. Os pioneiros e empreendedores dispostos a divulgar informações antes protegidas e confidenciais sobre suas operações, suas práticas e as necessidades de suas empresas, ao mesmo tempo que ajudam outros empreendedores do setor, estão promovendo o bem-estar do ecossistema mais amplo bem como o bem-estar do próprio empreendimento.

Natura: transformando o campo empresarial

A Natura é uma empresa brasileira multibilionária de cosméticos e produtos para a pele que tem se firmado como uma das grandes inovadoras no desenvolvimento sustentável no Brasil e na América Latina. Quando a empresa compra matérias-primas vindas das florestas brasileiras, a Natura se certifica de que o processo de extração seja ambiental e socialmente sustentável e que a atividade não afete as tradições culturais locais. A empresa também criou acordos de participação nos lucros para se certificar de que parte do excedente seja reinvestida na sustentabilidade e na resiliência cultural das comunidades amazônicas que atuam no início ou na origem da cadeia de valor da Natura. Esses acordos de participação nos lucros com comunidades do ecossistema da Natura são operados por meio de fundações comunitárias autogovernadas nas próprias comunidades. A Natura também investe na educação e no reforço da capacidade em todo o seu ecossistema de parceiros e encoraja os parceiros a trabalharem também com outras empresas, de forma que as comunidades não fiquem economicamente dependentes exclusivamente da Natura.[20]

Nos anos 70 e 80, a Natura desenvolveu um modelo de vendas diretas que dotou de *empowerment** os membros da comunidade. Hoje os produtos da empresa são vendidos por meio de 1,5 milhão de microempreendedores e consultores de beleza que revendem os produtos da Natura na própria comunidade.

Da mesma forma como o movimento da BALLE tem origens em conversas na cozinha do White Dog Cafe, a origem da Natura remonta a conversas inspiradas em um minúsculo espaço gerativo muitos anos atrás. Em 1969, Luiz Seabra, então com 26 anos, ficou na frente de seu estúdio de cosméticos em São Paulo distribuindo rosas brancas às mulheres que passavam na rua. Depois ele as conduzia ao estúdio para conversar com elas e prestar uma consultoria gratuita, apresentando os novos cosméticos e produtos de cuidados com a pele que ele tinha acabado de prototipar. "Eu me apaixonei", Luiz lembra, "pelos relacionamentos e pela beleza".

E se manteve apaixonado desde então. Eu (Otto) me encontrei com Luiz em novembro de 2011 em São Paulo. Hoje Luiz está com quase 70 anos,

---

* *Nota da Revisão Técnica*: Em português já se usa o termo *empoderamento*, no sentido de capacitar, contribuir para que o outro se sinta capaz de.

mas sua energia jovial e alegre ainda irradia de todo o seu ser. Descontraído e usando jeans, ele me recebeu no escritório que divide com seus dois cofundadores da Natura e contou como tudo começou.

"Quando eu tinha 12 anos, vi minha irmã passando um creme no rosto. Senti forte no coração que um dia *eu criaria esses produtos.*" Catorze anos mais tarde ele distribuía rosas brancas, convidando as mulheres a entrar em um espaço relacional inspirador que as encantou com um tipo diferente de conexão com seu corpo, sua beleza, umas com as outras e consigo mesmas.

"A rosa branca", Luiz explica, "é um símbolo do que queríamos oferecer. Qual é o seu dom? Qual é o nosso dom? Como a lagarta que se transforma em borboleta, o dom que trazemos a este mundo também se transforma e muda". De acordo com Luiz, cada lagarta precisa de uma *atenção amorosa* para encontrar "o próprio caminho para a beleza, o caminho para se tornar uma borboleta". Essa atenção amorosa, Luiz conclui, é a essência da Natura. "Tudo se resume a uma conversa e a um relacionamento nos quais somos tocados pela presença e pela beleza."

Ouvindo Luiz falar, senti a presença de uma visão de mundo que valoriza igualmente a beleza e a verdade. Aquilo me impressionou, já que é justamente o que gosto em Nietzsche. A maioria das pessoas hoje não sabe que a beleza precede a verdade. Elas não veem que a essência da matemática é a beleza, que a essência da ciência é a beleza. Para encontrar essa essência, é preciso retroceder pela matemática e pela ciência até suas origens. É o que Luiz fez: ele foi direto à fonte. Aos 12 anos ele começou a escutar a irmã a partir de uma conexão fundamentada no coração aberto.

Mas como Luiz conseguiu aplicar esse nível profundo de atenção e escuta à tarefa de construir uma empresa de US$4,5 bilhões com 1,5 milhão de revendedores tocando a vida de mais de 100 milhões de consumidores a cada dia? Luiz explica que isso é feito não se concentrando apenas em administrar números ou gerenciar os outros, mas "se encarando" com a mente aberta e o coração aberto – em outras palavras, invertendo o foco da observação de volta a si mesmo. O problema de muitas organizações hoje, de acordo com Luiz, é o medo. E "o único antídoto para o medo é o amor". Quando julgamos os outros, criamos uma atmosfera de frieza que abre o espaço para o medo. Transformar essa atmosfera de medo requer que "nos conectemos com nossas fontes de presença, com o nosso coração aberto".

Ouvir Luiz é uma experiência prazerosa, porque ele claramente aprecia o momento. Ele claramente ainda se encanta com o mundo e ainda está apaixonado pelos relacionamentos e pela beleza. É raro para um homem (ou qualquer outra pessoa) corporificar com tanta força a presença do coração aberto.

Assim, me pergunto, como ele chegou lá? Que processo o levou a esse estado?

"Sou muito tímido", ele conta. É mesmo? "Mas sou encantado com o mundo." Isso fica bastante claro. Mas como ele chegou lá?

"Eu também tenho muito ruído na cabeça", Luiz explica. "Então foi essencial encontrar um silêncio dentro de mim mesmo." Ele encontrou esse silêncio vivenciando uma transformação da mente e do coração ao ler um texto filosófico aos 16 anos. No texto, Plotino sugeria que "o Um está no Todo, o Todo está no Um". Luiz percebeu que o nível mais profundo de realidade ao qual Plotino se referia requer um nível mais profundo de pensamento – uma forma de pensar direcionada pela inteligência do coração. Aquele momento de insight abriu todo um novo mundo para ele. Foi uma experiência intelectual e espiritual que lhe permitiu "encontrar o silêncio dentro de mim mesmo". Conectar-se com esse lugar era como "encontrar uma nova vida dentro de mim, um novo nascimento".

Desde então, ele vem tentando operar a partir dessa conexão com a essência nesse espaço de silêncio. Muitas das ferramentas administrativas normais, como administrar com base em números ou com base na participação de mercado, não passam de uma perpetuação do ruído. "A utilização desses instrumentos de administração tradicionais nos torna menos inteligentes." "Faz todo sentido", pensei anotando o que ele disse. Quer dizer que as faculdades de administração tradicionais estão nos "emburrecendo". Então por que alguém pagaria por isso?

"É hora de ouvir o nosso silêncio; para compartilhá-lo precisamos de uma espécie de massagem." E para cultivar esse silêncio interior, "precisamos de filtros contra a banalidade excessiva". Isso nos ajudará a "transformar medo em amor".

Naquela mesma manhã, me reuni com seu parceiro de negócio, Guilherme Leal, outro cofundador da Natura. Depois de uma fusão de sua empresa com a Natura em 1979, Guilherme ajudou a transformar a Natura na maior empresa de cosméticos de vendas diretas do Brasil. O que mais me impressionou foi ver como esses dois homens interagiam um com outro.

Com frequência, pessoas extremamente bem-sucedidas e valiosas tendem a ser individualistas. No entanto, aqueles dois homens pareciam ter um relacionamento delicado, respeitoso, atencioso e apreciativo. Mas nenhuma dessas palavras consegue captar a essência do que quero dizer. Se eu tivesse de escolher uma única palavra, talvez escolhesse a palavra *desprendido*. Eles pareciam verdadeiramente valorizar suas diferenças e apoiar um ao outro nessas diferenças.

Apesar de todo o sucesso da empresa, hoje a Natura se vê diante de um novo conjunto de oportunidades e desafios. Como todas as empresas, a Natura enfrenta desafios disruptivos nos negócios e na sociedade. Além disso, os fundadores têm exercido um papel menos ativo na liderança da empresa. Um desafio atual, portanto, é descobrir como manter viva a essência da Natura nesse novo contexto. Outro desafio é reinventar a estratégia de vendas diretas na era dos modelos de negócio da Web 2.0. Como a Natura pode se tornar uma plataforma que permita que todo o ecossistema de fornecedores e consumidores cossinta e cocrie seu futuro potencial mais elevado?

"A Natura é um fenômeno coletivo", diz Marcelo Cardoso, vice-presidente sênior de Sustentabilidade e Desenvolvimento Organizacional, "e hoje estamos no limiar de um novo ciclo de evolução". O novo ciclo evolucionário que a Natura e todo o meio empresarial enfrenta atualmente diz respeito à economia ecossistêmica cocriativa 4.0 emergente. O coração da empresa ecossistêmica do futuro não é mais uma oferta de produto específica, mas sim o desenvolvimento de uma rede de "várias conexões e relacionamentos mantidos uns com os outros na qualidade de parceiros, produtores, usuários, proprietários, acionistas e comunidade. A visão radical que estamos tentando realizar coloca o relacionamento sagrado com os nossos parceiros e clientes no centro da empresa".

Marcelo Cardoso, na época dessa entrevista vice-presidente sênior de sustentabilidade, sugere que três princípios-chave caracterizam o modo 4.0 de se organizar. O primeiro diz respeito à necessidade de influenciar pela atração e não pelo controle. O segundo diz respeito à tolerância à incerteza. E o terceiro se refere à remoção do sistema 2.0 de bônus. "Descobrimos que, no Vale do Silício, ninguém está usando os bônus vinculados a metas individuais", diz Marcelo. "No futuro substituiremos nosso sistema de metas individuais e de bônus por cinco metas para a empresa toda que contam a história da empresa. No futuro teremos uma remuneração mais fixa e menos variável."

Essa mudança no sistema de remuneração da Natura é corroborada por muitas evidências científicas que sugerem que a remuneração individualizada está causando mais danos que benefícios ao desempenho das empresas, com a exceção de casos com operações de rotina extremamente simples e mecânicas, com pouca criatividade envolvida.[21] Basicamente, Marcelo vê a transformação atual da Natura em termos de "de fora para dentro" e "de dentro para fora". De fora para dentro implica colocar o cultivo de relacionamentos no centro da empresa futura. De dentro para fora implica deixar ir o controle, deixar ir as metas e bônus individualizados e se sair com mecanismos mais intrínsecos e cocriativos de motivação, de estabelecimento de direção e de inovação, muitas vezes em colaboração com os parceiros do ecossistema. Não será uma tarefa fácil e Marcelo será o primeiro a dizer que ele e a Natura estão só no começo dessa jornada.

Food Lab: transformando o campo da alimentação

A BALLE e a Natura são excelentes exemplos de empreendimentos parcialmente orientados pela missão que estão avançando na direção do 4.0. Mas o que dizer de empresas mais tradicionais? O que elas precisarão fazer para avançar ao 4.0?

O Sustainable Food Lab se ocupa de criar soluções inovadoras nesse campo. O Food Lab é um fórum de líderes de todo o sistema voltados para solucionar os problemas mais prementes e expressivos da área da alimentação e da agricultura.

No verão de 2002, Hal Hamilton, Don Seville, Adam Kahane e Peter Senge se encontraram para um café da manhã em uma conferência de liderança global. Eles começaram explorando a possibilidade de os debates polarizados sobre a sustentabilidade agrícola poderem se beneficiar da aplicação da Teoria U. Posteriormente, a conversa se expandiu para incluir líderes da Unilever e da Kellogg Foundation, que descreveram seus investimentos contínuos em projetos de agricultura sustentável e seu desejo de influenciar o mainstream. No entanto, eles notaram um sentimento de que nem a Kellogg Foundation nem a Unilever tinham poder suficiente para enfrentar o desafio isoladamente.

No período de um ano e meio que se seguiu, Hal, Adam e seus colegas entrevistaram dezenas de líderes sistêmicos nos Estados Unidos, na

Europa e no Brasil. Com base nessas entrevistas, alguns desses líderes foram convidados a se unir ao Food Lab. Incorporando os conselhos e a experiência transmitidos em muitas entrevistas e reuniões, o Sustainable Food Lab foi lançado com o propósito de incluir mais sustentabilidade nos sistemas alimentares de mainstream.

O laboratório reúne líderes de mais de 60 empresas, governos, grupos de produtores rurais e ONGs em torno desse foco específico. Apesar de o sistema alimentar sustentável ocupar o centro desse trabalho, o grupo sabe que diferentes instituições, empresas e organizações representadas no laboratório têm diferentes interpretações do que significa ser sustentável. Um dos desafios da equipe do laboratório é utilizar essas diferentes perspectivas e prioridades como um catalisador do aprendizado compartilhado e de inovações significativas implementadas no sistema.[22]

Perguntamos a Hal, atual codiretor do Food Lab, o que ele aprendeu com a experiência de recriar infraestruturas para ajudar as organizações a colaborar e inovar com vistas ao 4.0. "O que aprendemos", Hal conta,

> é que conduzir todo um ecossistema de fornecedores de alimento à sustentabilidade requer um novo tipo de estrutura de apoio à liderança. Descobrimos que três infraestruturas de liderança ou aprendizado em particular são eficazes. A primeira, chamamos de jornadas de aprendizagem. Levamos grupos diversificados de stakeholders a pontos interessantes nas margens do sistema deles e lhes proporcionamos uma profunda experiência de imersão por um ou dois dias.
>
> Essa experiência sempre teve um efeito bem-sucedido, regenerativo e, em parte, até transformativo.
>
> Em segundo lugar, descobrimos que é crucial engajar nossos membros em projetos concretos de prototipagem em torno de questões de inovação alinhadas aos interesses estratégicos dessas organizações. Se esses projetos forem só de interesse pessoal mas não institucionalmente relevantes, as iniciativas não podem ser sustentadas e não são expandidas.
>
> Finalmente, descobrimos que há uma dimensão pessoal ou humana mais profunda atuando em tudo isso. Não sei bem que nome dar a isso. Mas tem a ver com o fato de termos criado uma rede mais profunda de relacionamentos humanos que transcende todas essas fronteiras institucionais. Essa rede diferente de relacionamentos humanos faz muito

mais que levar as pessoas apenas a se sentirem melhor e terem mais energia. É basicamente uma questão de ter um relacionamento diferente com a nossa própria jornada, com a jornada da nossa comunidade e com a jornada do nosso planeta. Então é um campo que permite às pessoas se reconectarem com a própria essência.

Além dessas três experiências de aprendizado articuladas por Hal, vemos uma quarta experiência que ele não mencionou: posicionar as pessoas certas, com uma mentalidade 4.0, no grupo central de um empreendimento como esse. As pessoas devem incorporar a essência da iniciativa em tudo o que fazem – como todos os agentes de mudança cujas histórias contamos nestas páginas: Jon, Suyoto, Alexandra, Claudia, Judy, Michelle, Luiz, Guilherme, Marcelo, Hal.

Em resumo

A Tabela 11 apresenta em linhas gerais como a evolução das empresas é incorporada aos estágios evolucionários do desenvolvimento econômico e de sua lógica subjacente. O propósito da empresa 1.0 é controlar toda a cadeia de valor. Essa lógica gira em torno das economias de escopo e o foco é na integração vertical (por exemplo, a antiga IBM). Já o propósito da empresa 2.0 é o lucro. A lógica gira em torno de economias de escala e o foco é a integração horizontal (por exemplo, a Intel e a Microsoft). O propósito da empresa 3.0 é o domínio do ecossistema. A lógica gira em torno das economias em rede (exemplos incluem a Apple, o Facebook e o Google). O propósito da empresa 4.0 é a administração responsável e ética do ecossistema. A lógica gira em torno das economias de presencing – isto é, em torno dos futuros que emergem de sensibilização e concretização (exemplos emergentes dessa categoria incluem a BALLE, a Natura e a gigante chinesa do e-commerce Alibaba). A diferença entre as empresas 3.0 e as 4.0 é a intenção: as empresas 3.0 são motivadas a dominar seu ecossistema, ao passo que as empresas 4.0 tentam promover o bem-estar e a posse compartilhada de todos. As empresas 3.0 e 4.0 constituem uma nova estirpe de organizações híbridas que apresentam duas características principais: elas funcionam como um negócio, mas são inspiradas e energizadas por uma missão social (nas empresas 4.0, a missão é incorporada

TABELA 11 Estágios da lógica econômica e do desenvolvimento corporativo

Estágio do desenvolvimento econômico	Mecanismo de coordenação (*poder*)	Setor central	Lógica econômica dominante	Propósito do negócio	Exemplos de empresas	Relacionamentos com os stakeholders
1.0: Economia de Estado centralizado	Hierarquia, regulamentação, controle (*chicotes*)	Primeiro setor: público	*Economias de escopo*: integração vertical	Controle sobre toda a cadeia de valor	Antiga IBM	Controladores
2.0: Economia de livre mercado	Mercado e competição (*cenouras*)	Segundo setor: privado	*Economias de escala*: integração horizontal	Lucros e valor para o acionista	Intel, Microsoft	Transacionais
3.0: Economia social de mercado	Redes e negociações (*normas*)	Terceiro setor: social	*Economias em rede (e de escopo)*: integração circular	Domínio do ecossistema	Apple, Facebook, Google	Empáticos, porém dominadores: sem posse compartilhada
4.0: Economia ecossistêmica cocriativa	ACC: Ação Coletiva Baseada na Conscientização (*presencing do todo emergente*)	Quarto setor: colaboração intersetorial	*Economias de presencing*: integração espiral	Administração ecossistêmica responsável e ética: relacionamentos cocriativos com o eu, o outro, a natureza, o todo	Exemplos emergentes: Natura, BALLE, Alibaba	Gerativos: cossensibilização, presencing e cocriação do futuro potencial mais elevado

com mais intensidade). E não estamos falando de uma mera característica marginal do meio empresarial. Pense no que inspirou fundadores visionários como Steve Jobs da Apple; Eileen da Eileen Fisher Inc.; Luiz Seabra, Guilherme Leal e Pedro Passos da Natura; Judy e Michelle da BALLE; e Hal do Sustainable Food Lab. Esses empreendimentos são excelentes exemplos de uma "nova essência" emergente do significado de operar um empreendimento de sucesso. Nesse paradigma de negócios emergente, o sucesso é definido não apenas pelos lucros, mas também pela relevância da empresa no ecossistema mais amplo e suas contribuições práticas para a redução dos divisores ecológicos, sociais e espirituais. É interessante notar que algumas dessas empresas orientadas pela missão social são cada vez mais parecidas com algumas das ONGs mais inovadoras.

ONGS 4.0

Com a queda do Muro de Berlim e o fim da Guerra Fria, uma transição a uma nova era teve início, testemunhando a ascensão de uma nova superpotência emergente: a sociedade civil global.

Desde o fim dos anos 80, milhões de ONGs e OSCs (Organizações da Sociedade Civil) têm emergido em todos os continentes. Esse movimento, nas palavras de Paul Hawken, é o maior que o planeta já viu.[23] O terceiro setor – das ONGs e da sociedade civil – foi o último a chegar ao cenário global. Com a fundação das Nações Unidas após a Segunda Guerra Mundial, os governos se globalizaram e, com esse surto de globalização, particularmente depois de 1989, as empresas também se globalizaram em ondas sucessivas. Em resumo, vejamos como a sociedade civil se expressa por meio dessa nova classe de instituições e sua jornada de desenvolvimento:

ONGs 1.0: agentes de ajuda humanitária, dependentes de doadores
ONGs 2.0: defensores de políticas, dependentes de doadores
ONGs 3.0: empreendimentos de diversos stakeholders e de missão social, parcialmente autofinanciados
ONGs 4.0: empreendimentos de inovação ecossistêmica, parcial ou totalmente autofinanciados

WWF

O World Wide Fund for Nature (WWF; antigo World Wildlife Fund) é uma ONG internacional cujo propósito é a conservação do meio ambiente.[24] Com mais de cinco milhões de apoiadores, o WWF atua em mais de 100 países em todo o mundo e é a maior organização conservacionista independente do planeta. Sua missão é impedir e reverter a destruição ambiental.

Em minha (Otto) primeira visita à sede do WWF nos Estados Unidos, a COO (Chief Operating Officer) Marcia Marsh explicou a evolução do trabalho da organização. Ela conta:

> No início o nosso foco era só na conservação do *meio ambiente*. Depois percebemos que, para fazer isso, precisaríamos incluir as *comunidades* que viviam naquelas áreas. Não tínhamos como trabalhar sem elas. Depois percebemos que isso também não bastava. Percebemos que as verdadeiras forças que destroem nossos hábitats e nossos recursos comuns têm pouca relação com as comunidades locais e muito a ver com as forças dos *mercados globais*. Então percebemos que, para proteger o ambiente, precisaríamos trabalhar tanto com as comunidades locais quanto com os mercados globais – isto é, com empresas globalizadas e com grupos de consumidores conscientes que ajudariam a tornar as práticas de *sourcing* corporativo mais sustentáveis.

Os três estágios descritos por Marsh acompanham a evolução do WWF de 1.0 (só proteção ambiental) a 2.0 (inclusão das comunidades) a 3.0 (inclusão dos mercados). Em termos de desafios, isso significa que, quanto mais nos aproximamos da margem presente do trabalho, "mais lidamos com questões sistêmicas e complexas envolvendo diversos stakeholders que nenhum setor individual, muito menos instituição, pode mudar sozinho". De acordo com Marsh, "é por isso que precisamos de iniciativas envolvendo diversos stakeholders".

Um exemplo desse novo tipo de trabalho envolvendo diversos stakeholders é a Iniciativa do Triângulo dos Corais (ITC). O Triângulo dos Corais do Sudeste da Ásia é um exemplo único entre os ambientes oceânicos do mundo por sua importância biológica e sua beleza, e é ainda mais importante devido a seu valor econômico para os 125 milhões de pessoas da região, que inclui seis países: Indonésia, Filipinas, Malásia, Papua-Nova Guiné, as Ilhas Salomão e o Timor-Leste. Em maio de 2009, os líderes desses seis países se comprometeram com o Plano de Ação Regional da Iniciativa do Triângulo dos Corais, um dos planos mais abrangentes e específicos jamais concebidos para a conservação do oceano, além de ter um prazo bem definido para sua implementação: 10 anos.

Essa iniciativa, que desde então gerou centenas de milhões de dólares em promessas de doações, começou como qualquer outra iniciativa de alto impacto: pequena. E a iniciativa se originou de um conjunto de conversas inspiradoras que ajudaram a transformar uma frustração crescente com a paralisação do processo em uma poderosa intenção de criar um futuro diferente.

Nesse caso, algumas das primeiras conversas foram instigadas pela iniciativa ELIAS, que Marcia Marsh e outros cocriaram conosco no Presencing Institute e no MIT. De acordo com Kate Newman, a primeira diretora de programas do WWF para a ITC:

> Foi naqueles anos que a grande ideia do programa ELIAS – reunir todos os players-chave que precisavam uns dos outros para transformar o sistema e lhes dar os métodos e as ferramentas que lhes permitiriam concretizar a ideia – influenciou nossa visão dos problemas, como os que vimos na região do Triângulo dos Corais. Ainda me lembro da ideia revolucionária que tivemos uma noite depois de uma longa discussão com vários outros stakeholders, quando de repente percebemos que jamais teríamos sucesso lidando com esses problemas se nos concentrássemos em uma região por vez. Mas se pudéssemos combinar todas essas regiões adjacentes em uma única ecorregião espetacular – uma ecorregião que pouca gente se dá conta, mas que abriga os níveis mais elevados de biodiversidade marinha do planeta – e se os recursos limitados do governo de cada país do Triângulo dos Corais pudessem ser reunidos, provavelmente poderíamos atrair outros importantes players que de repente teriam um interesse bastante concreto em participar da produção de uma verdadeira mudança na escala necessária. Poderíamos conectar todos esses players e ajudar a criar uma plataforma que lhes permitiria transformar o sistema para melhor.

Em 2007, o WWF uniu forças com a Nature Conservancy e com a Conservation International. Juntos, eles expandiram suas ações de conservação no Triângulo dos Corais – que abriga 75% de todas as espécies de coral conhecidas pela ciência e é, depois da Amazônia, a segunda região mais biodiversificada do planeta – e mobilizaram centenas de milhões de dólares em doações para implementar o acordo da ITC. Apesar dos inúmeros problemas envolvidos na implementação das metas decenais da iniciativa de acordo com o cronograma preestabelecido, a ITC permanece sendo uma enorme inspiração e um exemplo a ser seguido para muitas outras iniciativas que tentam se organizar melhor para a proteção e o cultivo intencional dos nossos recursos comuns.

Organizar-se para atingir o estágio 4.0 implica uma transformação da organização centrada em grupos de interesses especiais à organização centrada na intenção comum. Uma economia ecossistêmica começa identificando, protegendo e cultivando os recursos comuns mais escassos e mais críticos. Transformar o relacionamento de empresas e ONGs de antagonístico e transacional a cocriativo é um dos maiores fatores de sucesso para conduzir a nossa economia a um próspero sistema operacional 4.0.

BANCOS 4.0: O SETOR BANCÁRIO COMO UM VEÍCULO DE MUDANÇA POSITIVA

Os bancos, como intermediários entre tomadores e concessores de empréstimos, ocupam uma posição sem igual na economia e, em consequência, na sociedade. Todas as ideias empreendedoras requerem capital financeiro: as empresas precisam de um parceiro no setor bancário e os cidadãos usam serviços financeiros. Os bancos lidam com um produto muito especial: o dinheiro. O dinheiro é um construto legal que pode ser utilizado em quase qualquer transação econômica. Ele raramente expira, é facilmente transferível e todo mundo o quer. Produtos da economia real, como maçãs ou computadores da Apple, são utilizados por clientes específicos e utilizáveis apenas por um determinado tempo. O dinheiro, contudo, é utilizado por todos os agentes de uma economia e são utilizáveis praticamente em qualquer lugar a qualquer momento. Seu valor também não diminui (só se a inflação exceder a taxa de juros). Em consequência, os bancos e os setores financeiros mantêm uma vantagem competitiva sobre todos os outros agentes da economia real.[25] Vejamos, em resumo, como o setor bancário evoluiu até assumir seu papel atual na sociedade:

1.0: setor bancário tradicional;
2.0: setor bancário de cassino;
3.0: setor bancário socialmente responsável;
4.0: setor bancário ecossistêmico transformativo.

No decorrer da história, todas as crises financeiras foram seguidas de uma intensificação da regulamentação do setor financeiro, bem como de um maior debate público sobre o poder e o risco dos bancos. Contudo, tão logo as crises e seus impactos são esquecidos, a regulamentação do setor financeiro normalmente volta a se afrouxar. Da perspectiva evolucionária, o debate em torno da regulamentação do setor financeiro reflete a transição do setor bancário de 2.0 a 3.0.

No entanto, não é incluída no debate uma discussão do verdadeiro potencial dos bancos – o potencial de transformá-los em instituições financeiras transformativas e orientadas pela intenção que se tornam elementos capacitadores da evolução para a sociedade 4.0. À medida que os bancos evoluíram de 1.0 a 3.0, um processo de inovação paralelo, porém muito menos notado, também estava se desenrolando. Algumas comunidades, grupos de interesse, organizações religiosas e cidadãos responsáveis perceberam que seus objetivos, intenções e visões requeriam o acesso a bancos voltados a satisfazer suas necessidades específicas.

Ao longo das últimas décadas, um tipo diferente de instituição financeira surgiu aos poucos, combinando a lucratividade com uma missão social ou, no vocabulário atual, uma instituição financeira que opera tendo em vista o *triple bottom line* (mensurando o sucesso de acordo com seu desempenho financeiro, social e ambiental). Alguns desses bancos tiveram sucesso, outros fracassaram e muitos bancos maiores também utilizaram o conceito do *triple bottom line* como uma fachada enquanto avançavam com vistas a principalmente um resultado: a lucratividade.

No entanto, vários bancos começaram a inovar em torno da ideia de se tornarem um veículo de mudança transformativa, concentrando-se em inovações realizadas em ecossistemas selecionados. Afinal, os bancos decidem quais inovações e iniciativas recebem financiamento. Alguns bancos começaram a questionar se essas decisões deveriam realmente se basear apenas no lucro potencial ou se também não deveriam se preocupar com o bem-estar social e ambiental.

Para qualquer banco, é muito mais eficiente emprestar US$300 milhões a uma multinacional consolidada do que emprestar US$1 milhão a 300 empreendedores sociais e ecológicos. Mas e se esses pequenos empréstimos forem realmente o que precisamos para resolver os prementes desafios dos dias de hoje?

Conceder 300 empréstimos a empreendedores ecológicos seria uma decisão consciente baseada não apenas no interesse pela lucratividade do banco, mas também na *conscientização de uma necessidade social.* Decisões como essas naturalmente também têm suas implicações internas. Um banco precisaria não somente de um gerente de crédito para conceder US$300 milhões em empréstimos, mas de toda uma equipe de analistas de crédito conhecedores do setor bancário bem como de áreas como energia renovável e empreendedorismo social.

Instituições financeiras como essa já existem. Elas são conhecidas como cooperativas de crédito, círculos de empréstimo, bancos comunitários, organizações financeiras sem fins lucrativos, plataformas de *crowdfunding* e cooperativas bancárias. Em 2009, dez bancos social e ambientalmente responsáveis se reuniram no Triodos Bank na Holanda para fundar a Global Alliance for Banking onValues, uma rede independente de bancos com a missão de "usar as finanças para proporcionar um desenvolvimento sustentável para pessoas marginalizadas, comunidades e o ambiente".[26] Em 2012, essa rede contava com 20 membros, ativos de mais de US$40 bilhões e operações em todas as regiões do mundo. Esses bancos veem as finanças como um veículo de transformação social. Vejamos apenas alguns exemplos de como esses bancos operam.

O setor bancário ecossistêmico transformativo

O BRAC Bank, apresentado no Capítulo 3, fica em Bangladesh. Um analista de crédito do BRAC na Cidade Velha de Daca caminhará de um cliente ao outro, visitará a loja de um candidato a empréstimo, conversará com o vizinho dele e se empenhará em conhecer a comunidade do candidato. Desse modo, o BRAC pode decidir conceder empréstimos a microempreendedores que não possuem qualquer histórico financeiro, muito menos uma conta bancária. Para que se dar a tanto trabalho? O BRAC acredita que essas microempresas geram emprego e constituem uma maneira de as pessoas saírem da pobreza.

O Triodos Bank e o GLS Bank, ambos europeus, criaram opções de financiamento para a energia eólica décadas atrás, quando nenhum banco convencional chegaria a levar em consideração conceder empréstimos a um parque eólico. Os analistas de crédito desses dois bancos inovadores são especializados em projetos de energia renovável, mas esses bancos também financiam projetos comunitários, escolas alternativas, agricultura orgânica e iniciativas culturais, projetos que não encontrariam um parceiro em um banco convencional, mas que contribuem de modo sem igual para a sociedade. Como os clientes dos bancos esperam que todos os projetos financiados atinjam elevados padrões de inovação ecológica e social, os bancos divulgam em seu site todos os tomadores de empréstimos.

A rede Global Alliance for Banking on Values está transcendendo o setor bancário socialmente responsável e passando a utilizar o setor como um veículo de transformação. A mensagem é clara: não temos como resolver os problemas prementes da atualidade sem instituições financeiras dando suporte a essas novas empresas, ONGs e comunidades de inovadores.

Deslocando o centro de gravidade do campo econômico

Os movimentos financeiros e de capital de uma economia criam mais do que apenas uma troca no mercado. A Figura 15 descreve como a economia financeira se relaciona à economia real e como ambas incorporam uma forma diferente de relacionamento social e econômico muito similar à descrição que apresentamos anteriormente dos diferentes níveis de conversa e consciência. De acordo com a intenção que fundamenta sua utilização, traçamos a diferenciação entre quatro tipos de dinheiro:

1. dinheiro de cassino: utilizado para fins especulativos;
2. dinheiro de compra: utilizado para comprar produtos e serviços;
3. dinheiro de empréstimo: utilizado para conceder empréstimos aos empreendedores;
4. dinheiro de presente: utilizado para cultivar recursos comuns ou ajudar os empreendedores sociais.

Os quatro tipos de dinheiro (o quadrante superior esquerdo da figura) diferem termos da *intenção* com a qual o dinheiro é transferido.[27] No quadrante superior direito da Figura 15, podemos ver as diferentes opções de utilização do dinheiro:

1. investimentos especulativos em derivativos ou ativos da economia real;
2. compra de produtos e serviços;
3. concessão de empréstimos para a construção de infraestrutura empreendedora;
4. presentes para cultivar os recursos comuns criativos.

Qualquer transferência de dinheiro de uma mão para outra constitui uma ação econômica e comunicativa que cria uma realidade social. Por exemplo, se eu usar o dinheiro para comprar algo de você, o nosso relacionamento acaba no momento em que saio da sua loja. No entanto, se eu emprestar dinheiro a um empreendedor, o resultado é o estabelecimento de uma conexão que perdurará por todo o período do empréstimo. O dinheiro dá autonomia. O dinheiro é um meio de comunicação entre os agentes de um sistema econômico. Os quatro círculos ou esferas nos dizem algo sobre a qualidade desses relacionamentos comunicativos, sobre a extensão na qual eles promovem a autonomia e como eles diferem um do outro. Como mostra a metade inferior da Figura 15, esses relacionamentos

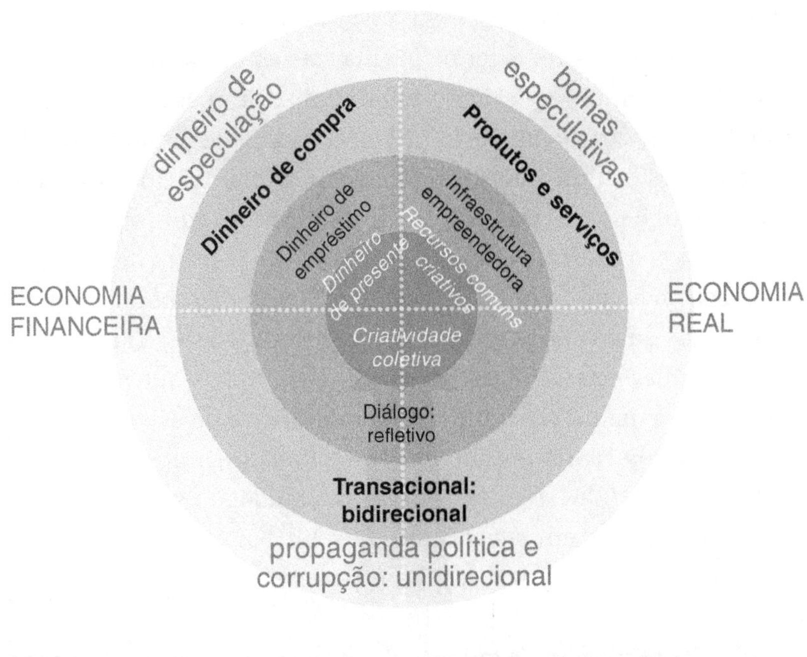

FIGURA 15 Deslocamento do centro de gravidade da ação econômica e conversacional

variam da recuperação (downloading) unidirecional, como a propaganda política e a corrupção, na esfera mais externa, até os relacionamentos cocriativos na esfera mais interna.

O problema da nossa economia atual é que dinheiro demais circula na esfera externa tóxica, que inclui a extração de lucros especulativos que alimentam as bolhas especulativas bem como a corrupção e a propaganda política. Além disso, dinheiro insuficiente entra na esfera mais interna, que constitui o coração e a fonte de toda vida social, econômica e cultural. É nesse coração interior que as fontes de todo valor econômico e a criação e de toda a criatividade humana são encontradas: educação, comunidade e o cultivo dos recursos comuns do ecossistema. E é nessa esfera que os presentes ou o capital inicial são mais necessários.

Tudo bem, então quer dizer que há dinheiro demais na esfera exterior e dinheiro de menos na esfera interior. Mas qual é o tamanho do buraco, na verdade? É grande. Você se lembra do US$1,5 trilhão em transações estrangeiras, sendo que nem 5% disso é conectado a qualquer elemento da economia real? Esse é o tamanho do buraco. Trata-se de um problema gigantesco e há muito dinheiro em risco para grupos de interesse minúsculos, porém extremamente poderosos que se alimentam da gigantesca bolha extrativa da esfera exterior. Estimativas de quanta riqueza privada é enviada a paraísos fiscais no exterior (muitas vezes ilegalmente, mas em alguns casos legalmente) para evitar o pagamento de impostos chegam aos US$20 trilhões (US$20 mil bilhões!).[28] Redirecionar esse dinheiro para beneficiar os recursos comuns globais teria um incrível impacto instantâneo em todo o mundo. É possível. Mas requer uma vontade comum.

O caminho para o futuro, para a economia 4.0, requer um deslocamento do centro gravitacional da nossa economia de comunicações primordialmente 1.0 e 2.0 (as duas esferas mais externas) a conversas e relacionamentos 3.0 e 4.0 (as duas esferas mais internas). Isso implica que precisamos reconfigurar o sistema monetário para que o dinheiro de especulação (na esfera mais externa) seja naturalmente redirecionado e transformado em dinheiro de presente (na esfera mais interna), ajudando a cultivar os recursos comuns criativos em seu núcleo. O setor bancário ecossistêmico transformativo, apresentado nesta seção, é uma solução possível para esse desafio.

Outra solução é a ideia da "expiração do dinheiro". De acordo com esse conceito, o dinheiro, da mesma forma como os produtos da economia real, deveria perder valor com o tempo. Isso significa que o dinheiro teria, tal qual o iogurte, um prazo finito de usabilidade. Na Idade Média, a Europa tinha sistemas monetários como esses. Em consequência, o dinheiro fluía, por exemplo, para o setor cultural em vez de ser investido em bolhas especulativas – basta dar uma olhada nas gigantescas igrejas que ainda hoje adornam as cidades europeias, muitos séculos depois.[29]

Apesar de a solução do século XXI ainda não estar clara, o problema se faz mais claro do que nunca: precisamos reequilibrar o campo de atuação entre a economia real e a economia financeira para que as finanças promovam a economia real e não o contrário.

O quarto setor emergente: uma plataforma intersetorial para economias ecossistêmicas

Todos os exemplos da economia ecossistêmica intencional 4.0 emergente operam com base em seu próprio contexto e com sua própria força propulsora inspiradora. É o que vimos acontecer na iniciativa do sistema de saúde namibiano, no governo 4-D da Indonésia, no ecossistema da saúde na Dinamarca, nas reformas educacionais da Áustria, na Natura brasileira, na Alibaba chinesa, no Sustainable Food Lab, na BALLE, no ELIAS, na Iniciativa do Triângulo dos Corais do WWF e nos primeiros pequenos exemplos do setor bancário ecossistêmico transformativo. O que todas essas histórias têm em comum?

Cada iniciativa foi lançada por um pequeno grupo central de pessoas que compartilham uma profunda intenção comum de criar um futuro diferente do passado. Seja na cozinha ou em uma sala sem janelas no subsolo de um hospital, eles compartilham um espaço acolhedor no qual conversas inspiradoras e brutalmente honestas são conduzidas, um cadinho no qual as mais elevadas aspirações e as práticas cotidianas se encontram, se conectam, se orientam e evoluem. Elas também têm em comum técnicas e ferramentas similares, utilizando-se de métodos que permitem que grandes e complexos grupos e sistemas transformem suas tensões institucionais em uma conscientização compartilhada e uma inovação colaborativa.

As histórias contadas aqui ilustram um conjunto de princípios das economias ecossistêmicas emergentes que acreditamos que deveriam ser institucionalizadas de modo mais deliberado e sistêmico no futuro. Eis a seguir a nossa primeira tentativa de articular alguns desses princípios-chave emergentes:

1. *Abertura:* a liderança se transforma a partir do interior da organização até a esfera circundante.
2. *Transparência:* as informações devem ser transparentes, não secretas.
3. *Compartilhamento:* os direitos de posse dos bens devem ser acessíveis e compartilhados com inteligência.
4. *Intenção:* a organização gira em torno da intenção comum, não de estruturas.
5. *Espaço acolhedor:* comunidades cocriativas requerem grupos centrais e um espaço acolhedor de alta qualidade.
6. *Conversa:* transformação dos níveis 1 e 2 (tóxicos, transacionais) aos níveis 3 e 4 (dialógicos, cocriativos).
7. *Conscientização:* transição do modo primário de operação da conscientização egossistêmica à conscientização ecossistêmica.
8. *Recursos comuns:* a identificação, a proteção e o cultivo dos recursos comuns constituem as bases do ecossistema como um todo.
9. *Atitude lúdica:* criar uma cultura que valoriza a atitude lúdica, o empreendedorismo e a cocriação.
10. *Diversidade e simbiose:* esses são os princípios irmãos que possibilitam a prosperidade dos ecossistemas.

O que vemos hoje é a ascensão de um quarto setor que cria plataformas intersetoriais que conectam as pessoas, corporificando os princípios acima e aplicando-os ao contexto de ecossistemas específicos como a área da saúde (Namíbia, Dinamarca), educação (Áustria), alimentos sustentáveis (Food Lab), setores específicos (Natura), microempreendedores (Alibaba), governos (China) e economias locais (BALLE).

Conclusão e práticas

Este capítulo descreveu o processo da inversão institucional. Usando exemplos dos mais importantes sistemas e setores da sociedade, demonstramos que o desafio de liderança e a jornada da transformação em diferentes contextos são basicamente os mesmos: uma jornada de 1.0 a 4.0 ou, em outras palavras, uma jornada de inversão do campo social para cultivar as novas qualidades de relacionamentos cocriativos que trazem o novo à realidade.

QUESTÕES PARA O JOURNALING

1. Como você pode deslocar seus relacionamentos conversacionais dos níveis 1 e 2 aos níveis 3 e 4 – isto é, da recuperação (downloading) e do debate ao diálogo e à criatividade coletiva? Seja específico. Identifique um ou dois exemplos.
2. Reveja a Figura 15. Como você e a sua organização poderiam deslocar seus relacionamentos econômicos e financeiros das esferas mais externas às mais internas – isto é, da especulação e consumo à iniciativa empreendedora e ao cultivo dos recursos comuns criativos no seu contexto e comunidade atuais? Identifique um ou dois exemplos. Em que pontos vocês estão contribuindo para os recursos comuns? Em que pontos vocês estão assumindo ou promovendo a iniciativa empreendedora?
3. Como as duas primeiras perguntas se relacionam uma com a outra? Seja específico. Pense nelas no contexto dos seus exemplos.
4. Como você pode se manter cultivando as próprias fontes de capital – isto é, suas próprias fontes de criatividade?
5. Reveja a Tabela 11. Como seria a sua empresa ou organização se optasse por operar como um empreendimento ecossistêmico cocriativo 4.0? Utilize a lista dos 10 princípios-chave apresentada anteriormente para desenvolver imagens e ideias concretas.
6. Que pequeno protótipo vocês poderiam criar para explorar a ideia mais interessante para um possível empreendimento 4.0?

CONVERSA EM CÍRCULO

Visite o site do Presencing Institute (em inglês), vá à seção de ferramentas (*tools*), www.presencing.com/tools/u-browser, e faça o download da ferramenta de casos clínicos (*case clinics*). Trata-se de um excelente processo que conduz um pequeno grupo por uma trajetória altamente cocriativa de sete passos baseada na jornada U em 70 minutos. Cada sessão se concentra em um "apresentador de caso". Sugerimos começar com apenas uma sessão e um apresentador de caso e conduzir sessões adicionais nos próximos encontros do grupo. Esperamos que vocês usufruam o processo e contem algumas de suas experiências no site do Presencing Institute, que terá uma área dedicada à formação de redes sociais.

8

Liderando a partir do futuro que emerge: agora

Entramos na Era da Disrupção e o levamos em um passeio por alguns dos projetos mais inspiradores que conhecemos. Neste capítulo de conclusão, o convidamos a explorar como você pode aplicar esses princípios 4.0 na sua própria vida, na sua comunidade e na jornada e no movimento emergente dos quais todos nós, habitantes da Terra, somos participantes.

No início deste livro, levantamos três perguntas:

1. Diante da disrupção, como podemos liderar a partir do *futuro que emerge*?
2. Qual *quadro de referência econômico evolucionário* pode nos orientar na jornada adiante?
3. Quais *estratégias* podem nos ajudar a atuar como veículos de transformação do todo?

Ao explorar essas questões, apresentamos três grandes ideias. A primeira é a de que há dois modos fundamentalmente diferentes de aprendizado: aprender com o passado e *aprender com o futuro que emerge*. Para aprender com o futuro que emerge, precisamos ativar um ciclo de aprendizado profundo que envolve não apenas abrir a mente (transcendendo as fronteiras cognitivas), como também abrir o coração (transcendendo nossas fronteiras relacionais), e abrir a vontade (transcendendo as fronteiras da nossa pequena vontade). O processo U de aprender com o futuro que emerge acompanha três movimentos: "observar, observar", "retirar-se e refletir: permitir que o saber interior emerja" e "agir em um instante".

A segunda grande ideia diz respeito à Matriz da Evolução Econômica (Tabela 3). A matriz sugere que *a evolução das estruturas econômicas acompanha a evolução da consciência humana* – ou, para sermos mais exatos, que as duas são altamente interdependentes. A matriz nos oferece quatro estruturas ou paradigmas do pensamento econômico. A evolução apresentada na matriz tem sido incorporada por diferentes civilizações em diferentes jornadas ao longo dos séculos. O resultado final é que a transformação atual das estruturas econômicas requer a transformação da consciência humana, partindo da conscientização ecossistêmica até chegar à conscientização ecossistêmica.

A terceira grande ideia é que a próxima revolução demandará uma estratégia de várias frentes que, da perspectiva do "mundo", ou do sistema, se concentra em todos os oito pontos de acupuntura apresentados na Matriz da Evolução Econômica. Ao mesmo tempo, a estratégia deve se concentrar na *jornada de inversão* (*Umstülpung*) que as instituições e os players devem percorrer em sua evolução de 1.0 a 4.0. Essa jornada de inversão requer agentes em todos os níveis para inverter o foco da atenção de volta a si mesmo e às fontes do Eu. Isso significa abrir a mente, o coração e a vontade (micro), transferindo as conversas da recuperação ao diálogo gerativo (meso) e convertendo silos hierárquicos em campos ecocriativos que conectam o ecossistema como um todo vivo (macro).

Fechando o ciclo de feedback da matéria e da mente: a economia 4.0

Qual é a essência dessa incrível jornada evolucionária em que todos nós estamos envolvidos?

Essa questão nos leva de volta às palavras do Mestre Nan de Xangai, que falou da reintegração da mente e da matéria (Capítulo 4). E também nos leva de volta à tradição científica menos conhecida no Ocidente que se volta a transcender a cisão entre mente e matéria na ciência, nas ciências sociais e na filosofia – uma tradição intelectual conectada aos nomes de Varela, Husserl, Steiner e Goethe, entre outros, e definida pela inversão do foco da *observação científica* de volta à observação do eu – isto é, de volta à fonte.

A fonte é, do ponto de vista dos sistemas, o ponto no qual o ciclo de feedback entre a mente e a matéria se fecha no agora, tanto individual quanto coletivamente. Chamamos estes pontos de "pontos de fechamento" ou pontos de acupuntura. Vejamos o que acontece em cada um dos oito pontos de acupuntura:

1. *Natureza:* fechamento do ciclo de feedback da produção, consumo, reutilização e reciclagem (por meio de um design de ciclo fechado, ou "da Terra à Terra").
2. *Trabalho:* fechamento do ciclo de feedback do trabalho (empregos) ao Trabalho (paixão), construindo novas infraestruturas empreendedoras que despertem a conexão entre o eu e o Eu.
3. *Capital:* fechamento do ciclo de feedback do fluxo de capital redirecionando o investimento especulativo à renovação ecológica, social e cultural/criativa (por meio do dinheiro do presente e do capital intencional).
4. *Tecnologia:* fechamento do ciclo de feedback a partir da criação da tecnologia até as necessidades sociais, particularmente em mercados marginalizados (por meio da avaliação de necessidades e do planejamento participativo).
5. *Liderança:* fechamento do ciclo de feedback a partir da liderança até o futuro que emerge do todo (por meio de práticas de cossensibilização, coinspiração e cocriação).
6. *Consumo:* fechamento do ciclo de feedback a partir do output econômico até o bem-estar de todos (por meio de novos indicadores conscientes e colaborativos de consumo como a Felicidade Interna Bruta, ou FIB, que discutiremos mais adiante neste capítulo).
7. *Coordenação:* fechamento do ciclo de feedback na economia das partes ao todo (por meio Ação Coletiva Baseada na Conscientização – ACC).
8. *Posse:* fechamento do ciclo de feedback a partir dos direitos de posse até a melhor utilização social dos ativos (por meio da propriedade compartilhada e dos direitos de posse baseados em recursos comuns que salvaguardam os interesses das gerações futuras).

Dessa forma, a jornada de 1.0 a 4.0 que viemos explorando ao longo deste livro é uma jornada na direção da reintegração da matéria e da mente não apenas individualmente, como também coletivamente, em todos os oito pontos de acupuntura da matriz.

Nosso sonho

No Capítulo 5, descrevemos a perseverança como sendo o 12º princípio: Jamais desista, jamais desista! Ao longo dos 18 anos em que vivemos na região de Boston, buscamos concretizar a mesma intenção ou sonho. Não que tenhamos falado muito a respeito. O sonho muitas vezes parecia distante demais, diferente demais da nossa realidade atual. Mas, de vez em quando, ele também parecia possível, até ao alcance das mãos. Finalmente, quando estávamos quase prontos para desistir, começamos a notar que algo tinha acontecido: notamos as sementes do futuro brotando ao nosso redor, perfurando camadas de asfalto por toda parte.

Nosso sonho de sempre é criar uma faculdade de liderança de ação global integrando a ciência (a visão de terceira pessoa), a transformação social (a visão de segunda pessoa) e a evolução do eu (a visão de primeira pessoa) em um arcabouço coerente de pesquisa-ação (*action research*) baseada na consciência.[1]

Em outras palavras: queremos criar um espaço acolhedor que (1) aplique métodos científicos avançados à (2) evolução das sociedades ao estágio 4.0 ao mesmo tempo que (3) transforme uma conscientização ecossistêmica em uma conscientização ecossistêmica tanto individual quanto coletivamente.

As instituições tradicionais de educação superior enfrentam o mesmo problema que as da indústria automobilística americana durante a crise de 2008 (e depois dela): elas têm um produto caro demais; estão desconectadas das verdadeiras necessidades das pessoas e das instituições; são incapazes de entrar em contato com todo o potencial da base de usuários; e são cada vez mais irrelevantes para a resolução dos maiores desafios globais da atualidade.

Com uma enorme revolução de plataformas de aprendizado online a caminho, sabemos que o antigo modelo da educação superior provavelmente está à beira da extinção. Um exemplo disso é a parceria do MIT, da Harvard e da Berkeley para criar uma plataforma de aprendizado online chamada edX – que oferecerá todos os cursos na internet de graça ou por um valor simbólico.[2] Contudo, ninguém sabe ainda como será o novo modelo de educação superior.

U.school: colocando os estudantes ao volante da profunda inovação social

Para concluir este livro, queremos apresentar alguns vislumbres do futuro que temos codesenvolvido e cultivado ao longo dos anos com muitos dos nossos colegas e amigos. Propomos integrar sete elementos centrais que poderiam constituir uma nova ecologia de aprendizado e inovação capaz de ajudar os agentes de mudança de todos os setores e culturas a abrir novos caminhos para o 4.0. São estes sete elementos que vemos se combinando no que pode ser chamado de universidade 4.0:

1. *Sala de aula global* (*global classroom*). Uma abordagem composta de várias tecnologias que cria um relacionamento de aprendizado pessoal e intenso em uma comunidade global e multilocal de alunos e em um corpo docente de classe mundial combinando aulas ao vivo pela internet e minipalestras com sessões práticas altamente interativas em pequenos grupos. Espaços de conversa na mídia social estenderiam o diálogo de sala de aula entre as sessões.
2. *Mergulhos profundos em pontos inspirados de grandes biodiversidades inovadoras locais, regionais e globais.* Os mergulhos profundos são jornadas de imersão total (real, não virtual) que permitem que o aprendiz sinta, mostre empatia e se conecte com várias perspectivas novas (como, por exemplo, comunidades marginalizadas) e que conectem o aprendiz à rede global de exemplos vivos inspiradores que busquem resolver desafios cruciais de maneiras novas e promissoras.
3. *Tecnologias de liderança baseadas na conscientização.* A capacidade de facilitar processos de profunda inovação social fundamenta-se na liderança consciente e em tecnologias de liderança que se baseiam na conscientização que vincula a inteligência da cabeça, do coração e da mão. Essas metodologias combinam as mais avançadas ferramentas de aprendizado organizacional com técnicas de inovação participativa e as incorpora a práticas de liderança baseadas na conscientização. O domínio dessas novas tecnologias combinadas de liderança, como o presencing, para perceber e concretizar as possibilidades do futuro que emerge, constitui a espinha dorsal metodológica da nova universidade 4.0.
4. *Círculos de coaching de presencing.* Um dos mecanismos mais importantes para sustentar o espaço do aprendizado profundo é constituído de círculos de colegas utilizando práticas de coaching (*peer coaching*) baseadas na escuta profunda. Um círculo de coaching normalmente consiste em cinco a sete membros e aplica uma versão do processo de casos clínicos que descrevemos no final do Capítulo 7.

Descobrimos que o poder desses círculos de pares é impressionante, sustentando o espaço necessário para a renovação individual e compartilhada. Como um membro do grupo de pares de Otto afirmou em uma recente sessão de coaching com os colegas: "Vocês [o círculo todo] são o berço do meu renascimento." Alguns leitores podem considerar a afirmação melosa ou sentimental demais, mas é uma descrição precisa de uma experiência sutil que todos nós – e muitos outros participantes dos círculos – vivenciamos.

5. *Aprendizagem pela ação.* Os estudantes atuam nas linhas de frente da profunda inovação social pelo acesso a uma ecologia de inovação global e são desafiados a cocriarem ativamente soluções de prototipagem que beneficiam uma comunidade específica ou uma constelação de stakeholders. Esses protótipos no mundo real são incorporados a uma rede global de mentores e agentes de mudança – e orientados por essa rede – que colaboram com exemplos vivos de renovação institucional e neles operam.
6. Hubs *de inovação.* A inovação acontece em lugares. Os *hubs* de inovação prototipam os *campi* globalmente distribuídos do futuro. Enquanto um *campus* tradicional se organiza em torno de faculdades baseadas em disciplinas, que lidam separadamente com desafios e problemas sociais, um *hub* de inovação é uma inversão desse princípio, posicionando as oportunidades do futuro que emerge no centro e organizando as disciplinas e ferramentas em torno delas. Os *hubs* de inovação criam esferas de inovação ativa, um lugar para ter conversas gerativas que vinculam e fazem a mediação entre projetos de aprendizagem pela ação centrados na aplicação e aulas globais centradas na cabeça. A essência dos *hubs* de inovação é a integração da inteligência da cabeça, do coração e da mão, não apenas para os participantes individuais, mas também para as comunidades de inovadores. Os *hubs* de inovação diferirão de acordo com o lugar, mas terão em comum uma combinação dos seguintes elementos: (a) um espaço que evoca a simplicidade atenta de um templo budista; (b) a ativa atmosfera criativa de uma fervilhante comunidade artística; (c) os equipamentos *high tech* que interconectam todos esses lugares em uma rede global funcional de práticas de cossensibilização; (d) a clareza de uma usina de ideias bem organizada; e (e) a funcionalidade de um teatro de vanguarda que pode ser transformado em questão

de minutos em um palco para o Teatro de Presencing Social. Em resumo, um *hub* de inovação seria muito pouco parecido com um *campus* atual e poderia, em princípio, ser replicado em cidades, ecossistemas e comunidades urbanas ou rurais por todo o planeta.

7. *Jornadas de aprendizagem individualizadas e contínuas.* Se a sala de aula é global, se a sensibilização e a concretização do nosso futuro que emerge são o verdadeiro currículo e se a possível base de usuários dessa universidade não é composta de dezenas, centenas nem milhares, mas sim de milhões, centenas de milhões ou bilhões de pessoas – basicamente qualquer pessoa interessada em despertar, ativar e reforçar sua capacidade de ser um empreendedor a partir desse lugar profundo – a questão é: Quem está navegando pela incrível complexidade de um ecossistema distribuído como esse? Quem está elaborando o seu currículo? E a resposta é: você.

A estrutura educacional tradicional lhe oferece todo seu treinamento quando você precisa de muito pouco ou nada – no início da sua vida e da sua carreira, quando a sua base de experiências é pequena – ao mesmo tempo que lhe oferece muito pouco mais adiante, quando o seu apetite pelo aprendizado e a sua base de experiências são muito maiores. O futuro da educação superior precisa evoluir, transformando o antigo currículo padrão em uma jornada de aprendizagem contínua muito mais personalizada e individualizada e alinhada às necessidades e aspirações em constante evolução de cada pessoa que entra em uma comunidade de agentes de mudança e aprendizes.

Olhando para trás, percebemos que a jornada dos últimos 18 anos nos colocou em um caminho no qual, junto com os nossos colegas do PI e do MIT, prototipamos todos os sete elementos relacionados anteriormente em muitos sistemas, setores e culturas. Muitas dessas iniciativas são de pequena escala, conforme já descrevemos, neste livro. O que ainda precisamos fazer é integrar estes sete elementos centrais de maneira mais deliberada e plena em uma plataforma interinstitucional que ajude a próxima geração de agentes de mudança a se conectarem com essa ecologia de indivíduos, instituições e iniciativas que estão começando a abrir o caminho para a sociedade 4.0.

Acreditamos que chegou a hora de integrar esses elementos mais plenamente porque, se não o fizermos, estaremos fadados a ver apenas mais do mesmo. O simples ato de enviar estudantes a projetos de aplicação ou submetê-los a aulas na internet não está criando nada consideravelmente novo. Na verdade, isso não passa da replicação de uma velha fórmula. É o que a maioria das empresas e instituições está fazendo hoje – elas reagem aos desafios fazendo mais do mesmo: cortando custos e se tornando mais enxutas e agressivas, mas sem se reinventarem.

Para facilitar a inovação profunda, como ajudar os ecossistemas a avançar para o estágio 4.0, aprendizes e líderes precisam de *campos de prática* – isto é, novos espaços seguros que lhes permitam prototipar novos comportamentos, novas mentalidades e novas culturas de colaboração cruzando fronteiras. Na nossa sociedade atual faltam infraestruturas que proporcionem novos espaços para uma profunda renovação colaborativa. Instituições tradicionais de educação superior, muitas delas cambaleando à beira da irrelevância, poderiam voltar a se tornarem mais relevantes para a sociedade entrando nesse espaço de reinvenção no mundo do 4.0. Nesse novo mundo, a base de usuários potenciais é constituída de bilhões de aprendizes. Pela primeira vez na história, as universidades poderiam ter operações verdadeiramente globais. Entretanto, para serem relevantes para a sociedade, elas também precisariam ser verdadeiramente locais.

Imagine como seria o nosso mundo se pudéssemos criar uma vibrante rede de espaços onde esse vínculo vivo entre local e global pudesse ser sentido e vivenciado de maneiras criativas. Onde, por meio da cossensibilização, as pessoas pudessem se conscientizar do movimento emergente mais amplo dos quais seus projetos já fazem parte e se inspirarem com essa evolução. Imagine se pudéssemos criar esses locais, integrando os sete elementos descritos anteriormente ao próprio estilo e em uma enorme escala, capacitando comunidades locais e globais de prática, de aprendizado e de criação do conhecimento, resultando em manuais colaborativos distribuídos na internet de modo a registrar e divulgar o nosso aprendizado.

Chamamos essa plataforma em rede que surge lentamente de "U.school" devido a sua ênfase na autoconsciência como uma competência essencial da liderança do século XXI e devido à sua representação da pirâmide invertida como um espaço acolhedor para a transformação relacional. A Figura 16 mostra como as atividades essenciais da plataforma U.school poderiam ser estruturadas.

Os *hubs* de inovação, comoldados pelas instituições parceiras da U.school provenientes de todos os setores da sociedade, acolhem o espaço para todas essas atividades centrais, interligando-as: (1) os pioneiros laboratórios de inovação ativa; (2) a criação de conhecimento que emerge dessas aplicações nas linhas de frente; e (3) a integração desse novo conhecimento ao desenvolvimento da capacidade de inovação coletiva. Atualmente, estamos nos primeiros estágios de "semeadura" das iniciativas, laboratórios e programas da U.school em países como Butão, China, Indonésia, Filipinas, Índia, África do Sul, Egito, Brasil, Europa e América do Norte.

Com base na tradição do MIT de gerar soluções para alguns dos desafios mais prementes da sociedade, a comunidade de pesquisadores da ação baseada na conscientização, no PI e em torno dele, tem criado e testado elementos da U.school como uma ampla plataforma de inovação social. Alguns dos nossos primeiros resultados são apresentados resumidamente a seguir.

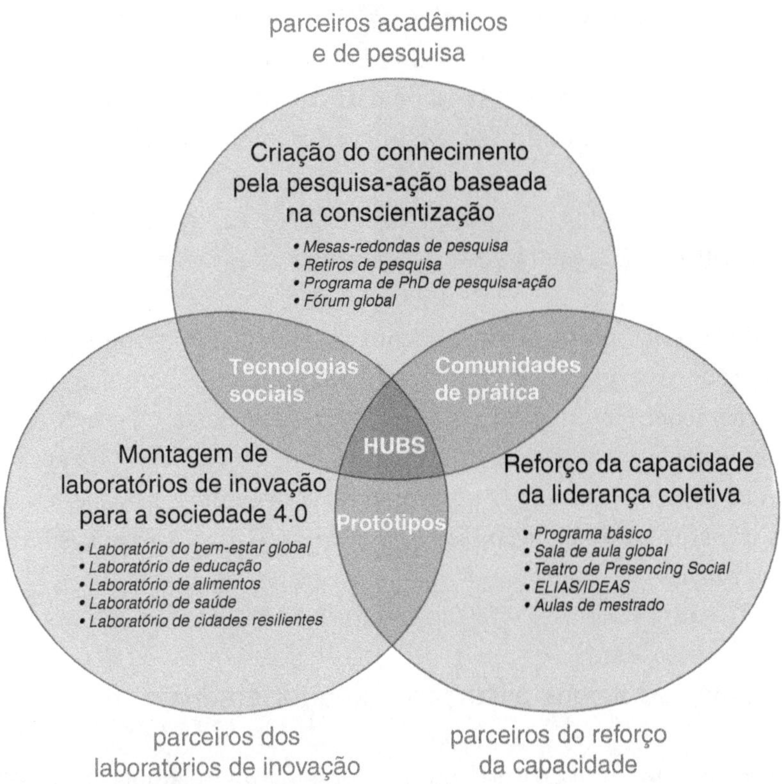

FIGURA 16 U.school: três atividades centrais.

PESQUISA-AÇÃO BASEADA NA CONSCIENTIZAÇÃO

Os livros *Presença* e *Teoria U* apresentaram o U como um vocabulário e uma gramática transformativa de profunda inovação e mudança sistêmica.[3] A Matriz da Evolução Econômica, apresentada neste livro, constitui outro pilar do quadro de referência da pesquisa-ação baseada na consciência que estamos desenvolvendo. O Presencing Institute também tem um site baseado em recursos comuns criativos voltados para atualizar e divulgar a evolução desse quadro de referência e seus métodos e ferramentas práticas.[4]

O REFORÇO DA CAPACIDADE DA LIDERANÇA COLETIVA

No PI e no MIT, criamos e prototipamos vários ambientes de capacitação de alto impacto que incorporam e combinam muitos dos princípios mencionados anteriormente. Eles incluem o IDEAS China, o IDEAS Indonesia, o U-Lab (do MIT Sloan), o Mel King Community Fellows (CoLab do MIT), a Global Classroom, o Presencing Foundation Program e as ofertas de mestrado do PI. Vários milhares de participantes se formaram nesses programas em todo o mundo desde o início dos anos 2000.

FÓRUM GLOBAL

Os Global Presencing Forums são encontros anuais que reúnem proeminentes inovadores e agentes de mudança que atuam em diferentes setores, sistemas, gerações e culturas. Lançado em 2011 em Boston e em 2012 em Berlim, esses eventos regulares são transmitidos ao vivo a vários eventos paralelos ao redor do mundo. O programa foi concebido para acelerar e expandir a transformação da ação baseada na conscientização egossistêmica à ecossistêmica.

Exemplos vivos: a sensibilização que quer emergir

Entre os resultados práticos dos nossos projetos de pesquisa-ação estão vários exemplos vivos, muitos dos quais são descritos resumidamente ao longo deste livro. Aqui salientamos outros dois projetos que estão nos estágios iniciais. Uma vez que recebam o suporte da infraestrutura da U.school, seu impacto poderá reverberar por todo o sistema global e acelerar o avanço global para o 4.0. Ao ler esses exemplos, o convidamos a refletir sobre um projeto no seu próprio contexto local que poderia, se recebesse o suporte da infraestrutura da U.school, ajudar a acelerar uma profunda mudança global.

UMA AÇÃO COOPERATIVA NO BRONX

"No Bronx", diz Dayna Cunningham, diretora do CoLab do MIT, um parceiro de longa data do Presencing Institute, "vemos as origens de uma massa crítica de pessoas cruzando barreiras de instituições e comunidades e que, diante de condições bastante difíceis, ativam continuamente um nível mais profundo de humanidade na prática".[5]

Dayna se refere à Bronx Cooperative Development Initiative (BCDI), fundada por ativistas locais frustrados pelo constante fracasso de iniciativas de desenvolvimento. A BCDI criou um amplo processo envolvendo diversos stakeholders nos últimos dois anos que inclui organizações comunitárias, empresas e empreendedores, sindicatos de trabalhadores e instituições locais do Bronx em um abrangente planejamento comunitário e projeto de desenvolvimento. A meta é a criação de riqueza compartilhada, uma democracia local mais robusta e a sustentabilidade urbana.

Dayna vê essas iniciativas como as sementes de algo novo, brotando primeiro por meio de uma nova geração de jovens de coração mais aberto e mais receptivos à possibilidade de olhar para além de seu interesse próprio limitado, e enxergar o que poderia beneficiar a comunidade como um todo. Até algumas instituições maiores – hospitais, universidades e organizações culturais – estão começando a perceber que poderiam se beneficiar de trabalhar com a comunidade local em vez de se isolar dela. No momento da escrita destas linhas, 13 instituições locais tinham se comprometido a apoiar a iniciativa e participar da análise de compras e planejamento estratégico para o avanço da BCDI.

"Precisamos ativar um nível mais profundo de humanidade em todo o campo social", Dayna diz:

E é por isso que precisamos tanto de algo como a U.school agora. Estamos nas garras da crise. Este é o momento no qual mais precisamos de um número suficiente de pessoas com as habilidades, o coração e a sabedoria necessária para nos ajudar a nos distanciar da beira da crise e entrar em um caminho diferente. Trabalhando na área de justiça social e racial, vi dia após dia que todas as ambições de injetar uma humanidade mais profunda em sistemas sociais falham porque não há espaço para acolher essa humanidade.

O Bronx tem uma longa e rica história de organização e desenvolvimento de lideranças. Muitos membros da geração mais jovem são atraídos pela cativante abordagem do coração aberto à liderança para a qual o PI nos prepara. Sabemos que existe um conjunto de habilidades que podem ser aprendidas, ensinadas e compartilhadas com os outros; é possível praticá-las, refiná-las e se transformar em um veículo para essa transformação. Esse é o fator mais cativante e promissor. A U.school tem o potencial de institucionalizar o ensino e o aprendizado dessas habilidades e competências para disponibilizá-las em uma escala proporcional à crise que enfrentamos – como a massa crítica de pessoas que encontramos no Bronx e que já estão prontas para transformar os movimentos sociais.

O BEM-ESTAR GLOBAL E O LABORATÓRIO DA FELICIDADE INTERNA BRUTA: INOVANDO ALÉM DO PIB

O que queremos ver é nada menos que transformativo: formandos que sejam seres humanos autênticos, atingindo seu pleno e verdadeiro potencial, cuidando dos outros – inclusive de outras espécies –, ecologicamente esclarecidos, contemplativos e analíticos em seu entendimento do mundo, livres de ganância e de desejos excessivos; conhecedores, compreensivos e sabedores de que não estão separados do mundo natural e dos outros. Em suma, que manifestem plenamente sua humanidade. No fim das contas, um formando educado com a visão da FIB [Felicidade Interna Bruta] não terá dúvida de que sua felicidade só provém de contribuir com a felicidade alheia.
LYONCHEN JIGME Y. THINLEY, primeiro-ministro do Butão[6]

A proposta do trabalho de Tho Ha Vinh, coordenador de programas do Centro de Felicidade Interna Bruta (FIB) do Butão, em Thimphu, é ajudar essa intenção para o futuro a se tornar realidade. "A citação acima", diz

Tho, "é basicamente o mandato do Centro FIB". Um formando do programa Presencing Global Masterclass, Tho se dedica a desenvolver esse exemplo de uma iniciativa do tipo U.school com uma intenção que a vincula diretamente a uma ecologia global de iniciativas com ideias afins. Para dar suporte a essa intenção, Tho participa de outra iniciativa chamada Global Well-Being and GNH Lab.

Em parceria com a GIZ Global Leadership Academy, o Ministério de Desenvolvimento e Cooperação Econômica da Alemanha e o Centro FIB do Butão, o Presencing Institute deu início a um laboratório vivo para explorar novas maneira de mensurar e implementar o bem-estar e o progresso em sociedades em todo o mundo. O objetivo final do laboratório é desenvolver e implementar protótipos locais como o Centro FIB em diversos contextos e países, nascidos da experiência de ser e aprender juntos em grupo e individualmente em uma jornada U de várias profundidades.

Por muitas décadas, especialistas têm reconhecido a necessidade de desenvolver indicadores além do PIB para mensurar o progresso econômico. Ao longo dos anos, países, comunidades e usinas de ideias globais vêm desenvolvendo indicadores e índices alternativos relevantes para o próprio contexto. O FIB é um desses índices, criado e exemplificado no Butão.

O Primeiro-ministro Thinley especifica o que exatamente eles querem dizer com a palavra "felicidade":

> Agora conseguimos fazer uma clara distinção entre a "felicidade" da FIB e os estados de espírito efêmeros, prazerosos e agradáveis com tanta frequência associados ao termo. Sabemos que a verdadeira felicidade perene não pode existir enquanto os outros sofrem, e só é proveniente de servir os outros, viver em harmonia com a natureza e concretizar nossa sabedoria inata e a verdadeira e brilhante natureza da nossa própria mente.[7]

A inauguração do Global Well-Being and GNH Lab, em janeiro de 2013, reuniu alguns dos inovadores mais destacados que estão nos levando "para além do PIB" – pessoas atuando em governos, na sociedade civil e no setor privado em países tão diferentes quanto o Butão, a Alemanha, a Índia, os Estados Unidos, o Sri Lanka, a China, o Brasil e a Escócia. Esses inovadores incluem: a equipe central do Centro FIB do Butão, um governador estadual e a primeira-dama dos Estados Unidos, que procuram melhorar o bem-estar social e ecológico no estado; importantes agentes de mudança da Natura (Brasil), Eileen Fisher (Estados Unidos), a BALLE (América do Norte), a Organização para a Cooperação e Desenvolvimento Econômico (OCDE) (Paris), a Oxfam do Reino Unido e a SEWA, a Self Employed Women's Association, da Índia, que, com seu 1,7 milhão de membros, desenvolve competências empreendedoras para o desenvolvimento das economias locais inspiradas nos princípios de Gandhi.

O laboratório foi lançado com uma jornada de imersão total de uma semana no Brasil que levou o grupo a favelas do Rio de Janeiro e a comunidades amazônicas em janeiro de 2013. Os participantes trabalharam em grupos de *peer coaching* e voltaram a se encontrar em abril de 2013 para uma imersão de uma semana no Butão. Atualmente a equipe se ocupa de cocriar iniciativas de prototipagem em vários locais nos contextos de suas variadas instituições. O laboratório concluirá seu ciclo inicial apresentando os resultados da prototipagem em fóruns regionais em Berlim, Boston e na Ásia.

"O processo em si parece que ganhou vida e ímpeto próprios", diz Marian Goodman, diretora executiva do PI na Cidade do Cabo. "Ele tem atraído interesse, curiosidade e um envolvimento empolgado em todas as partes do mundo – um reconhecimento de que estamos à frente de um futuro que parece se desvelar com facilidade e sincronicidade a cada passo do caminho."

UM MOVIMENTO EM FORMAÇÃO

A iniciativa Bronx Cooperative é local, ao passo que o GNH Lab é global. No entanto, ambos fazem parte do mesmo padrão mais amplo de uma abertura que está ocorrendo agora ao nosso redor. O que você vê no seu contexto? Você também vê alguns profundos problemas de desenvolvimento estrutural, como no Bronx, onde as pessoas estão começando a cruzar fronteiras para criar um futuro diferente do passado? Você também vê uma nova constelação de players unindo forças, como no Global Well-Being and GNH Lab, que explora novas maneiras de gerar e mensurar o bem-estar? Onde você vê exemplos como esses no seu ambiente – ou em outros lugares onde exemplos como esses poderiam ser criados?

Acreditamos que os projetos e iniciativas descritos neste livro são importantes por fazerem parte de uma abertura muito mais ampla que está ocorrendo agora no mundo. Eles fazem parte de uma fenda que está se abrindo, conscientizando cada vez mais pessoas do que realmente importa para elas. Um movimento de agentes de mudança está começando a transformar o campo social do ego ao eco, do eu ao nós. Entretanto, esse movimento ainda não conta com infraestruturas de apoio que ajudariam a desenvolver todo o seu impacto e poder potencial. E é exatamente nesse ponto que a U.school pode contribuir.

Conclusão e práticas

Neste livro, apresentamos histórias e exemplos para explicar como estamos testemunhando a morte de uma civilização e o nascimento de outra. Nas nossas instituições, economias, redes sociais, comunidades e situações pessoais, vivenciamos em primeira mão os dois lados dessa transição. Vivenciamos e passamos por uma espécie de morte e renascimento todos os dias – particularmente no nível coletivo.

Isso nos traz de volta à terceira questão: Quais estratégias podem nos ajudar a atuar como veículos do futuro que quer emergir? Sabemos que precisamos:

1. *inverter o foco da atenção* de volta à sua fonte para cultivar relacionamentos gerativos e promover o movimento da inversão institucional como indivíduos, grupos e organizações;
2. *concentrar-nos em todos os oito pontos de acupuntura* para conduzir a lógica econômica e social de operação ao estágio 4.0; e
3. *transformar o campo global de empreendedorismo*, criando uma rede multirregional de "*hubs*" que ajudem a desenvolver a capacidade da próxima geração de empreendedores de criar economias ecossistêmicas intencionais em uma escala capaz de resolver os desafios da nossa era (U.schools).

Ao nos concentrar nesses pontos de alavancagem, estaremos adentrando em um novo espaço formado por correntes históricas distintas que se unem para formar um rio mais amplo. Três correntes ou movimentos específicos estão começando a convergir:

- a *sociedade civil global*, na tradição de Gandhi e Martin Luther King;
- a *ciência da ação*, representada por Kurt Lewin e Ed Schein; e
- a *atenção plena* e a *conscientização*, inerentes na essência de todas as tradições de sabedoria, como foi exemplificado e articulado em minhas conversas com o Mestre Nan e com Francisco Varela (Capítulo 4).

Então, como podemos nos colocar à altura dos acontecimentos? Como podemos enfrentar os desafios da nossa era no nível necessário? A resposta é: unindo essas três correntes e colocando-as a serviço da transformação e da inversão das principais instituições privadas, públicas e educativas.

É o que está começando a acontecer agora.

Como Peter Senge afirmou na conclusão do nosso fórum de 2012 em Berlim: "Naturalmente muitos estão envolvidos em concretizar essas notáveis realizações, mas sem a visão e o compromisso [desta comunidade] essas diversas correntes jamais teriam se unido para formar o rio que todos nós vemos agora."

Parece que todos nós progredimos muito para chegar ao local atual de possibilidades. A porta parece que está bem aberta. Agora cabe a nós – *eu* e *você* – cruzar o limiar do eu ao Eu, do ego ao eco, fazer a corrente se unir ao rio – todos os dias, a cada momento, cada vez mais intencionalmente, cada vez mais coletivamente e cada vez mais conscientemente.

QUESTÕES PARA O JOURNALING

O que você vê quando se vira? Qual é a semente do futuro ou o broto que vê na sua área de atuação? Propomos 12 questões para ajudá-lo na sua reflexão pessoal. Reserve um momento tranquilo para a atividade e passe aproximadamente um minuto anotando em um diário as suas respostas para cada uma das perguntas a seguir:

1. O que você sente que quer se transformar dentro de si?
2. O que você quer trazer à tona?
3. O que você precisa deixar ir?
4. Ao ler este livro, qual foi seu insight mais importante?
5. Ao ler este livro, qual foi seu insight mais importante sobre si mesmo?
6. Ao ler este livro, o que mais o comoveu e por quê?

7. Ao ler este livro, de qual preciosa semente do futuro (intenção) você se conscientizou?
8. Como você poderia reunir pessoas de diferentes sistemas para realizar algo inspirador, divertido e importante – a sua própria versão de um FIB ou de um laboratório da sociedade 4.0?
9. Quais são as cinco ou sete pessoas que compõem o seu círculo de coaching?
10. Quais práticas (momentos de quietude) você usa para se conectar com a Fonte?
11. Como você equilibra a beleza e a verdade na sua vida profissional e pessoal?
12. Quais são os seus próximos passos mais importantes? Quais ações você deve tomar nos próximos três dias?

CONVERSA EM CÍRCULO

Com os outros membros do seu círculo, reflita sobre os pontos a seguir:

1. Cada um apresenta ao grupo o ponto em que sente a fenda (abertura) para um campo do futuro.
2. Cada um apresenta ao grupo uma observação sobre a própria abertura nas últimas semanas (mente aberta, coração aberto ou vontade aberta).
3. Apresente suas observações sobre uma transformação conversacional ocorrida no grupo que você pode ter notado.
4. Fale sobre como todas essas observações se relacionam à inversão institucional que ocorre ao seu redor.
5. Qual iniciativa, se realizada em conjunto, poderia ajudar a conduzir o campo do seu sistema ao estágio 4.0?
6. Quem precisa ser envolvido para que a iniciativa tenha sucesso?
7. Estabeleça os próximos passos em um diálogo.
8. Utilize o site http://www.presencing.com para obter ferramentas, trocar histórias e se conectar a uma comunidade global de outros círculos que estão "convergindo ao rio". Vamos nos encontrar em um dos próximos fóruns que nos possibilitarão nos conectar pela internet ou pessoalmente.

Notas

Introdução

1. Nicholas D. Kristof. "Equality, a True Soul Food", Opinion, *New York Times*, 1 jan. 2011, www.nytimes.com/2011/01/02/opinion/02kristof.html?_r=0 (acessado em 14 dez. 2012).

2. Etienne G. Krug et al. "World Report on Violence and Health" (Genebra: Organização Mundial de Saúde, 2002), 185.

3. Lawrence J. Lau. "What the World Needs Is Financial Stability", 8 jul. 2012, artigo não publicado. Lau é professor de Economia da cadeira Ralph e Claire Landau da Universidade Chinesa de Hong Kong; professor emérito de Desenvolvimento Econômico da cadeira Kwoh-Ting Li da Stanford University; e presidente do Conselho da CIC International (Hong Kong) Co., Limited.

4. James B. Davies et al. "Estimating the Level and Distribution of Global Household Wealth", United Nations University, World Institute for Development Economics Research, artigo de pesquisa 2007/77, 2007, www.wider.unu.edu/publications/working-papers/research-papers/2007/en_GB/rp2007-77 (acessado em 28 fev. 2013), 26.

5. C.O. Scharmer. *Teoria U: Como liderar pela percepção* (Rio de Janeiro: Elsevier, 2010).

6. São eles: Bank of America, Citigroup, Goldman Sachs, JPMorgan Chase, Morgan Stanley e Wells Fargo.

7. Simon Johnson. "The Financial Stability Oversight Council Defers to Big Banks", *Baseline Scenario*, 20 jan. 2011, http://baselinescenario.com/2011/01/20/the-financial-stability-oversight-council-defers-to-big-banks/ (acessado em 8 dez. 2012).

8. Matt Taibbi. "Obama's Big Sellout", 15 jan. 2010, vídeo, *Rolling Stone*, www.totalnoid.com/2009/12/14/rolling-stones-matt-taibbi-obamas-big-sellout/ (acessado em 8 dez. 2012); e Simon Johnson e James Kwak. *13 Bankers: The Wall Street Take-Over and the Next Financial MeltDown* (Nova York: Pantheon Books, 2010), 95, 185.

9. Mancur Olson. *The Logic of Collective Action: Public Goods and the Theory of Groups*, ed. rev. (Cambridge, MA: Harvard University Press, 1971).

10. Essa citação é geralmente atribuída a Einstein, mas não conseguimos verificar a fonte específica.

11. "Modelos mentais" é um termo que Peter Senge et al. apresentaram em *The Fifth Discipline: The Art and Practice of a Learning Organization* (Nova York: Doubleday, 1990).

12. Garrett Hardin. "The Tragedy of the Commons", *Science* 162, n. 3859 (1968): 1243–48.

13. Wolfgang Münchau. "Peer Steinbrück's grösste Fehleinschätzung", coluna, *Der Spiegel*, 3 out. 2011, www.spiegel.de/wirtschaft/wolfgang-muenchau-peer-steinbrueck-und--seine-groesste-fehleinschaetzung-a-859295.html (acessado em 8 dez. 2012).

14. Reuters. "Euro-Gipfel beschliesst Krisenhilfe für Banken", 12 out. 2008, *Der Spiegel*, www.spiegel.de/wirtschaft/einigung-in-paris-euro-gipfel-beschliesst-krisenhilfe-fuer--banken-a-583684.html (acessado em 9 dez. 2012).

15. Eleanor Rosch. "Primary Knowing: When Perception Happens from the Whole Field", entrevista, 15 out. 1999, Berkeley, Califórnia, www.presencing.com/presencing/dol/Rosch-1999.shtml#four (acessado em 26 fev. 2013).

16. Donella H. Meadows et al. *Limits to Growth* (White River Junction, VT: Chelsea Green Publishing, 1972).

17. Como observamos, a maioria das entrevistas foi conduzida por Otto, muitas delas com seu colega Joseph Jaworski. Veja também www.presencing.com/presencing/dol (acessado em 9 dez. 2012).

18. Peter Senge et al. *Presença: Propósito humano e o campo do futuro* (São Paulo: Cultrix, 2007).

19. Scharmer. *Theory U*, 27.

20. Veja www.democracynow.org/2012/9/12/500_days_author_kurt_eichenwalds_new (acessado em 19 dez. 2012).

21. Mateus 19:23–24. King James Version.

Capítulo 1

1. BBC News. "IMF in „Global' Meltdown Warning", Business, 11 out. 2008, http://news.bbc.co.uk/2/hi/7665515.stm (acessado em 8 dez. 2012).

2. O vídeo está disponível em www.youtube.com/watch?v=SgjIgMdsEuk.

3. World News, 6 dez. 2012, http://news.linktv.org/videos/hero-of-egyptian-revolution--holds-teach-in-for-occupy-wall-street-protestors (acessado em 8 dez. 2012).

4. Democracy Now!. "Asmaa Mahfouz & the YouTube Video That Helped Spark the Egyptian Uprising", 8 fev. 2011, www.democracynow.org/2011/2/8/asmaa_mahfouz_the_youtube_video_that (acessado em 8 dez. 2012).

5. Paul O. Hawken. *Blessed Unrest: How the Largest Movement in the World Came into Being and Why No One Saw It Coming* (Nova York: Viking, 2007), 4.

6. Simon Johnson. "The Quiet Coup", *Atlantic*, maio 2009, www.theatlantic.com/doc/200905/imf-advice (acessado em 9 dez. 2012).

7. Johan Galtung. *Peace by Peaceful Means: Peace and Conflict, Development and Civilization* (Thousand Oaks, CA: Sage, 1996), 197.

8. Thomas Johnson. *The Battle of Chernobyl* (Brooklyn, NY: First Run/Icarus Films, 2006), DVD.

9. Ibid.

10. Chernobyl Forum 2003–2005. *Chernobyl's Legacy: Health, Environmental and Socio-Economic Impacts, and Recommendations to the Governments of Belarus, the Russian Federation and Ukraine*, 2. ed. rev., www.iaea.org/Publications/Booklets/Chernobyl/chernobyl.pdf (acessado em 9 dez. 2012).

11. Johnson. *The Battle of Chernobyl*, 1:26.

12. Em janeiro de 1986, Gorbachev propôs a eliminação de armas nucleares de alcance intermediário na Europa e descreveu em linhas gerais uma estratégia para eliminar todas as armas nucleares até o ano 2000; essa recomendação muitas vezes é chamada de Proposta de Janeiro. Ele também deu início ao processo de retirada de tropas do Afeganistão e da Mongólia em 28 de julho de 1986. Em 11 de outubro daquele mesmo ano, Gorbachev e Ronald Reagan se encontraram em Reykjavik, Islândia, na residência Höfði para discutir a redução de armas nucleares de alcance intermediário na Europa. Para a enorme surpresa dos conselheiros dos dois estadistas, ambos concordaram, em princípio, com a remoção de suas forças nucleares de alcance intermediário (FNI) da Europa e com um limite global de 100 ogivas de mísseis FINs cada. Também concordaram, em princípio, com a eliminação de todas as armas nucleares em 10 anos (até 1996), em vez de até o ano 2000 como Gorbachev propusera originalmente. Em 1987, isso culminaria na assinatura do Tratado de Forças Nucleares de Alcance Intermediário.

13. www.abc.net.au/news/2011-08-25/three-planets-resources-population/2854812 (acessado em 2 mar. 2013).

14. Programa das Nações Unidas para o Meio Ambiente (PNUMA). "At a Glance: Millennium Issues", www.unep.org/ourplanet/imgversn/111/glance.html (acessado em 9 dez. 2012).

15. L. R. Oldeman. "Impact of Soil Degradation: A Global Scenario", International Soil Reference and Information Centre, documento de trabalho n. 2000/01 (2000), 2, www.isric.org/isric/webdocs/docs/ISRIC_Report_2000_01.pdf (acessado em 27 fev. 2013).

16. David Pimentel. "Soil Erosion: A Food and Environmental Threat", *Environment, Development, and Sustainability* 8, n. 1 (2006): 119–37.

17. PNUMA. "At a Glance: Millennium Issues"; Organização das Nações Unidas para Alimentação e Agricultura (FAO), *Land Degradation Assessment*, www.fao.org/nr/land/degradation/en/ (acessado em 9 dez. 2012).

18. Painel Intergovernamental sobre Mudanças Climáticas (IPCC). "Working Group I: The Physical Science Basis", *IPCC Fourth Assessment Report: Climate Change 2007*, www.ipcc.ch/publications_and_data/ar4/wg1/en/spmsspm-direct-observations.html (acessado em 9 dez. 2012).

19. Banco Mundial. "New Report Examines Risks of 4 Degree Hotter World by End of Century", 18 nov. 2012, www.worldbank.org/en/news/2012/11/18/new-report-examines--risks-of-degree-hotter-world-by-end-of-century (acessado em 19 dez. 2012).

20. Avaliação Ecossistêmica do Milênio. *Eco-Systems and Human Well-Being: Synthesis* (Washington, DC: Island Press, 2005), 1. www.millenniumassessment.org/documents/document.356.aspx.pdf (acessado em 9 dez. 2012).

21. Achim Steiner. "Rehabilitating Nature-Based Assets Generates Jobs, Wealth and Restoration of Multi-Trillion Dollar Services", comunicado à imprensa, PNUMA, 3 jun.

2010, www.unep.org/Documents.Multilingual/Default.asp?DocumentID=628&ArticleID=6596&l=en (acessado em 9 dez. 2012).

22. O 1% mais rico da população adulta do mundo tem uma renda acima de US$500 mil; Davies et al. "Estimating the Level and Distribution of Global Household Wealth".

23. Branko Milanovic. "Global Income Inequality: What It Is and Why It Matters", Departamento das Nações Unidas para Assuntos Econômicos e Sociais, documento de trabalho n. 26 (2006), www.wds.worldbank.org/servlet/WDSContentServer/WDSP/IB/2006/03/02/000016406_20060302153355/Rendered/PDF/wps3865.pdf (acessado em 9 dez. 2012), 9.

24. FAO. *The State of Food Security in the World*, Sumário Executivo, Roma, Itália, 2012, www.fao.org/hunger/en/ (acessado em 9 dez. 2012), 2.

25. Banco Mundial. "World Bank Sees Progress against Extreme Poverty, but Flags Vulnerabilities", comunicado à imprensa n. 2012/297/DEC, Washington, DC, 29 fev. 2012, http://web.worldbank.org/WBSITE/EXTERNAL/NEWS/0,,contentMDK:23130032~pagePK:64257043~piPK:437376~theSite PK:4607,00.html (acessado em 9 dez. 2012).

26. Navteij Dhillon e Tarik Yousef (eds.) *Generation in Waiting: The Unfulfilled Promise of Young People in the Middle East* (Washington, DC: Brookings Institution, 2009); Michael Kumhof e Romain Rancière. "Inequality, Leverage and Crises", Fundo Monetário Internacional (FMI), documento de trabalho n. 10/268 (2010), www.imf.org/external/pubs/ft/wp/2010/wp10268.pdf (acessado em 27 fev. 2013); e Isabel Ortiz e Matthew Cummins. "Global Inequality: Beyond the Bottom Billion: A Rapid Review of Income Distribution in 141 Countries", Política Econômica e Social da UNICEF, documento de trabalho (abr. 2011), wwwnetworkideas.org/featart/apr2011/OrtizCummins.pdf (acessado em 9 dez. 2012).

27. International Labour Organization (ILO). "*World of Work Report 2008* – Global Income Inequality Gap Is Vast and Growing", comunicado à imprensa, 16 out. 2008, www.ilo.org/global/about-the-ilo/newsroom/news/WCMS_099406/lang--en/index.htm (acessado em 9 dez. 2012).

28. A distribuição desigual de renda aumentou particularmente nos países a seguir desde os anos 90: China, Índia e países falantes do inglês como o Reino Unido, a Austrália, os Estados Unidos e, em menor grau, a Canadá. Veja Anthony B. Atkinson et al. "Top Incomes in the Long Run of History", *Journal of Economic Literature* 49, n. 1 (2011): 3.

29. A Epidemiological Catchment Area do National Institute of Mental Health dedicou-se a estudar uma "grande amostra representativa de americanos em áreas de captagem nos Estados Unidos e Canadá" e descobriu que as pessoas nascidas aproximadamente em 1910 tinham chances muito menores de ter vivenciado um "grande episódio depressivo" do que pessoas nascidas depois de 1960. O estudo também demonstrou que "cada coorte de cada área apresentava uma taxa mais elevada de depressão que os coortes que o precederam. Foram constatadas enormes diferenças nas taxas de depressão em diferentes coortes, sugerindo o aumento de aproximadamente 10 vezes do risco de depressão em diferentes gerações". Veja Ed Diener e Martin E. P. Seligman. "Beyond Money: Toward an Economy of Well-Being", *Psychological Science in the Public Interest* 5, n. 1 (2004): 16.

30. www.who.int/mentalhealth/prevention/suicide/suicideprevent/en/ (acessado em 28 fev. 2013).

31. Barry Schwartz. *The Paradox of Choice* (Nova York: HarperCollins, 2004), 209.

32. www.who.int/mental_health/prevention/suicide/suicideprevent/en/ (acessado em 28 fev. 2013).

33. Vandana Shiva. *Earth Democracy: Justice, Sustainability, and Peace* (Cambridge, MA: South End Press, 2005).

Capítulo 2

1. Lau. "What the World Needs Is Financial Stability".
2. Veja a descrição dos arquétipos em Senge et al., *Presence*; e Senge et al. *The Fifth Discipline.*
3. Richard Wilkinson e Kate Pickett. *The Spirit Level: Why Equality Is Better for Everyone* (Nova York: Penguin, 2009), 7.
4. Joseph Stiglitz. *The Price of Inequality: How Today's Divided Society Endangers Our Future* (Nova York: W. W. Norton, 2012), 8.
5. Ibid., 17.
6. Arnold J. Toynbee. *A Study of History*, resumo dos volumes I–VI por D. C. Somervell (Oxford: Oxford University Press, [1946] 1987).
7. Devemos essa ideia a Johan Galtung.
8. Thomas L. Friedman. "The Virtual Middle Class Rises", *New York Times*, 2 fev. 2013, www.nytimes.com/2013/02/03/opinion/sunday/friedman-the-virtual-middle-class-rises.html?ref=thomaslfriedman (acessado em 3 mar. 2013).
9. Karl Polanyi. *The Great Transformation: The Political and Economic Origins of Our Time* (Boston: Beacon Press, [1944] 2010).
10. Paul. J. Crutzen et al. "N_2O Release from Agro-Biofuel Production Negates Global Warming Reduction by Replacing Fossil Fuels", *Atmospheric Chemistry and Physics* 8 (2008): 389– 95.
11. Adam Smith. *An Inquiry into the Nature and Causes of the Wealth of Nations* (Chicago: University of Chicago Press, [1904] 1976), 18.

Capítulo 3

1. Ernst Haeckel. Generelle Morphologie der Organismen. Allgemeine Grundzüge der organischen Formen-Wissenschaft, mechanisch begründet durch die von Charles Darwin reformirte Descendenz-Theorie, Band 2 (Berlim: G. Reimer Publ., 1866), 286.
2. Apresentação de Johan Galtung no outono de 1989 na Universidade Witten/Herdecke, Alemanha, observações pessoais.
3. Johnson. "The Quiet Coup".
4. Johnson e Kwak. *13 Bankers*, 10.
5. Simon Johnson. "Tunnel Vision, or Worse, from Banking Regulators", *New York Times*, "Economix", 20 jan. 2011, http://economix.blogs.nytimes.com/2011/01/20/tunnel-vision-or-worse-from-banking-regulators/ (acessado em 25 fev. 2013).
6. Os países desenvolvidos também continuam a ignorar as fontes nativas de sabedoria, acrescentando a violência da atenção por meio do desrespeito cultural. A *violência da atenção* (*attentional violence*) se refere aos danos causados quando o potencial pessoal e as possibilidades futuras são ignorados ou não vistos. Essa forma de violência pode ser ainda mais traiçoeira que a violência física, estrutural e cultural. Otto Scharmer. "Attentional

Violence", blog, 24 ago. 2009, www.blog.ottoscharmer.com/?p=18 (acessado em 9 dez. 2012).

7. Max Weber. *The Protestant Ethic and the Spirit of Capitalism* (Nova York: Scribner, 1951), 181–82.

8. Juliet B. Schor. *Plenitude: The New Economics of True Wealth* (Nova York: Penguin, 2010), 43.

9. Centro de Informação das Nações Unidas. "Restoring Damaged Eco-Systems Can Generate Wealth and Employment – UN Report", 3 jun. 2010, www.un.org/apps/news/story.asp?NewsID=34906 (acessado em 9 dez. 2012).

10. Uma exceção notável é a escola de pensamento econômico dos fisiocratas; no entanto, essa forma de pensar tem origens na era pré-industrial.

11. Algumas poucas grandes exceções comprovam a regra. Veja Karl Polanyi. *A grande transformação* (Rio de Janeiro: Elsevier [2000], 2011).

12. Janine Benyus. *Biomimicry: Innovation Inspired by Nature* (Nova York: HarperCollins, 2009); Fritjof Capra. *Hidden Connections* (Nova York: Anchor Books, 2002); e Karl-Henrik Robert. *The Natural Step Story: Seeding a Quiet Revolution* (Gabriola Island, Colúmbia Britânica: New Society Publishers, 2008).

13. Ernst Ulrich von Weiszäcker et al. *Factor Five: Transforming the Global Economy through 80 Percent Improvements in Resource Productivity* (Londres: Earthscan Publishing, 2009).

14. William McDonough e Michael Braungart. *Cradle to Cradle: Remaking the Way We Make Things* (Nova York: North Point Press, 2002).

15. Veja Bill McKibben. *Deep Economy: The Wealth of Communities and the Durable Future* (Nova York: St. Martin's Griffin, 2008).

16. Veja www.dannwisch.de/ (acessado em 9 dez. 2012).

17. Polanyi. *A grande transformação.*

18. Organização Internacional do Trabalho (OIT). "*World of Work Report 2008* – Global Income Inequality Gap Is Vast and Growing". Veja também Banco Mundial. "Jobs Are a Cornerstone of Development, Says World Development Report 2013", comunicado à imprensa, 1 out. 2012, www.worldbank.org/en/news/2012/10/01/jobs-cornerstone-development-says-world-development-report (acessado em 9 dez. 2012).

19. Daniel H. Pink. *Motivação 3.0* (Rio de Janeiro: Elsevier, 2010).

20. Steve Jobs, fundador e CEO, discurso de abertura, Stanford University, 2005, www.youtube.com/watch?v=D1R-jKKp3NA (acessado em 9 dez. 2012).

21. As comunidades de Vermont operaram com esse vínculo compartilhado depois da enchente provocada por temporais ocorrida em 2011. Veja Nina Keck. "Neighbors Help Each Other Deal with Vermont's Flood", NPR, 14 set. 2011, www.npr.org/2011/09/14/140458332/neighbors-help-each-other-get-past-vermont-flood-waters (acessado em 9 dez. 2012).

22. Veja www.bignam.org/BIG_pilot.html (acessado em 9 dez., 2011).

23. Ibid.

24. Uma utilização anterior do termo se referia a cabeças de animais em um rebanho. Na Idade Média, o termo *capital* entrou no vocabulário dos negócios quando foi utilizado em *summa capitalis*, significando a soma de um cálculo nos negócios.

25. Larry Neal. *The Rise of Financial Capitalism: International Capital Markets in the Age of Reason: Studies in Monetary and Financial History* (Cambridge: Cambridge University Press, 1990).

26. Stiglitz. *The Price of Inequality*, 61.

27. Diana Farrell et al. "Mapping Global Capital Markets", Quarto Relatório Anual, McKinsey Global Institute, jan. 2008, 7.

28. Robert Kimmitt. "Public Footprints in Private Markets", *Foreign Affairs* 87, n. 1: 121.

29. Sally Kohn. "Profit on Wall Street, Recession on Main Street", *Guardian*, 24 ago. 2011, www.guardian.co.uk/commentisfree/cifamerica/2011/aug/24/profit-wall-street-recession (acessado em 9 dez. 2012).

30. Johnson e Kwak. *13 Bankers*, 13, 61.

31. Ibid., 115.

32. Johnson. "The Quiet Coup".

33. Kimmitt. "Public Footprints in Private Markets".

34. Lau. "What the World Needs Is Financial Stability".

35. Bernard Lietaer. "Erhöhte Unfallgefahr", entrevista, revista *Brand Eins*, jan. 2009, www.brandeins.de/magazin/-afc796490a/erhoehteunfallgefahr.html (acessado em 27 fev. 2013).

36. De acordo com o ex-secretário do Tesouro Larry Summers em um discurso no Brookings Institution, Washington, DC, 13 mar. 2009, *Wall Street Journal*, http://blogs.wsj.com/washwire/2009/03/13/remarks-by-lawrence-summers-at-the-brookings-institution/ (acessado em 9 dez. 2012).

37. "Global Job Losses Could Hit 51m", *BBC News*, 26 jan. 2009, http://news.bbc.co.uk/2/hi/7855661.stm (acessado em 9 dez. 2012).

38. Joseph A. Schumpeter. *Capitalism, Socialism and Democracy* (Nova York: HarperCollins [1942], 1975).

39. Ibid., 205.

40. Tobi Baxendale. "Public Attitudes to Banking", um projeto de consultoria estudantil da ESCP Europe conduzido para o Cobden Centre, jun. 2010, www.cobdencentre.org/?dl_id=67 (acessado em 9 dez. 2012).

41. Rudolf Steiner. *Nationalökonomischer Kurs und Nationalökonomisches Seminar: Vierzehn Vorträge* (Dornach: R. Steiner Verlag, 1904/05).

42. O BRAC Bank foi fundado em 2001 e tinha quase 7 mil empregados e um volume de empréstimos de US$926 milhões em 2011. Pelo menos 51% de seus empréstimos são pequenos e médios.

43. Margrit Kennedy et al. *Regionalwaehrungen* (Munique: Riemann, 2004); Phillipp Jebens, *Komplementaerwaerhungen/Regionalgeld: eine Antwort auf die Globalisierung* (Norderstedt: Grin, 2008).

44. Jürgen Habermas. *The Theory of Communicative Action*, vol. 2: *Lifeworld and System: A Critique of Functionalist Reason* (Boston: Beacon Press, 1987; Frankfurt: Suhrkamp Verlag, 1981).

45. Jürgen Habermas. *The Theory of Communicative Action, vol. 1: Reason and the Rationalization of Society* (Boston: Beacon Press, 1984; Frankfurt: Suhrkamp Verlag, 1981).

46. Jeremy Rifkin. *The Third Industrial Revolution: How Lateral Power Is Transforming Energy, the Economy, and the World* (Nova York: Palgrave Macmillan, 2011).

47. Bill Joy. "Why the Future Doesn't Need Us", *Wired* 8, n. 4 (abr. 2000), www.wired.com/wired/archive/8.04/joy.html (acessado em 9 dez. 2012).

48. Erik Rauch. "Productivity and the Workweek", http://groups.csail.mit.edu/mac/users/rauch/worktime (acessado em 9 dez. 2012); John de Graaf, "Affluenza Cure Calls for

Political Action: Different Standards for Workweek an Opportunity", reportagem especial para o *Denver Post,* 29 out. 2001.

49. Para um jeito mais estatístico de dizer praticamente a mesma coisa, veja o vídeo "Handlebars" da Flobots em www.youtube.com/watch?v=HLUX0y4EptA (acessado em 9 dez. 2012).

50. Naomi Klein. "Geoengineering: Testing the Waters", *New York Times,* Opinion, 27 out. 2012, www.nytimes.com/2012/10/28/opinion/sunday/geoengineering-testing-the-waters.html?pagewanted=all&_r=1& (acessado em 9 dez. 2012).

51. Divisão de Políticas Científicas e Desenvolvimento Sustentável da Unesco. "UNESCO Science Report: The Current Status of Science around the World", Sumário Executivo (UNESCO Publishing, 2010), http://unesdoc.unesco.org/images/0018/001898/189883e.pdf (acessado em 9 dez. 2012).

52. Global Forum. "90/10 Gap", www.globalforumhealth.org/about/1090-gap/ (acessado em 9 dez. 2012).

53. http://en.wikipedia.org/wiki/History_of_Wikipedia (acessado em 9 dez. 2012).

54. www.linuxfoundation.org/news-media/blogs/browse/2011/08/what-we-know-sure-linux's-20th-anniversary (acessado em 2 mar. 2013).

55. Julius Pokorny. *Indogermanisches etymologisches Wörterbuch* (Tübingen: Francke, 1994), 672.

56. "Und kennst du nicht dies stirb und werde, so bist du nur ein trüber Gast auf Erden".

57. Steve Jobs. "You've Got to Find What You Love", *Stanford News,* Discurso de Abertura, jun. 12, 2005, http://news.stanford.edu/news/2005/june15/jobs-061505.html (acessado em 9 dez. 2012). Itálico nosso.

58. Citado em Senge et al. *Presence,* 158.

59. Jorge Majfud. "The Pandemic of Consumerism", *UN Chronicle* 46, n. 3–4 (2009): Research Library Core, 87.

60. Veja www.lohas.com (acessado em 9 dez. 2012).

61. Johan Galtung cunhou o termo *Weltinnenpolitik.*

62. Albert Hirschman. *Exit, Voice, and Loyalty* (Cambridge, MA: Harvard University Press, 1971).

63. Somos gratos a Philip Cass, CEO, Columbus Medical Association and Affiliates, por essa observação.

64. http://creativecommons.org/ (acessado em 9 dez. 2012).

65. O sistema Allmende ainda pode ser encontrado no Sul da Alemanha; em Gotland, Suécia; e na Suíça, entre outros locais.

66. Manfred Brocker. *Arbeit und Eigentum. Der Paradigmenwechsel in der neuzeitlichen Eigentumstheorie* (Darmstadt: Wissenschaftliche Buchgesellschaft, 1992), 33.

67. Hardin. "The Tragedy of the Commons".

68. Peter Barnes. *Capitalism 3.0: A Guide to Reclaiming the Commons* (San Francisco: Berrett-Koehler, 2006).

69. Artigo 14, parágrafo 2, Constituição Alemã.

70. http://data.worldbank.org/country/china (acessado em 9 dez. 2012).

71. Andrew Malone. "The GM Genocide", *Mail Online,* News, 2 nov. 2008, www.dailymail.co.uk/news/article-1082559/The-GM-genocide-Thousands-Indian-farmers-committing-suicide-using-genetically-modified-crops.html; e Anthony Gucciardi, "Monsanto's

GMO Seeds Contributing to Farmer's Suicide Every 30 Min", *Natural Society*, 4 abr. 2012, http://naturalsociety.com/monsantos-gmo-seeds-farmer-suicides-every-30-minutes/ (acessado em 9 dez. 2012).

72. Barnes. *Capitalism 3.0.*

73. Mark Levine. "Share My Ride", *New York Times Magazine*, 5 mar. 2009, www.nytimes.com/2009/03/08/magazine/08Zipcar-t .html?pagewanted=all&_r=0 (acessado em 15 dez. 2012).

74. Rachel Botsman. Apresentação no TEDx Sydney, maio 2010, www.ted.com/talks/rachel_botsman_the_case_for_collaborative_consumption.html (acessado em 15 dez. 2012).

75. Rachel Botsman e Roo Rogers. *What's Mine Is Yours: The Rise of Collaborative Consumption* (Nova York: HarperBusiness, 2010).

76. Kerstin Bund. "Käufer werden Nutzer", entrevista com Robert Henrich, *Die Zeit* 51, 15 dez. 2011, www.zeit.de/2011/51/Car2go-Carsharing-Daimler (acessado em 26 fev. 2013).

77. Vincent Graff. "Carrots in the Car Park. Radishes on the Roundabout. The Deliciously Eccentric Story of the Town Growing *All* Its Own Veg", *Daily Mail*, 10 dez. 2011, www.dailymail.co.uk/femail/article-2072383/Eccentric-town-Todmorden-growing-ALL-veg.html#ixzz1n6xuJwWzCitizens (acessado em 15 dez. 2012).

78. www.mondragon-corporation.com/ENG.aspx (acessado em 15 dez. 2012).

79. Raymond Saner et al. "Cooperatives – Conspicuously Absent in Trade & Development Discourse", CSEND Policy Brief n. 8, Genebra, nov. 2012, www.csend.org/site-1.5/images/files/20121117_Cooperatives%20conspicoulsly% 20absent.pdf (acessado em 15 dez. 2012).

80. Veja http://en.wikipedia.org/wiki/Internet (acessado em 15 dez. 2012); e www.ietf.org/ (acessado em 15 dez. 2012).

Capítulo 4

1. Peter Senge. "Closing the Feedback Loop between Mind and Matter", entrevista privada, 15 mar. 1996, www.presencing.com/presencing/dol/Senge.shtml (acessado em 14 dez. 2012).

2. Confúcio. "The Great Learning", tradução de Ken Pang, out. 2006, baseado na tradução de James Legge e inspirado pela interpretação de Huai-Chin Nan. Artigo não publicado.

3. Master Nan Huai-Chin. "Entering the Seven Meditative Spaces of Leadership", entrevista privada, 25 out. 1999, www.presencing.com/presencing/dol/Huai-Chin.shtml (acessado em 14 dez. 2012).

4. Francisco Varela. "The Three Gestures of Becoming Aware", entrevista privada, 12 jan. 2000, www.presencing.com/presencing/dol/Varela.shtml (acessado em 14 dez. 2012).

5. Ibid.

Capítulo 5

1. Ele se referiu a seu eu com o termo de certa forma problemático *Übermensch* (Super-homem).

2. Friedrich Nietzsche. *Thus Spake Zarathustra*, tradução com prefácio de Walter Kaufmann (Nova York: Random House, [1883] 1995), 126–27.

3. Citado em Roberta Grossman et al. *Hannah Senesh: Her Life and Diary* (Woodstock, VT: Jewish Lights Publishing, 2004), 304, tradução do hebraico de Yishai Yuval.

4. E-mail. Yishai Yuval aos autores, 13 nov. 2012.

5. E-mail. Antoinette Klatzky aos autores, 13 nov. 2012.

6. Reproduzido de *Call Me by My True Names: The Collected Poems of Thich Nhat Hanh* (1999), com permissão de Parallax Press, Berkeley, Califórnia, www.parallax.org.

7. E-mail. Dayna Cunningham aos autores, 8 nov. 2012.

8. E-mail. Gail Jacobs aos autores, 29 nov. 2012.

9. Ibid.

10. Martin Buber. *I and Thou* (Nova York: First Scribner Classics Edition, 2000), 65.

11. Jon Kabat-Zinn, apresentação, Donald McCown et al. *Teaching Mindfulness: A Practical Guide for Clinicians and Educators* (Nova York: Springer, 2011), x.

12. Conversas pessoais com os autores.

13. Ibid.

14. Citado em *Theory U*, 416.

15. Brian Arthur. Entrevista, Palo Alto, Califórnia, 16 abr. 1999, www.presencing.com/presencing/dol/Arthur.shtml (acessado em 28 fev. 2013).

16. Para exemplos, veja www.presencing.com/presencing/dol/Co7.shtml.

Capítulo 6

1. Veja http://climateinteractive.org/ (acessado em 16 dez. 2012).

2. William Isaac. *Dialogue and the Art of Thinking Together* (Nova York: Doubleday, 1999).

3. Veja http://wwf.panda.org/what_we_do/footprint/water/dams_initiative/dams/wcd/ (acessado em 19 dez. 2012).

4. Conversas pessoais com os autores.

5. Ibid.

6. Veja http://just-energy.org/ (acessado em 16 dez. 2012).

7. Veja www.worldwildlife.org/what/wherewework/coraltriangle/ (acessado em 16 dez. 2012).

8. Recentemente, por exemplo, recebemos três novas consultas sobre o desenvolvimento da inovação trissetorial em âmbito nacional e plataformas de liderança utilizando o modelo IDEAS/ELIAS no Brasil, na Zâmbia e nas Filipinas.

9. Métodos e ferramentas para sessões de sensibilização coletiva incluem vozes do campo, narrativas pessoais, pensamento sistêmico, planejamento de cenários, modelagem, prática de constelação, "world cafes" e Teatro de Presencing Social. Veja, por exemplo, www.theworldcafe.com/ e www.presencing.com/embodiment (acessado em 17 dez. 2012).

Capítulo 7

1. Por exemplo, em uma reportagem especial para a revista *Time*, o autor Steven Brill escreveu uma denúncia pungente sobre a indústria da saúde, revelando que "não há nada

de racional... nos custos incorridos por [pacientes de hospital] em um mercado no qual eles entram sem nenhuma opção". Exemplos variam de US$1,50 por um comprimido de Tylenol (a Amazon vende 100 comprimidos por US$1,49) a US$49.237 por um equipamento médico que custa "cerca de US$19 mil". Steven Brill. "Bitter Pill: Why Medical Bills Are Killing Us", *Time*, "Health and Family", 20 fev. 2013, http://healthland.time.com/2013/02/20/bitter-pill-why-medical-bills-are-killing-us/?iid=sci-main-mostpop2 (acessado em 3 mar. 2013).

2. Harry G. Summers. On Strategy: A Critical Analysis of the Vietnam War (Novato, CA: Presidio Press, 1982), 1.

3. Para conhecer alguns exemplos, veja http://inovacao.enap.gov.br/index.php?option=com_content&task=blogcategory&id=50&Itemid=53 (acessado em 16 dez. 2012).

4. Conversas pessoais com os autores.

5. Conversas pessoais com os autores no Brasil; e http://en.wikipedia.org/wiki/Participatory_budgeting (acessado em 3 mar. 2013).

6. "Northern Lights: Special Report: The Nordic Countries", *Economist*, 2 fev. 2013, 1–16.

7. Observações pessoais dos autores.

8. As citações aqui e no resto da seção são de observações dos autores.

9. Para saber detalhes sobre o processo de casos clínicos, veja http://presencing.com/tools/u-browser (acessado em 10 dez. 2012).

10. Troca de e-mails com os autores, fev. 2013.

11. Uwe Schneidewind. "Towards a Transformative Literacy", *Rural* 21, 11 dez. 2012, www.rural21.com/nc/english/news/detail/article/towards-a-transformative-literacy-0000559/ (acessado em 3 mar. 2013).

12. Nietzsche. *Thus Spake Zarathustra*, 25–27.

13. Robert Kegan. *The Evolving Self: Problem and Process in Human Development* (Cambridge, MA, e Londres: Harvard University Press, 1982); Robert Kegan e Lisa Laskow Lahey, *How the Way We Talk Can Change the Way We Work* (San Francisco: Jossey-Bass, 2000); e Robert Kegan e Lisa Laskow Lahey. *Immunity to Change: How to Overcome It and Unlock the Potential in Yourself and Your Organization* (Boston, MA: Harvard Business Press, 2009).

14. Somos gratos à aluna do MIT Elizabeth Hoffecker Moreno pela valiosa pesquisa de background realizada para esta seção.

15. Veja www.whitedog.com/ (acessado em 15 dez. 2012); e Judy Wicks, *Good Morning, Beautiful Business: The Unexpected Journey of an Activist Entrepreneur and Local Economy Pioneer* (White River Junction, VT: Chelsea Green, 2013).

16. Judy Wicks. "Good Morning, Beautiful Business", discurso na E.F. Schumacher Society, Stockbridge, Massachusetts, out. 2004; entrevista com Judy Wicks, 23 ago. 2011; e "About Judy", www.judywicks.com/Bio.html (acessado em 14 dez. 2012).

17. Judy Wicks. Entrevista concedida a Elizabeth Hoffecker Moreno, 23 ago. 2011.

18. Ibid.

19. Wicks. *Good Morning, Beautiful Business*, 24.

20. Robert G. Eccles et al. "Natura Cosméticos, S.A.", Harvard Business School case n. 9-412-052 (Boston: Harvard Business School Publishing, 2011).

21. Pink. *Motivação 3.0.*

22. Susan Sweitzer. "Sustainable Food Laboratory: Learning History", documento interno não publicado disponibilizado pela autora, 2004.

23. Hawken. *Blessed Unrest.*

24. O World Wildlife Fund permanece sendo o nome oficial do WWF no Canadá, Estados Unidos e Reino Unido.

25. Os bancos também mantêm uma vantagem competitiva sobre os não bancos por meio de um processo chamado sistema bancário de reservas fracionárias, que permite que os bancos invistam mais do que têm em depósitos.

26. Veja www.gabv.org/ (acessado em 10 dez. 2012).

27. Para saber mais sobre a distinção entre dinheiro de compra, empréstimo e presente, veja Rudolf Steiner. *Rethinking Economics: Lectures and Seminars on World Economics* (Great Barrington, MA: SteinerBooks, 2013).

28. Matthew Valencia. "Storm Survivors", *Economist*, relatório especial sobre finanças no exterior (16– 22 fev. 2013): 4.

29. Fritz Andres. "Alterndes Geld im Mittelalter", *Info* 3 (jun. 1994): 17.

Capítulo 8

1. Bill Torbert. "The Practice of Action Inquiry", in Peter Reason e Hilary Bradbury (eds.) *Handbook of Action Research: Participative Inquiry and Practice* (Thousand Oaks, CA: Sage, 2001), 250.

2. Para mais informações sobre a edX, veja https://www.edx.org (acessado em 3 fev. 2013).

3. Senge et al. *Presence*; Scharmer, *Teoria U.*

4. Veja http://presencing.com/tools/u-browser (acessado em 10 dez. 2012).

5. Conversas pessoais com os autores.

6. Lyonchen Jigme Y. Thinley. "Keynote Address"; Karen Hayward e Ronald Colman. *Educating for Gross National Happiness Workshop*, 7– 12 dez. 2009, relatório elaborado para o Ministério de Educação do Reino do Butão, Thimphu, Butão, jan. 2010.

7. Lyonchen Jigmi Y. Thinley, Thimphu, 7 dez. 2009.

Glossário

Aprendizagem: Há dois tipos e fontes de aprendizagem: aprender com o passado e aprender com o futuro à medida que ele emerge. A aprendizagem com o passado é baseada no ciclo de aprendizagem normal (agir, observar, refletir, planejar, agir), a aprendizagem com o futuro que ocorre na medida em que ele emerge é baseada no processo e prática de presencing (suspender, redirecionar, deixar ir, deixar vir, antever, colocar em prática, incorporar).

Campo: Conjunto completo de conexões que são mutuamente interdependentes.

Campo de atenção: Relação entre o observador e o observado, a qualidade de nossa observação. Essa qualidade diferencia-se dependendo do lugar ou posição a partir da qual se origina nossa atenção em relação ao limite organizacional entre o observador e o observado ("eu em mim", "eu nele", "eu em você", "eu no agora").

Campos sociais: Totalidade das conexões por meio das quais os participantes de um determinado sistema se relacionam, conversam, pensam e atuam em conjunto.

Colocar em prática: Capacidade de trazer o novo à realidade por meio da improvisação e prototipagem mantendo, ao mesmo tempo, uma conexão com a fonte de sua inspiração, ao unir a inteligência racional, emocional e manual – o fazer.

Complexidade social: Os diferentes interesses, culturas, modelos mentais e história que vários stakeholders de uma situação põem em jogo.

Comunidade de prática: Um grupo de pessoas que se unem em um processo de aprendizagem baseado em um mesmo interesse sobre algum tópico ou problema e colaboram por um extenso período para compartilhar experiências e ideias e encontrar soluções. O termo foi utilizado pela primeira vez em 1991 por Jean Lave e Etienne Wenger.

Coração aberto: A capacidade de redirecionar a atenção e utilizar o coração de alguém como um órgão da percepção ("ver com o coração"); deslocar o lugar do qual a sua percepção acontece para outro, para o campo/todo; acessar as nossas fontes de EQ (inteligência emocional).

Deixar ir: Capacidade de se desfazer do seu velho eu e de suas velhas identidades e intenções para criar um espaço aberto para que seu eu emergente ou seu verdadeiro eu se manifeste.

Deixar vir: Capacidade de cristalizar e antever o futuro que você quer criar, permanecendo, ao mesmo tempo, conectado à fonte de sua inspiração.

Economia global: Economia com a capacidade para trabalhar como uma unidade única em tempo real em uma ordem planetária.

Economia mundial: Uma economia em que o fluxo de mercadorias, serviços e capital corre por todo o mundo.

Eu: A mais alta possibilidade futura de alguém; o eu superior.

eu: O eu atual, o ego.

Gestão: Do latim *manu agere*, "conduzir pela mão"; o processo de coordenar para conseguir realizar algo.

Gramática social: As regras ocultas, estruturas e pontos de inflexão que permitem que certos tipos de evolução e emergência aconteçam. Esse termo surgiu a partir de uma conversa que o autor teve com Reinhard Kahl.

IDEO: Influente empresa de design internacional que aplica de maneira bem-sucedida os primeiro três níveis do processo U (observar, sentir e estar presente) ao tópico da inovação de produto. www.ideo.com.

Liderança: Capacidade de um sistema sentir e dar forma ao seu futuro. A raiz indo-europeia da palavra "liderança", *leith*, significa "partir" "cruzar um limiar" ou "morrer". Esse significado original – que sugere que a experiência de "deixar ir", se desapegar, e então avançar para outro mundo que começa a tomar forma somente depois que superamos o medo de mergulhar no desconhecido – é a alma e a essência da liderança.

Macro: O nível institucional.

Mente aberta: Capacidade de suspender o julgamento e o questionamento; ver algo com novos olhos; acessar nossas fontes de IQ (inteligência intelectual).

Organização: Ação coletiva para um objetivo comum; a estrutura organizacional é "a soma total dos modos como o trabalho se divide em tarefas distintas e, dessa maneira, como a coordenação é alcançada entre essas tarefas" (H. Mintzberg).

Ponto cego: Lugar interior (fonte) de onde nossa atenção, intenção e ação se originam. Essa dimensão de nossa realidade só pode ser acessada se redirecionarmos o feixe de nossa observação para começar a ver o próprio observador, já capaz de ver o futuro, o eu.

Presencing: A palavra original em inglês, *presencing*, mescla as palavras "presence" (presença) e "sensing" (sentir, perceber) e passa o sentido de "ver nossa fonte mais profunda". Ou seja, sentir, sintonizar-se e agir a partir do mais alto potencial de futuro de alguém – aquele futuro que depende de nós para se concretizar.

Prototipagem: Criar microcosmos que nos permitem explorar o futuro mediante "o fazer". Os protótipos funcionam como pistas de aterrissagem do futuro. Eles se baseiam no princípio criado pela IDEO de "falhar cedo para aprender rápido".

Recuperação (downloading): Recolocar em prática padrões habituais de ação, conversação e pensamento.

Redirecionamento: Capacidade de deslocar sua atenção de um objeto para a fonte a partir da qual esse objeto é colocado em prática e realizado momento por momento.

Sentir: A visão a partir de dentro – quando ver e perceber começam a ocorrer a partir do campo. Quando você entra no estado do sentir, você experimenta um colapso do limite entre o observador e o observado.

Suspender: A capacidade de suspendermos nossa Voz do Julgamento (VOJ) e ocupar-nos da situação em questão.

Teoria U: Um arcabouço teórico para análise de princípios, práticas e processos que se diferenciam entre quatro tipos de surgimento e antiemergência: os quatro tipos diferenciam-se quanto à sua fonte (ou sua estrutura de atenção) com relação ao local a partir do qual sua atividade é colocada em prática ou realizada. A Teoria U tenta elucidar o mecanismo dos sistemas colocados em prática (ou dos sistemas sociais) no nível de sua fonte de inspiração.

VOC: Voz do Cinismo. Calar a voz do coração.

VOF: Voz do Medo. Calar a vontade aberta.

VOJ: Voz do Julgamento. Calar a mente aberta.

Vontade aberta: Capacidade de deixar ir, de se desapegar das suas velhas identidades e intenções e se sintonizar com o futuro que está buscando emergir por meio de mim ou de nós; deixar ir nosso velho eu e deixar vir nosso verdadeiro eu emergente; acessar as nossas fontes de SQ (inteligência espiritual).